LIAR' S POKER

RISING THROUGH THE WRECKAGE ON WALL STREET

说谎者的扑克牌

华尔街的投资游戏

[美] 迈克尔·刘易斯（Michael Lewis）◎著
孙　忠◎译

（畅销版）

中信出版集团·北京

图书在版编目（CIP）数据

说谎者的扑克牌：华尔街的投资游戏：畅销版
（美）迈克尔·刘易斯著；孙忠译. -- 4 版. -- 北京：
中信出版社，2018.6（2024.12重印）
（长赢投资系列）
书名原文：LIAR'S POKER:Rising through the
Wreckage on Wall Street
ISBN 978-7-5086-8678-3

I. ①说… II. ①迈… ②孙… III. ①证券投资－经
验－美国 IV. ①F837.125

中国版本图书馆CIP数据核字（2018）第037847号

说谎者的扑克牌——华尔街的投资游戏（畅销版）

著　　者：[美]迈克尔·刘易斯
译　　者：孙　忠
出版发行：中信出版集团股份有限公司
（北京市朝阳区东三环北路 27 号嘉铭中心　邮编　100020）
承 印 者：河北鹏润印刷有限公司

开　　本：880mm×1230mm　1/32　　印　　张：9.75　　字　　数：237 千字
版　　次：2018 年 6 月第 4 版　　印　　次：2024 年 12月第 11 次印刷
京权图字：01–2011–7591
书　　号：ISBN 978–7–5086–8678–3
定　　价：58.00 元

目录

LIAR'S POKER

第二章 千万别提钱 / 009

投资银行家是一个完全不同的群体，他们是高人一等的交易制造者。他们拥有巨大的、几乎无法想象的才能和抱负，连他们的狗也比人家的叫得响。他们已经有了两部小巧的红色跑车，但还想再有两部。为了实现这一目标，他们虽然西装革履，却总是热衷于制造麻烦。

第三章 学会热爱公司文化 / 027

华尔街已经快被股票和债券淹没了。在20世纪70年代末，也就是美国政治史和现代金融史上最放纵的年代刚刚开始的时候，所罗门兄弟公司是华尔街上最精通债券生意的一家投资银行：懂得怎样给债券估值，如何交易，应该向哪些客户兜售。

第四章 成人教育 / 055

原来他们可都是些谨小慎微的人，靠别人的残羹冷炙过活。突然间有人塞给他们一只喂得饱饱的肥鸟，他们干的还是原来的那一摊事，但荣耀却骤然降临。他们的收入发生了戏剧性的变化，生活方式也随之改变。这都是人之常情。

第五章 强盗兄弟会 / 087

就像有些人是不可救药的酒鬼一样，抵押交易师是一群永远也喂不饱的饿鬼。除了在吃饭时被打断，再也没有比吃不到东西更令他们愤怒的了。

序

LIAR'S POKER

我是一名债券推销员，曾供职于华尔街和伦敦。我相信，同所罗门兄弟公司的交易师们一起度过的日子，使我有幸在那些塑造了一个时代的事件发生时，恰好处于旋涡中心的位置。交易师是制造快速死亡的杀手，而过去的 10 年里，这类快速死亡实在为数不少。另一方面，所罗门兄弟公司又是无可争辩的交易师之王。我在本书中所要做的则是，从我在所罗门兄弟公司交易厅座席上的所见所闻开始，描绘和解释那些赋予这个时代个性的种种事件和心态。有些情节取材于我本人，但是整个故事并不都是我自己的经历。只能说由于我所处的位置，我对那些自己没有赚到的钱和没有说过的谎话有一种感慨。

当时，一场现代淘金热正在形成。在此之前，还从来没有这么多24岁的毛头小伙子在这样短的时间里赚到这么多钱，这一切都是在华尔街和伦敦于10年的时间里完成的。它使市场经济关于投入产出的规律成为笑料。应当声明的是，我绝不讨厌钞票。相反，一般来说，我希望钞票越多越好。可是我再也不会像在那些年里一样，屏息期待奇迹的降临。这段经历只能算是一个惊人的例外，并不能威胁到久为人类历史所验证的关于投入与产出的预期规律。

应当承认，按照通行的标准，我是一个成功者。我赚了很多钱。公司里高管们经常说我总有一天会升到顶层与他们为伍。可我无意于此，很早的时候便已如此。讲这些是为了告诉读者，我的前雇主既不曾迫害我，也无意疏远我。而我之所以动笔写这本书只是因为自己一直有这样的想法：或许我应该做讲故事的人，而不是依旧生活在故事当中。

第一章 LIAR'S POKER

说谎者的扑克牌

玩家的规则如同西部牛仔决斗一样。交易师必须面对各种挑战，绝不能退缩。约翰·梅里韦瑟现在别无选择，恰恰就是因为这一规则——他自己制定的规则。他很清楚，这一切愚蠢至极。对他来说，眼前根本就不存在胜局。如果他赢了，古特弗罗因德不会高兴，这绝不是值得庆幸的结果。但是，如果他输了，100万美元也就飞走了。

俗话说："华尔街一头挨着河，另一头挨着坟墓。"
这句话很精辟却并不完善，它遗漏了位于二者之间的幼儿园。

——小弗雷德·施韦德，《客户的游艇在哪里》

那还是在1986年年初的某个时期，正是我所在的所罗门兄弟公司开始走下坡路的头一个年份。我们的董事长约翰·古特弗罗因德走出了位于交易厅顶头的办公室，开始巡视。在交易厅里，每时每刻都有数十亿美元在交易师的手中面临风险，而古特弗罗因德只要在交易厅里走走，向交易师问上几个问题，就能够摸准此地的脉搏。他有一种邪了门儿的第六感，可以在危机尚未出现时预感到它。古特弗罗因德仿佛可以闻出钱正在赔掉的味道。

古特弗罗因德是神经饱受折磨的交易师最怕看见的人。他喜欢悄悄从背后让你大吃一惊，这让他觉得很开心，但你恐怕不会觉得好玩。在夹住两只听筒手忙脚乱试图挽回灾难的当口，你当然不会有功夫转过身去看他。你本来就无须如此。你可以感觉到他来了，因为你周围的那帮人突然像得了癫痫似的忙活了起来。人人都做出一副忙得不可开交的样子，个个都把眼睛盯在你头顶的正上方。你会有一种冷彻骨髓的感觉，就好像知道有一头灰熊正在悄无声息地走近。头脑中骤然警铃大作：古特弗罗因德！古特弗罗因德！古特弗罗因德！

在多数情况下，我们的董事长只是安静地停留片刻，然后就走开了。你可能根本看不到他的人。有两回我唯一的线索就是在我椅子边的地板上留下的粪状烟灰，它就好像名片一样。古特弗罗因德的雪茄烟灰比所罗门兄弟公司的其他老板留下的都要长，而且成形特好。我一向认为他抽的牌子比别人的贵很多，而这对他来说这只不过是毛毛雨，他从1981年所罗门兄弟公司的出售中获利4 000万美元；1986年，作为公司董事长，他又给自己发了310万美元的年薪，比华尔街上任何一位首席执行官都要高。

* * *

不过，在1986年的这一天，古特弗罗因德好像有点儿古怪。一扫往常那种让大家战战兢兢的架势，这一次他径直走向约翰·梅里韦瑟的桌子前，梅里韦瑟是所罗门兄弟公司的董事，也是公司里最优秀的债券交易师。他低声讲了几句，近处的几个交易师都竖起了耳朵。当时古特弗罗因德所说的话在所罗门兄弟公司被演绎为一个传奇故事，成为它内在标志的一部分。他说的是："一手，100万美元，不反悔。"

一手，100万美元，不反悔。梅里韦瑟立刻就品出了其中的意味。这位"华尔街之王"（《商业周刊》曾经这样恭维古特弗罗因德）想玩一手"说谎者的扑克牌"游戏，赌注是100万美元。他总是在下午同梅里韦瑟和梅里韦瑟手下的6名年轻债券套利交易师玩这种游戏，并且常常输得一塌糊涂。有些交易师说古特弗罗因德简直不堪一击。持相反观点的也大有人在，他们无法想象无所不能的古特弗罗因德也会出局，辩解说输掉游戏正是他的本意。真相究竟如何只能是一个谜了。

这一次，古特弗罗因德的挑衅最吸引人眼球的是赌注的额度。一般来说他下的注不过几百美元。100万美元？闻所未闻。最后三个字"不反悔"意味着输家将要忍受极大的痛苦，但又不能嘀咕、呻吟和怨天尤人，只能一屁股坐下，独自品尝亏空的滋味。但是，为什么要这样做呢？他要达到什么目的？为什么单挑上梅里韦瑟而不是别的级别稍低的经理？这不是鲁班门前弄大斧吗？要知道，梅里韦瑟可是"游戏之王"，是所罗门兄弟公司交易厅里玩"说谎者的扑克牌"游戏的顶级高手。

可是另一方面，你在交易厅里将会学到的一手就是，像古特弗罗因德这样的赢家总是有理由的，虽然这些理由有点儿强词夺理，但至少他们在心里头有一个想法。我不是古特弗罗因德肚里的蛔虫，不知道他真实的想法，但我知道在交易厅里每个人都玩赌博游戏，他也知道，而且死乞白赖地想跻身其间。我想古特弗罗因德当时只是为了炫耀自己的勇气，就像从高高的台子上向下跳水那样。还会有人比梅里韦瑟更合适的人吗？此外，梅里韦瑟恐怕也是整个交易厅里唯一的既有胆量也有本钱放手一搏的人。

* * *

为了说清当时的情景，有必要再提示一些背景资料。约翰·梅里韦瑟在他的职业生涯里已经为所罗门兄弟公司赚了几个亿。他有一种不露声色的超常本领，这种能力在普通人身上极为罕见，但对交易师而言则至为宝贵。绝大多数交易师的言谈举止就暴露出来他们是赢钱还是亏钱——时而趾高气扬，时而垂头丧气。但是，你永远也猜不透梅里韦瑟的心思。我想，他拥有不可思议的控制力，能够压制住两种往往会摧毁交易师的脆弱情感——恐惧和贪婪。在狂热追求私利的人群中，这一点尤为可贵。所罗门兄弟内部有许多人认为他是华尔街上最优秀的交易师，在谈到他时，人们一贯用的都是敬畏的口气，“他是这里最出色的”，“他是最了不起的风险承担者”，或者“他是玩说谎者的扑克牌的老手”。

梅里韦瑟被他手下的年轻交易师们奉若神明。他们的年龄从 25 岁到 32 岁不等（梅里韦瑟自己已经接近 40 岁了），绝大多数拥有数学、经济学或物理学的博士学位。可是，一旦加入了梅里韦瑟的交易小组，他们好像就忘掉了自己超然的知识分子的身份，全都变成了小学生，沉溺在“说谎者的扑克牌”里不能自拔。他们把它看成“咱们的”游戏，从而把它提升为一项严肃的活动。

在这个游戏中，约翰·古特弗罗因德向来都是局外人。虽说《商业周刊》将他列入封面人物并且冠以“华尔街之王”的封号，但对交易师们来说却不值一钱。从某种意义上说，这就是问题的关键。古特弗罗因德是“华尔街之王”，而梅里韦瑟却是“游戏之王”。当古特弗罗因德欣然接受媒体诸君的加冕时，你几乎可以听见交易师们脑子里的想法：蠢货们就喜欢抛头露面。公平地说，古特弗罗因德也是交易师出身，但这样讲就好比一个老妇人吹嘘自己年轻时如何靓丽迷人一样。

* * *

有时连古特弗罗因德自己似乎也无意否认，他热爱交易。同管理相比，交易行为的直截了当令人艳羡。你自己下注，且愿赌服输。如果赢了，从交易师直至公司最上层的头头脑脑都会羡慕你、妒忌你和惧怕你。这是顺理成章的，因为你控制着金钱。而管理人员，尽管同样有人羡慕、妒忌和惧怕，却不免心虚。管理人员并没有为所罗门兄弟公司赚到一分钱，从未在市场上承担过风险，只不过是交易师手中的人质。承担风险的是他们。每天他们都在工作中验证他们的优越感，因为他们在风险世界中比别人更高明。公司的收入来自像梅里韦瑟这样的风险承受者，而他们能否赚到钱则并不取决于古特弗罗因德之流的意志。许多人认为，古特弗罗因德之所以向这位套利大师叫板，100 万美元一手，无非是为了显示他也是圈子里的玩家。如果你打算炫耀自己，“说谎者的扑克牌”是唯一的选择。对交易师来说，这个游戏的意义非同一般。约翰·梅里韦瑟相信，“说谎者的扑克牌”同债券交易颇有异曲同工之处。它可以检验交易师的性格，它泄露了交易师的直觉。好的玩家也就是优秀的交易师，反之亦然。对此，我们全无异议。

游戏的玩法：一群人——少则两人，多则 10 人，围成一圈。每人拿一张美钞。这有点儿类似于“猜牌”游戏。每个人都竭力欺骗别人，让他们相信自己报出的美钞上的流水号。某个人开始“叫牌”。例如，他会说“3 个 6”。意思是说，每张美钞上的流水号里，包括他自己的在内，加起来至少包括 3 个 6。一旦开叫，游戏就按顺时针次序往下进行。比如说开叫为“3 个 6”，那么叫牌者左首的玩家就可以有两种选择。他可以追加［有两种形式：牌序升高（3 个 7，3 个 8，或 3 个 9）或增加数字的数量（比如 4 个 5）］，或者选择“异议”。

玩家挨个叫牌，直至全体同意对某个叫牌的人表示“异议”。只有这时，玩家才能公开各自的流水号，也才能知道谁胜谁负。在这一过程中，玩家脑子里考虑的是概率。在一串（比如说总共 40 个）随机选择的流水号中出现“3 个 6”的统计概率会有多少？不过，对高手来说，数学问题倒不在话下，难点在于识破其他玩家的伪装。当每个玩家都学会欺骗和双向欺骗之后，游戏就变得格外复杂了。

这感觉有点儿像真刀真枪的交易，犹如比武之于战争。“说谎者的扑克牌”中的玩家自问的问题，在某种程度上就是债券交易师在交易过程中的自问。冒这样的风险是否明智？我为自己感到庆幸吗？对手的狡猾表现在哪里？他知道自己在做什么吗？如何利用他的疏忽？他为什么高叫，究竟是使诈，还是真的有强手牌？是为了引诱我叫出一手愚蠢的牌，还是他自己真的就有 4 个同号？每个玩家都在揣测别人的弱点、预见性和行为模式，以避免自己犯错。高盛公司、第一波士顿、摩根士丹利、美林，还有华尔街上的其他公司都在玩这种游戏，只是略有不同。但是，赌注下得最高的则是所罗门兄弟公司的纽约债券交易厅，这要归功于约翰·梅里韦瑟。

玩家的规则如同西部牛仔决斗一样。交易师必须面对各种挑战，绝不能退缩。约翰·梅里韦瑟现在别无选择，恰恰就是因为这一规则——他自己制定的规则。他很清楚，这一切愚蠢至极。对他来说，眼前根本就不存在胜局。如果他赢了，古特弗罗因德不会高兴，这绝不是值得庆幸的结果。但是，如果他输了，100 万美元也就飞走了。这恐怕要比惹恼老板更糟。虽说梅里韦瑟的成绩一向很好，但这次只玩一手牌，谁也没有把握，完全取决于运气。在交易厅里，梅里韦瑟的工作本来就是避免犯傻地下注，这次他也不例外。

“不，约翰，”他说，“要玩就玩真能让人心跳的。1 000 万美元，不反悔。”

1 000 万美元！谁听了都要咋舌。这回梅里韦瑟在游戏开始之前就用上了“说谎者的扑克牌”的手法。显然，他是在使诈。古特弗罗因德不得不认真对待这一反建议。看上去他可能会乐于接受这一挑战。这毕竟是一场豪赌，仅仅想到这一点就足以令他心满意足。（有钱真好！）

话说回来，1 000 万美元在当时可是个大数目，即使在今天也是。如果古特弗罗因德输了，他的财产将会减少到只有 3 000 万美元左右的水平。而他的太太苏珊，这时正忙于装修他们在曼哈顿的公寓，开支可能高达 1 500 万美元（梅里韦瑟对此一清二楚）。此外，古特弗罗因德是老板，他自然不必理睬梅里韦瑟定下的规则。再说，也可能他根本就不知道有梅里韦瑟规则这回事。也许他的挑衅只不过是要试试梅里韦瑟的反应（结果把自己吓了一大跳）。谁知道？不管怎样，古特弗罗因德看来不敢再玩了。他堆出堪称古氏特有的假笑说：“你疯了。”

“恰恰相反，”梅里韦瑟心想，“我的感觉从未这么好过。”

第二章

LIAR'S POKER

千万别提钱

投资银行家是一个完全不同的群体，他们是高人一等的交易制造者。他们拥有巨大的、几乎无法想象的才能和抱负，连他们的狗也比人家的叫得响。他们已经有了两部小巧的红色跑车，但还想再有两部。为了实现这一目标，他们虽然西装革履，却总是热衷于制造麻烦。

我想当一名投资银行家。如果你手上有1万只股票，我就来帮你卖掉它们。我可以赚好多钱，我会非常、非常喜欢我的工作，我会帮助别人，我会变成百万富翁，我会买一所大房子。这会让我快乐。

——明尼苏达州一个7岁小学生的作文，

题为《我长大了做什么》，写于1985年3月

1984 年，我即将结束在伦敦经济学院的经济学硕士课程。就在这时，我接到了与王太后共进晚餐的邀请函，是我的一位远房表亲帮忙弄到的。几年前她不知道从哪里找了一个德国巨商结了婚。尽管一般来说我不属于那种经常有幸受邀在圣詹姆斯宫享用晚餐的人士，但是大亨的太太则绝不缺少这种机会。为了赴宴，我专门租了一条黑领带，然后坐上地铁欣然前往。正是这段意外的插曲开启了一连串不可思议的事件，最终促使所罗门兄弟公司同意给我一份工作。

邀请函上讲的是同英国王室进行一次近距离交往，这显然是夸大其词。有七八百名保险推销员参加了这次筹款大会。我们在大厅里四散开来，脚踩猩红色的地毯穿行在乌黑色的木椅中间，墙上挂着年深日久的王族肖像，好像走进了"杰作陈列室"。大厅里的这群人中有两位是来自所罗门兄弟公司的董事经理。而我之所以知道，只是因为我凑巧被安排在他们两位夫人中间就座。

两位董事中级别较高那位的太太是个美国人，她牢牢地掌控着这张桌子的局势，一待我们不再伸长脖子追着王族看，她就把我们的注意力拉回到谈话中。得知我打算找个活儿干并且有意进入投资银行业，她干脆把那晚余下的时间变成了一次面试。经过将近 1 个小时的刺激、考验、挑衅等让我坐立不安的折腾之后，她终于满意地罢了手。在核查了我 24 年生涯中所表现出的全部优点之后，她问我为什么不去所罗门兄弟公司交易厅工作。

我试图保持冷静。我担心如果自己表现得过于兴奋，这个女人也许会醒悟自己犯了个错误。我最近刚好读了古特弗罗因德那句后来相当出名的话。他说，在所罗门兄弟公司交易厅里干，你必须充满自信，每天早上醒来都要准备“一口咬掉熊屁股”。我对她说，这听上去不怎么有趣。我还描述了我对在投资银行里工作情景的想象：宽敞的玻璃办公室，秘书，充裕的资金，经常同工商业领导人在一起举行会议。在所罗门兄弟公司内部的确有这样的工作岗位，就在公司金融部，但它们不受人青睐。尽管公司金融同证券交易与销售一起被称为投资银行业务，却是两类不同的业务。股票和债券在古特弗罗因德的交易厅里被买进卖出，这个乱糟糟的所在才是赚钱和承受风险的中心。交易师们既没有秘书也没有办公室，他们也没有机会和企业家们一起开会。公司金融部负责为借钱的公司和政府部门提供服务，后者被称为“客户”。比较而言，公司金融部是一个更为雅致、远离人间烟火的地方，因为他们不用拿钱去冒险，在交易师眼里他们是软骨头。但是，如果以华尔街以外的标准来看，在公司金融部上班仍不失为一份体面的工作。

我把自己的意思讲了出来，这位所罗门兄弟来的女士听后便不作声了。过了一会儿，她说，只有那些整天打扮得油头粉面的软脚蟹才会屈居公司金融部，拿那么一点儿可怜的工资。

这可真是当头一棒，我恨不得找个地缝儿钻进去。难道我愿意整天都待在办公室里吗？我成什么人了？傻瓜吗？

从谈话中我知道她不喜欢别人自作聪明，她喜欢别人向她请教。于是我问她是否有权向我提供一份工作。这个问题把我从尴尬中解救出来，她向我保证回家后会让她丈夫操办此事。

晚宴结束后，84 岁高龄的王太后蹒跚着步出房间。我们——七八百名保险推销员、所罗门兄弟公司的两位董事和他们的太太，还有我，肃立着目送她出门。我一直以为那个门是后门，这时才醒悟，我们这些筹款人才是从后门进来的，就像送货的快递员。不管怎么说，王太后到底还是朝我们这边走来了。她身后跟着的男仆，身板笔直，像扫帚一样裹在燕尾服里，颈系白色领结，手拿一个银色托盘。在男仆身后是一个狗的队列，它们身形矮小，活像是大老鼠，据说这叫Corgis狗（威尔士矮脚狗）。英国人认为Corgis很聪明，有人告诉我，英国王室走到哪里都离不开这种狗。

圣詹姆斯宫大厅里一片沉寂。当王太后走近时，保险推销员们弯腰鞠躬，仿佛虔诚的教徒。经过训练，Corgis学会了每隔15秒行一次屈膝礼，它们后腿交叉，老鼠样的肚子掉在地上。这个队列终于走到了终点。所罗门兄弟公司来的太太激动得面红耳赤，我也一样，但她肯定更激动一些。她希望别人注意自己，这很明显。在七八百名沉默的保诚保险公司的代理人面前，固然可以有很多种办法吸引王室的注意，但大叫大嚷始终不失为最可靠的手段，而这正是她打算做的。具体地说，她是这样喊的：“嗨，女王，你的狗可真不赖！”

我看到一大批保险推销员的脸色骤然发白。实际上他们的脸早就发白了，所以我可能是有点儿夸张。但接着就响起一片清喉咙的声音，他们都低头看自己的鞋子。只有王太后一个人仍然镇定自若，好像什么都没有听见。她沉着地走出房间，一步都没有走错。

在圣詹姆斯宫发生的这一幕里，来自两大高傲机构的代表互相给以颜色：王太后不露声色地化解了尴尬的场面，她的策略是视而不见；所罗门兄弟兄弟公司的这位太太则在直觉和紧张感的驱使下，以高声叫嚷的方式取得了某种力量上的平衡。在内心深处，我一向对王室倾慕有加，尤其是王太后。但是在这一刻，我发现所罗门兄弟公司，这个圣詹姆斯宫大看台上的浪荡子，同样对我产生了不可抗拒的吸引力。我说的是实话。在某些人眼里，他们低俗而又粗鲁，不值得交往，但却颇合我意。他们正是我心中所想的那类投资银行家。同时我也确信，在所罗门兄弟公司的文化氛围中熏陶出来的这位女士一定能够说服她的丈夫雇用我。

* * *

很快我接到她丈夫的邀请前往所罗门兄弟伦敦分公司，结识了在那里的交易厅工作的交易员和推销员。我喜欢这些人，我喜欢那种嘈杂的环境，但我还没有收到正式的录用通知，而且也没有参加复杂的面试考核。毫无疑问，我能够避开烦人的交叉考核程序，完全是那位太太信守诺言的结果，看来所罗门兄弟公司真的有意雇用我。但是，事实是没有人邀请我再去。

过了几天，我接到一个电话，问我能不能在早上 6 点 30 分到伦敦的伯克利酒店与利奥 · 科比特先生共进早餐，后者是所罗门兄弟公司人事部的负责人，从纽约赶来。我自然回答说可以。于是我不得不勉为其难地在早上 5 点 30 分爬起来，穿上一身蓝色西服套装赶赴商务约会。但是科比特先生同样也没有给我工作许诺，他只是请我吃了一盘稀软的煎蛋。我们谈得不错，但却一直没有劲头，这位所罗门兄弟公司的人事主管看来是有意要同我作对。很明显，科比特打算聘用我，但这话他从未说出口。会面之后，我回到家里，脱下西服，躺到床上继续睡觉。

这一切让我困惑不已，直到我同伦敦经济学院的一位同学谈起此事后才算弄明白。此人渴望在所罗门兄弟公司里谋个职位，他告诉我下一步应该怎么做。据他说，所罗门兄弟公司从来不主动向别人提供工作邀请，万一被人拒绝，那岂不是太失面子了。所罗门兄弟公司只做暗示。如果它暗示我可能获得一份工作，那么我最好还是给纽约的利奥 · 科比特打电话，从他手里要来这份工作。

我依计而行，给科比特打了个电话，再次做了自我介绍，然后说：“我想告诉你我愿意干。”“欢迎你入伙。”他说，然后笑了起来。

这一招还真灵。下面该干什么了？他告诉我，我将在“公司”里举办的培训项目中开始自己的职业生涯，培训将于 7 月底开始。他说至少会有 120 名学员参加，其中绝大多数是从大学和商学院里招来的。然后他挂了电话。他没有告诉我薪水有多少，投资银行家们不喜欢谈钱，其原因我很快就会知道。

* * *

日子一天天地过去。我对证券交易还是一窍不通，也就是说，我对公司知之甚少，因为所罗门兄弟是华尔街公司里交易师权势最大的公司，整个公司可以说由他们在经营。我的知识全都来自书本，那上面只说所罗门兄弟公司是世界上最赚钱的投资银行。这也许是真的，而要在这种公司里谋个职位可真不是件令人愉快的事。在经历了初期的兴奋之后，我又有点儿怀疑我是否渴望交易厅里的生活了。我犹豫着是不是应该考虑去公司金融部工作。如果不是环境所迫，我可能早就给利奥（我们两人之间已经到了直呼其名的程度）写信了，我要告诉他自己不希望加入一个这么快就决定吸纳我的“俱乐部”。而所谓环境所迫，就是我没有别的地方可去。

我决定咽下心中的这份不快，一份轻慢你的工作总比失业强。此外，如果不抓住这次机会，申请加入所罗门兄弟公司的交易师队伍还会遇到许多别的障碍，如没完没了的面试（那一年共有 6 000 名申请者）。在后来与我一起共事的那批申请人中，绝大多数在面试过程中受到过粗暴的对待，一肚子苦水，而我身上却找不出一块伤疤。与他们相比，我对自己的顺利不由得怀有一种负罪的感觉，唯一可讲的故事就是在圣詹姆斯宫目睹所罗门兄弟公司的人骚扰英国王室。

* * *

好吧，我承认。我之所以紧紧抓住所罗门兄弟公司抛来的彩球不放，实在是因为我早已见识过在华尔街求职的黑暗面，再也不想重温噩梦了。

1981 年，也就是在圣詹姆斯宫那一幕发生之前 3 年，我还是大四学生，那年我曾向一家银行求职。在华尔街，我还从未见过人们像在看我的简历时那样意见高度一致。事实上，有些人干脆笑出了声。有几家大银行的代表说我缺乏商业直觉，我猜想，这不过是我注定将一生清贫的一个委婉说法。我的反应一向不够敏捷，而这次则是最敏捷的。我还回忆起我无法想象自己穿上西服套装的样子，同样，我也从未见过一个金发的银行家。我见过的有钱人不是黑头发就是秃头，而我两者都不是，所以才会出现这样的结果。后来与我同在所罗门兄弟公司共事的人里边，有 1/4 是直接从大学中选出来的，他们都通过了考试，而我却失败了，我心里一直为此纳闷。

在那个时候，我对证券交易几乎一无所知。像我这样的人并不是个特别的例外。如果说大四学生们曾听说过交易厅，他们也只是想当然地以为那只不过是拘束困兽的牢笼。在 20 世纪 80 年代，社会上出现的最大变化就是饱学之士放下自己的架子，改变了以往对待这类工作的傲慢态度，这一变化不仅发生在美国，也同样出现在英国。而普林斯顿大学 1982 届毕业生则是最后一批死抱着老观念不放的人。因此，我们都没有去申请交易厅里的工作。相反，我们一味想在低收入的公司金融部争位子。这份工作的起薪是每年 2.5 万美元，外加奖金。统算起来，大约是每小时 6 美元。它的头衔叫作“投资银行业分析师”。

“分析师”其实不做任何分析。他们只是一组公司金融专家的奴隶，这些专家负责美国公司新发行的股票和债券的谈判和文案事宜(注意，不是交易和销售)。在所罗门兄弟公司里他们是底层里的最底层，从任何一种意义上，他们干的都是一种可怕的工作。每个星期花在复印、校对和收集无聊得让人喘不过气来的文件上的时间要超过 90 个小时。如果他们做得很出色，就会成为老板眼里的红人。

但这份荣幸可是不轻松的。老板们给他们欣赏的分析师配上寻呼机，以便随时随地能找到他们。一些最优秀的分析师上班后不过几个月就失去了正常生活的意愿。他们把全部身心都奉献给老板，自己忙得团团转。他们睡眠不足，面有倦色。他们工作得越出色，自己距离死神也就越近。1983 年，添惠金融公司里一位极其成功的分析师（那时我曾嫉妒他的风光）曾经累到这种地步，大白天他去上厕所，竟然在洗手间里睡着了。他整夜地工作，周末也不休息，而且还因为没有做更多工作而内疚。事后他解释说自己便秘——他以为有人注意到他去了那么久。从定义上说，分析师的工作不会持续两年以上，接下来他们就该去读商学院。许多分析师后来承认，从大学毕业到进商学院之间的两年是他们一生中最难熬的一段日子。

* * *

分析师是他们自己的狭隘野心的囚犯。他们渴望金钱，循规蹈矩。他们渴望在同事们眼里树立成功者的形象。(我之所以告诉你们，只是因为我自己刚好幸免于难，而且不是出于自己的选择。如果我没有逃出来，今天肯定就不会在这里了，而是正像许多老朋友一样沿着晋升台阶奋力攀爬。）有一条可靠的发达之路，而且也只有这一条路，在 1982 年人人都看得出来：经济学专业出身，利用你的经济学学位在华尔街上谋个分析师的工作，再以分析师的职位为跳板考进哈佛或斯坦福商学院，然后又要开始为今后的生活谋划了。

从 1981 年秋到 1982 年春，我和同学们问得最多的问题就是：怎样才能当上华尔街的分析师？随着时间的推移，这一问题产生了惊人的后果。首先碰到的就是难过入门关。我可以举出一连串严峻的数字来说明。例如，在耶鲁大学 1986 年的 1 300 名毕业生中，有 40% 的人向同一家投资银行，即第一波士顿银行递交了求职申请。我想，这一数据似乎透露出一种安全感。进去的人越多，他们越容易相信自己做出了聪明的选择。而在交易厅里，你学会的第一件事就是，如果有一大批人在追逐同一种产品，不论它是股票还是债券，抑或是追逐一份工作，那么很快就会发生估价过高的现象。不幸的是，在那个时候我连交易厅在哪里都不知道。

对我来说，另一个不幸因素是令人困惑的经济学热。1987 年，在哈佛大学选修经济学原理这门课的人多达 1 000 人，分成 40 个班，10 年来，注册人数增加了 3 倍。我大四那年，在普林斯顿大学，经济学破天荒地成了最受欢迎的科目。学经济学的人越多，经济学学位对于在华尔街找工作的重要性也就越大。

理由当然是很充分的。经济学满足了对投资银行家的最基本要求：投资银行家需要务实的人，愿意学以致用。

* * *

经济学如今已经变得越来越深奥，其论文经过精雕细琢，数学色彩越来越浓，实用价值却不高。其教学方法激发不起一丝想象力。我的意思是说，没有人会声称他们真的喜欢研究经济学，在投身其中的人身上，你看不到一丝忘我的热情。研究经济学像一种牺牲仪式。当然，我无法证明这一点。这只是一个大胆的断言，经济学称之为基于偶然性的经验主义。它来自我本人的观察，我的朋友们在研究经济学的过程中逐渐失去了生活的乐趣。我经常问那些打算进入银行业发展的同学为什么要学经济学，他们总是解释说经济学是最实用的学科，但他们所做的却是把时间花在画那些滑稽的图表上。当然，他们是对的，但那就更滑稽了。经济学确实是有用的，它能帮你找到工作。而借此找到工作的人，往往只是因为其可以证明他们是经济优先最狂热的信仰者。

投资银行家们还希望确认自己招募新人的程序天衣无缝，这也是任何一个排他性俱乐部的心愿。他们要确保只有合格的人选才能被吸收进来。这种极端的自负源于投资银行家们有能力掌握自己命运的信念。但是，我们将会看到，他们实际上却做不到。经济学背景让投资银行的人力资源经理得以比较申请人的学术记录。唯一令人感到莫名其妙的是，经济学理论（无论如何，这也正是人们指望经济系学生们应该知道的东西）在投资银行里一点儿用处也没有。**事实上，这些银行家们是把经济学作为一般智力水平的考核标准。**

在这样一种歇斯底里的气氛中，我却产生了反方向的偏执。我在普林斯顿大学有意不选经济学，部分原因是所有选经济学的人都是出于一些错误的理由。不要误会，我当然知道有一天自己也要谋生。可是，如果不抓住这段难得的时间让那些真正令你激动的东西开阔自己的眼界，那就太可惜了。同样，不利用学校里其他专业的条件也是一种浪费。所以我选择了校园里最没有用的专业。艺术史与经济学毫无关联，没有谁想看到这门课程出现在自己的简历上。经济学专业的人告诉我，艺术史是“为那些从康涅狄格来的预科生开设的”。在他们看来，艺术史课程的主要作用是帮助经济系学生提高平均学分。他们到我们系里听上一个学期的课，然后所修学分就变成简历上平均分的一个来源。于就业前途无补的艺术史课程作为提高自我修养的训练本来应该成为教育的法定目标，可惜大多数人认为这种想法是过于天真了。而到了快要大学毕业时，上述想法更成了先见之明。一些同学对我明显表现出同情心，仿佛我是个废物或稀里糊涂许下了一辈子受穷之愿。当修道士可以有很多好处，但华尔街的通行证肯定不在其列。

* * *

选修艺术史并不是我遇到的唯一问题。在我的课程表里还有一门叫作“诗人的物理学”的科目。此外，我把调酒和高空延迟开伞的跳伞运动也当作一技之长写进了自己的简历。我是在美国南部乡村长大的，去面试之前几乎从来没有听说过投资银行家。我想在我家乡根本就不会有这种职业。

不过，从当时的情况看，华尔街似乎是个挺不错的地方。律师已经够多的了，想当医生又没那个本事，想办公司也没有资本。（我曾打算生产一种白布兜绑在狗屁股上，以防它们在曼哈顿大街上拉屎，连广告词都想好了——“扑通声没有了”。）更坦白地说，我是害怕错过那班快车，别人好像都已经占好了自己的位置，而我担心再也没有下一趟了。大学毕业之后该干什么，我心中本来也没有定见，而华尔街却肯出最高的价钱，即使我什么也不会干。我的动机并不光彩，可我不在乎。只要我能有希望找到一份工作，这种动机反而可以使我有心理上的优势。不幸的是我毫无希望。我的同学们为了进入华尔街牺牲了自己正规教育中最宝贵的时段，而我却没有做出任何牺牲。我变成了一知半解的艺术爱好者，一个穿白亚麻布套装的南方孩子误入了东北部预科学校毕业生们玩的打斗游戏里。

简短地讲，我对当一名投资银行家毫无准备。这一点在我 1982 年第一次面试时暴露无遗，那回的招聘单位是雷曼兄弟公司。为了争取面试的机会，我同大约 50 个学生一起在 6 英寸（15.24 厘米）深的雪地里等着普林斯顿大学就业办公室开门。整个冬天里，就业办公室门口就像迈克尔·杰克逊演唱会售票处一样热闹，各色学生整夜站在那里排队，希望能先拔头筹。开门之后，大家奋力冲了进去，把自己的名字挤进雷曼的面试时间表里。

可笑的是，虽说我对投资银行一窍不通，但我还是按自己的想象为面试做了一番准备。我记住了被普林斯顿大学在校生视为救命稻草的投资银行面试必备资料。首先，申请者不能是文盲。例如，在1982年，他们至少要知道这些词汇的意思：商业银行业、投资银行业、抱负、苦干、股票、债券、私募、合伙制，还有《格拉斯–斯蒂格尔法案》(Glass-Steagall Act)。

《格拉斯–斯蒂格尔法案》是美国国会颁布的。就像上帝把人类分为两性一样，这个法案把投资银行从商业银行之中分离出来。现在，投资银行的业务是承销证券，如股票和债券。而商业银行，比方说花旗银行，则经营存贷款业务。事实上，这一法案创造了整个投资银行业。据说它的颁布是世界历史上最重要的事件，至少别人是这样告诉我的。

《格拉斯–斯蒂格尔法案》同样把从业人员划入两个阵营。绝大多数人成了商业银行家。其实我对商业银行家同样一无所知，但人们告诉我商业银行家只不过是普通的美国商人，抱负也非常有限。他们每天都要借给拉美国家几亿美元的款项。但是，他们从不惹祸，对自己的上级言听计从，上级还有上级，最后是一个看不到头的等级制度。商业银行家与世无争。他们一般是已婚人士，开旅行轿车，平均有2.2个小孩，还养一条狗，每天6点下班回家时会把他的拖鞋叼给他。我们都知道，千万不要告诉一位投资银行家我们也向商业银行递交了求职申请，虽说有很多人已经这样做了，而且商业银行至少比较令人有安全感。

* * *

投资银行家是一个完全不同的群体，他们是高人一等的交易制造者。他们拥有巨大的、令人几乎无法想象的才能和抱负，连他们的狗也比人家的叫得响。他们已经有了两部小巧的红色跑车，但还想再有两部。为了实现这一目标，他们虽然西装革履，却总是热衷于制造麻烦。比如说，捉弄像我这样的大四学生就是他们的爱好——投资银行家称之为紧张的面试。当你应邀进入雷曼兄弟公司在纽约的办公室后，面试的第一道考题也许是要你打开窗户。办公室高踞 43 层之上，俯瞰着华尔街，而窗户都被封死了。这种难题当然是有意而为之，主考官就想看看你按他的要求又拉又拽，大汗淋漓，直到最后瘫软下来，承认自己不行。或者，像传说中一个绝望的申请者那样，把椅子摔向窗户。

另一种制造紧张的手段是沉默。你走进面试的房间，坐在椅子上的人却一言不发。你跟他打招呼，他还是瞪眼。你说你是来求职的，他报以更长时间的凝视。你讲一个愚蠢的笑话，他摇了摇头继续盯着你。你开始心神不定，他却拎起一张报纸（如果拿起来的是你的简历，那就更糟了）从容不迫地读了起来。他在测试你控制会谈的能力。在这种情况下，也许把椅子掷向窗户是一个可以接受的做法。

我想当投资银行家，而雷曼兄弟是最好的公司。我想发财。

约见的日子到了，约见的时间也到了，我在面试房间的外面绞着两只汗湿的手，试图只想该想的事情（半真半假）。我匆忙点了一遍“装备”，就像宇航员升空前一样。我的强项：我是一个不断挑战自我的人，具有团队精神，有人缘等。我的弱点：工作过于卖力，在新组织中我将比以前更加卖力。

终于轮到我了。雷曼兄弟公司的面试是由两个人主持的。即使由一个人来考我也未必通得过，更不用说两个了。

令人庆幸的是，雷曼兄弟公司派到普林斯顿来的是一男一女，我不认识那个男的，但那女的可是普林斯顿毕业的，我认识她。我没想到会在这儿见到老朋友，也许我还有戏。

令人丧气的是，当我走进这个方盒子时，她既没有微笑，也没有做出任何认出我的表示。她后来告诉我说那些表示是非职业性的。我们握了手，她的表情冷得就像开场前的拳击手。然后她走回自己的角落，仿佛等着钟声响起。她穿着蓝色的套装，打着小领结，静静地坐在那里。她的同伴，一个年约 22 岁的方肩小伙子，手上拿着一份我的简历复印件。

他们两个人在投资银行业里的经历加在一起也不过两年。投资银行校园面试中最荒谬的地方就在于他们派来主持面试的人员中，有许多在华尔街的工作年限还不足 1 年，但他们倒是学会了华尔街的派头。他们最喜欢用的字眼就是职业化。坐直身子、用力握手、讲话干净利落、啜饮着一杯冰水，这就是他们所说的职业化。大笑和搔腋窝则是没有达到职业化水准的表现。

我这位朋友和她的同伴可谓是职业化的标兵。在华尔街干了 1 年之后，他们已经面目全非了。7 个月前我还看见她在校园里穿着蓝色牛仔裤和T恤衫，满嘴粗话，狂饮啤酒。也就是说，她是一个非常典型的学生妹。可今天她却成了另一个世界里的人，非我族类。

年轻男人在冰冷的金属桌子后面就座，开始考我。描述我们双方会面的最好方法就是尽我的记忆力还原我们之间的对话：

方肩小伙：你能说一下商业银行业和投资银行业的不同之处在哪里吗？

我：（在此时犯下了第一个错误，没有抓住机会吹捧投资银行家，尽情奚落商业银行家工作时间短、抱负心太小。）投资银行家承销证券，也就是股票和债券；而商业银行家只管发放贷款。

方肩小伙：简历上写着你的专业是艺术史。你为什么选了这样一个专业，你考虑过毕业后的工作吗？

我：（坚决站在普林斯顿大学艺术史系的立场上）呃，艺术史最令我感兴趣，本校的艺术史系是一流的。由于普林斯顿大学并不提供任何职业培训，我想我的专业选择对找工作不会有什么影响。

方肩小伙：你知道美国GNP（国民生产总值）的规模吗？

我：我不能肯定，大概是5 000亿美元吧。

方肩小伙：（和那位我自以为是朋友的女人交换了一个意味深长的眼色）应该是大约30 000亿美元。你知道，公司职位的每一个名额都有数百人应试。你要同许多经济学专业出身的人竞争。你为什么想做投资银行家？

我：（显然，诚实的回答应该是我不知道，但这话是万万不能说出口的。东拉西扯一番之后，我说出了自以为他愿意听的话）好吧，说真的，如果你穷追到底，那么我想当投资银行家是为了钱。

方肩小伙：这可不是一个好的回答。干这份工作意味着长时间的加班，除了金钱之外，你还得有更强有力的动机。不错，我们的报酬与我们的贡献成正比，但是坦率地说，我们不鼓励唯利是图的人加入这个行业。到此为止吧。

到此为止？言犹在耳，但一切都已无法挽回，我穿着汗湿的衣服走出房间，眼看着下一个候选人走进那架“绞肉机”。我从未想到投资银行家对金钱抱有职业性的热爱居然是不被允许的。我一向以为当投资银行家也无非是赚钱谋生，这就像福特公司造汽车一样自然。只不过投资银行家拿的钱比分析师多，而这正说明他们更加贪婪。为什么这个雷曼兄弟公司来的家伙却因此勃然大怒?

一个最终考进雷曼兄弟公司的朋友后来跟我解释了这一点。“这是禁忌,”他说,**“如果他们问你为什么想当投资银行家,他们其实是希望你大谈诸如挑战、做大单的狂喜以及同高智商人物一起工作的兴奋等等,但是永远永远别提钱。”**

再学一个谎言不会费什么力气,相信它则是另一码事。从那以后,每当有投资银行家问我申请的动机时,我总是恰到好处地交上正确的答案:挑战、高智商同事和做大单的喜悦。我花了几年时间才说服自己,这一套不见得就是花言巧语(我想我甚至向所罗门兄弟公司董事的太太献上了这番说辞的某一种)。说什么钱不是唯一重要的,这是彻头彻尾的屁话。但是在 1982 年的普林斯顿大学就业办公室里,你总不能让真理挡住你的工作机会。我一边奉承银行家,一边对他们的伪善暗暗称奇。即使是在那段天真的日子里,又有谁会想到,在华尔街上,金钱的重要性固然是众所周知的,而当华尔街上的人同别处的人讲起时,金钱又成了另一回事。

当下我急需一种让我热血沸腾的感觉,以抚慰我的内心。从普林斯顿毕业后,我失业了(所罗门兄弟公司连面试的机会也没有给我)。第二年,我换了 3 个工作,似乎是证明当初银行家们拒绝雇用我是有理由的。我甚至毫不怀疑自己是自作自受。我只是不喜欢被捉弄。华尔街给我发来成堆的谢绝聘用函,我从中只学到了一点,那就是投资银行家们要么不喜欢诚实,要么就是用不着像我这样的人(不是说二者相互排斥)。问题是事先定好的,答案也不能出轨。对毕业生来说,成功的投资银行面试就像是在教堂里唱赞美诗,而面试失败就像是唱错了调子。雷曼兄弟公司的这次面试经验并不是我的个人体验,1981 年后在数十所举行过投资银行面试的大学里,上千名学子也都深有体会。

不过，故事结局倒是令人开心——雷曼兄弟公司最后到底完蛋了。1984年年初，交易师和公司金融专家之间的纷争弄垮了这家公司。交易师一方获胜，但庄严的雷曼大厦经此一劫后元气大伤。高级合伙人们不得不拿着自己的帽子走进华尔街的老对手希尔森公司，后者买下了雷曼兄弟公司。雷曼兄弟的名字从华尔街的公司名单上永远消失了。在《纽约时报》上读到这个新闻时，我心想这可真是太好了。应该承认，这不像地道的基督徒的行为。至于雷曼兄弟的垮台是不是因为它不愿意承认赚钱的重要性，我不得而知。

第三章

LIAR'S POKER

学会热爱公司文化

华尔街已经快被股票和债券淹没了。在20世纪70年代末，也就是美国政治史和现代金融史上最放纵的年代刚刚开始的时候，所罗门兄弟公司是华尔街上最精通债券生意的一家投资银行：懂得怎样给债券估值，如何交易，应该向哪些客户兜售。

把自己变成野兽，也就摆脱了做人的痛苦。

——萨缪尔·约翰逊

我至今仍然清楚地记得自己第一天在所罗门兄弟公司上班时的情景。那天早晨，我在寒风中冻得瑟瑟发抖，长期养尊处优的学生生活已经令我难以适应谋职的艰苦了。说是说了几天，但真的到了要上阵的时候，浑身还是不由自主地打冷战，宛若梦中一般。当然，这也要怪我自己。公司上班时间是早上 7 点，但我特意起了个大早，这样在上班之前可以有时间逛逛华尔街，结果却是我被冻得发抖。这条街的一头曾有一条河，另一头连着墓地。在这两者之间的则是古老的曼哈顿：一条深而狭长的巷子，黄色的出租车在翻开的井盖、阴沟和垃圾间穿梭，闹出一片喇叭的喧杂。愁容满面、身穿西服套装的男人们从列克星敦地铁站蜂拥而出，走上弯曲的人行通道。身为有钱人，他们看上去并不快乐。他们好像过于严肃，至少比我想象的要严肃得多。我自己本来就身无长物，如同新的穷光蛋。奇怪的是，看到他们之后，我的心情反而好转，仿佛不是去上班，而是去领乐透彩票的奖金。

在伦敦时，所罗门兄弟公司曾致函通知，他们将为我提供一份 MBA（工商管理硕士）的年薪（尽管我没有MBA学位）——4.2 万美元，外加工作 6 个月后的 6 000 美元奖金。那时我还很穷，4.8 万美元年薪是一个令人无法拒绝的数字。考虑到当时英国的工资水平，所罗门兄弟的慷慨就更加令人印象深刻了。有一个家伙，已经当上了伦敦经济学院的资深教授，但在物欲方面仍然兴趣浓厚。他在听到我的薪水数目后眼珠子差点儿掉出来，喉咙里发出打嗝一样的咕噜声。他的收入只有我的一半。他已经 40 多岁了，在职业阶梯上已经爬上了最顶层。我只有 24 岁，事业刚刚起步。这个世界哪有正义可言，我真的是心满意足。

有人也许会问，为什么会有这么高的工资，不过当时我可没有多想。所罗门兄弟公司是 1985 年全世界最赚钱的公司，至少这就是别人反复向我灌输的。我甚至懒得去核实。这是明摆着的：华尔街牛气冲天。而我们，则是华尔街上最赚钱的公司。

* * *

华尔街已经快被股票和债券淹没了。在 20 世纪 70 年代末，也就是美国政治史和现代金融史上最放纵的年代刚刚开始的时候，所罗门兄弟公司是华尔街上最精通债券生意的一家投资银行：懂得怎样给债券估值，如何交易，应该向哪些客户兜售。它在 1979 年几乎垄断了整个债券市场，唯一的例外就是垃圾债券，这是另一家公司——德崇证券公司的强项。稍后我们还会谈这家公司。但在 70 年代末和 80 年代初，垃圾债券还未成气候，份额很小，所罗门兄弟公司俨然是整个债券市场里的龙头老大。别的公司也无意同所罗门兄弟一争高下，这种生意油水有限，也谈不上多么受人尊敬。为公司募股才是最赚钱的，认识的公司首席执行官多，才是最受人尊敬的。从社交和财务两个方面来说，所罗门兄弟公司都还只是圈外人。

这些，都是我从人家嘴里听说的，也没有什么根据，只是传言而已。不过，所罗门兄弟公司的西德尼·霍默 1977 年 3 月在沃顿商学院做演讲时，底下的听众的确发出过一阵压抑不住的哧哧笑声。要知道，他可是从 20 世纪 40 年代中期直到 70 年代后期华尔街上最出色的债券交易师之一。“我有一种挫败感，”霍默在谈到自己的职业时这样说，“在鸡尾酒会上，可爱的太太小姐们常常会聚拢在我身边打探我对市场的看法。可是，一旦她们听说我是搞债券的，马上就会悄然离开。”

此外，缺乏根据这一事实本身也颇能说明问题。纽约公共图书馆里有 287 本书名带有“bond”字样的图书，其中大多数是化学方面的著作。[①] 除去那些罗列了大量科技词汇的科学著作之外，剩下的书名无非是《券场无战事》或《低风险的投资策略》等。换句话说，这种书不会让你爱不释手恨不得一口气读完。那些自认为有社会影响的人士总喜欢在身后留下只言片语，如逸事或回忆录，但是尽管在股票市场方面早已有了好几部著名的回忆录和一大堆奇闻逸事，债券市场人士却仍然秉持沉默是金的信条。在文化人类学家眼中，债券人士和亚马孙丛林深处未开化的部落没什么差别。

造成这种情况的部分原因是债券这一行里的从业人员受教育水平不高。这也从反面证明了当初债券业务并不受人青睐。所罗门兄弟公司最后一次进行学历统计是在 1968 年，28 个合伙人里有 13 个人没有念过大学，其中的一个甚至连八年级都没有毕业。在这群人中间，约翰·古特弗罗因德倒可以算是一个知识分子，虽说没考上哈佛，但毕竟还是从奥柏林学院毕业了（不过看不出有什么过人之处）。

* * *

在 20 世纪 80 年代华尔街史无前例的极盛时期，有关债券交易师大把赚钱的传闻数不胜数，其中最具神秘感也是最误导人的说法是，这些人勇于承担风险。在市场上，有些人的确要承担风险。应该说，所有交易师都要承担一些小风险。但是，绝大多数交易师做决策并不比操纵玩具更困难。那么他们的钱是从哪里来的呢？在这一问题上，最精彩的解释莫过于库尔特·冯内古特的观点了（奇怪的是，这段话本来是讲律师的发财秘诀的）：“总会出现这样神奇的一刻，某人已经

---

① “bond”除“债券”含义外，还有“黏合剂”的意思。——译者注

准备好要交出一大笔财富，而那个即将接受这笔财富的人却还没有做好准备。这时，一位机敏的律师（在这里则是债券交易师）会迅速地抓住这个机会，在短短的一瞬间里将它置于自己的控制之下，留下其中的一小部分，其余部分则奉归原主。”

换句话说，所罗门兄弟公司从每一笔交易中捞取一份很小的油水，但累积起来则相当可观。比如说，所罗门兄弟公司的推销员向X养老基金售出价值5 000万美元的IBM（国际商业机器公司）债券。在这笔交易中，为推销员提供债券的交易师可以赚得1/8个百分点（即1%的1/8），也就是6.25万美元。当然，如果他愿意，也可以留下更多。因为债券市场与股票市场不同，佣金并不公开。

只要明白了这一点，下面的把戏也就好懂了。一旦交易师弄清了IBM债券的去向和持有者的心态，他甚至无须费力就可以让债券（也就是上文所说的“财富”）流动起来。例如，他可以要求推销员去劝说Y保险公司，说IBM公司的债券价格比X养老基金当初买入时已经有所上升。这种说法是真是假则无须理会。于是交易师可以借此机会从X基金处购入该笔债券再销售给Y保险公司，再赚1/8个百分点。至于X基金，因为在如此短的时间能够小有获利，当然也很满意。

只要交易双方对债券的真实价值一无所知，这场戏总可以演下去。交易厅里的那些人也许学历不高，但在洞察人类的无知方面，他们个个都是博士。在任何一个市场里，就如同在“说谎者的扑克牌”游戏中一样，总会有一个傻瓜。精明的投资大师沃伦·巴菲特最喜欢讲的一句话就是，如果在市场中某人还不知道谁是傻瓜，那么他自己很可能就是那个傻瓜。在1980年，当债券市场在多年沉寂之后突然复苏时，许多投资人，甚至连华尔街上的银行都不知道谁在新游戏里充当傻瓜的角色。但是，所罗门兄弟公司的债券交易师们却心知肚明，这本来就是他们的工作。理解市场意味着洞察别人的弱点。所谓的傻瓜无非就是高买低卖的人。债券的价值无非就是有能力为它定出合理价格的人所愿意支付的数额。而在整个圈子里，所罗门兄弟是最善于为债券合理定价的公司。

但是，上述这一切仍不足以解释该公司何以在 20 世纪 80 年代如此赚钱。利润就像烤火鸡肚子里的填料，总要有人先把填料放在火鸡的身体里。在 80 年代那段时期里，火鸡肚子里的填料比以往任何时候都要多。而所罗门兄弟公司依仗它的专业技术，在其他人还没有反应过来之前就已经把生意过手两三道了。

填料之一来自联邦储备委员会。这一点颇具讽刺意味，因为没有人比前美联储的头头保罗·沃尔克更讨厌 80 年代华尔街的狂热了。在 1979 年 10 月 6 日举行的一次记者招待会上，沃尔克宣布，今后美国的货币供应量将不再随商业周期而波动，货币供应将固定下来，而利率则放开。我相信，正是这一事件开启了债券交易师的黄金时代。如果不是沃尔克的政策大转弯，为数众多的债券交易师仍将默默无闻。事实上，将货币政策的重心从控制利率转向控制货币供应，意味着利率水平将出现剧烈的波动。债券的价格与利率反向运动，两者紧密相关。在沃尔克发表讲话之前，债券是一种保守的投资形式，不愿意在股票市场上试运气的投资者会把自己的积蓄投放在债券里。而在此之后，债券已经变成了投机的对象，一种创造财富而不仅仅是保存财富的方式。一夜之间，债券市场由一潭死水变成了赌场。所罗门兄弟公司的交易额犹如井喷似的增长。为了应付新的生意，不得不增雇人手，它们的起薪，正如我们所知道的，高达 4.8 万美元。

在沃尔克放开利率之后，另一种力量开始介入了——美国的借款人。美国政府、消费者和公司在 20 世纪 80 年代都以前所未有的速度增加自己的负债：债券的发行量开始爆炸性地增长（从另一个角度观察也可以有所启发——投资人出借资金也比以往任何时候都要自由）。

上述三大集团在 1977 年的总负债额为 3 230 亿美元，其中很大一部分是商业银行的贷款而不是债券。可是，到了 1985 年，他们的总负债已经猛涨到 7 000 亿美元。而且，其中债券所占的比例已经比以前大大提高了。这自然要归功于像所罗门兄弟这类公司里的银行家们，还有抵挡不住诱惑的商业银行。

这样一来，结果就更是雪上加霜了。债券的价格大起大落，同时交易额也扶摇直上。而在所罗门兄弟公司内部，交易师们的本领可一点儿也没长。现在，交易的规模和频度都出现了爆炸性增长。从前一个星期里交易额只有 500 万美元的所罗门兄弟交易师如今在一天里就可能做成 3 亿美元的生意。在这一过程中，公司的钱袋和他们本人的腰包都飞快地鼓了起来。于是他们决定也该为公司招募一些像我这种层次的人，个中原因只有他们自己心里才清楚。

* * *

所罗门兄弟公司的培训课程开在公司总部 23 层，这栋大厦位于曼哈顿的东南角。我向那个方向走去，走向我职业生涯的起点。

初看起来，我的前景并不美妙。别的培训学员好像早已坐了好几个小时。事实上，为了争取领先的机会，有些人已经在那里坐了几个星期了。当我到达时，他们早就聚成一些小圈子在聊天。这是一个已经组合起来的群体，每个人都相互认识。小团体内部抱得紧紧的，每个新来者都会受到怀疑。谁有戏谁没戏（加入所罗门兄弟公司的交易师队伍）大都心中有数。

有一伙人站在前厅那里围成一圈，他们正在玩一种游戏，那时我还不知道这就是“说谎者的扑克牌”。他们时而大笑，时而诅咒，相互打量着，表现出一种兄弟般的交易师风度。他们都穿着背带裤。回想起来，从看到背带开始，我就没把所罗门兄弟公司当成自己的天地。有一次我曾穿上一副亮红色的背带，上面有大大的金美元图案，心里想着也该学一学银行家的派头了。结果并不令人兴奋。一个好意的学员忠告我：“可别让他们看见你在交易厅里穿这个，”他说，“只有董事经理才能系背带。他们会盯着你看，并且说‘他以为自己是谁啊’。”

一进去我就看见一个女学员对着手机大叫大嚷。7 月里大热的天气，这个肥硕的女人却穿了一套三件套哔叽花呢套装，还打了一个大得不相称的白蝴蝶结。我对这套衣服本来没有多想，但她电话里讲的内容却吸引了我的注意。她把话筒贴在耳朵边，一手指向几个女人：“听我说，6 套只要 750 美元。想一想货色，这是个好价钱，你不可能有再便宜的报价了。”

原来如此，她穿套装是因为她自己在卖这个。她很精明，把培训班变成了市场：这些人有钱、有眼光，也用得着。她已经说服一家东方的工厂批给她一批冬装。当她发现我在注意她时，她开口了。只要给她一点儿时间，她也能做“男式”的东西。她可不是说着玩儿的。结果就是这样，公司里第一个开口对我说话的人就要卖东西给我。对所罗门兄弟公司来说，这倒是个名副其实的欢迎仪式。

* * *

从前厅的黑暗角落里似乎透过来一丝希望的微光，表明在所罗门兄弟公司里还可以有另一种生活方式的可能。一个肥胖的年轻人手脚摊开躺在那里。他睡着了，至少在我看来是如此。他的衬衫敞开着，皱皱巴巴的，扣子掉了的地方肚皮上的白肉挺了出来。他的嘴大张着，仿佛等着接一大串葡萄。这是一个英国人，我后来听说上面已内定他去伦敦办事处，所以他无须过于担心自己的饭碗。同别的学员比起来，他简直就是化外之人，不断抱怨公司的培训简直就是把人当小孩子。他已经在伦敦城里受过两年的历练。在他看来，整个培训项目简直荒谬透顶，于是他把夜幕下的曼哈顿变成了自己的运动场。白天的时间里则昏昏欲睡，灌下一壶又一壶的咖啡，躺在教室地板上仰面大睡，他也由此给许多新学员留下了难以忘怀的第一印象。

1985 年这一期的坏家伙足有 127 人，他们只是此后一批又一批掠过这间世界上最赚钱的交易厅的人流中的一小段。我们这期是所罗门兄弟此前历史上规模最大的，而此后的规模比我们这一期还大了一倍。支援人员与专业人员（信不信由你，我们可都是“专业”人员）的比例为 5∶1，127 个专业人员就得要 635 个支援人员。对一个总数只有 3 000 人多一点儿的公司来说，这可是一个惊险的扩张。超高速的增长将全公司陷于不能自拔的境地，就连我们也看得出情况极不正常，揠苗助长从来就不会有好结果。然而出于某些奇怪的原因，公司的经理们依然执迷不悟。

如今回想当时的情形，一切都很清楚了，我加入公司时正是它刚刚开始走下坡路的时候。无论在哪里，我都可以感觉到公司在分崩离析。这并非我个人的力量所致。但是，公司开始招收像我这样的人（以及那些和我差不多一样来路不明的人），这一行为本身就是一个前期的预兆。警铃早就应当拉响，他们有些忘乎所以了。从前他们是精明的相马人，如今他们却把所有最不适合的人全都招进来了。即使我那些最有商业头脑的同学们——也许应该说，特别是这些人——也绝无献身于所罗门兄弟公司的想法。我当然也不会。

除了提出求职申请的动机——钱，以及还有一种奇怪的想法，认为世界上没有其他工作值得一顾之外，我们这些人和公司之间不存在任何亲和力。我们对企业没有一丝深切的情感和挥之不去的忠诚。仅仅 3 年之后，75%的人已经离开了公司（相比之下，从前的学员在 3 年之后还有 85%留在公司里）。在这一大群心怀二志的人涌进来之后，公司陷入了激烈的震荡，这就是所谓的“消化不良”吧。

我们这批人本身就是一个矛盾体。公司雇我们来是为了在市场交易方面有所作为，希望我们比别的人更精明，简单地说，更像交易师。但是，如果你去问一个老成的交易师，他会告诉你他最成功的操作源于超越了传统智慧。好的交易师喜欢走险招。令人痛心的是，作为一个群体，我们这批人却属于循规蹈矩的类型。我们之所以选择所罗门兄弟公司，只不过是遵循着常识性的指引，每个急于赚钱的人都会这么做。如果在生活中我们不能摆脱传统，怎么能指望我们在市场上出奇制胜呢？债券市场与我们的求职市场会有多大的区别呢？

* * *

我们对今天讲课的大人物毫无不敬之处，如同对其他人一样，只不过这个人说得太多。整个下午只有他一个人讲课。整整 3 个小时的课程里，他被圈在教室前部只有 10 码（9.14 米）宽的空间里，前有长桌，后有黑板，中间是一把带扶手的椅子。此人就在这里面踱来踱去，像是场外教练。他时而盯着地板，时而又龇牙咧嘴地看着我们。我们坐的是大学里用的那种连成一体的椅子——22 排穿白衬衫的白人男性，间或有几个着蓝运动衫的女人，还有两个黑人，一小撮日本人。墙和地板的颜色就像新英格兰杂烩汤一样，令人心情郁闷。有一面墙上隔出了一扇扇的窗户，可以由此远眺纽约港和自由女神像，偏偏每排座椅又都放在窗户之间，你什么也甭想看。他们就是不让你看。

这里的一切让我们感觉身处军营。房间里又热又闷。椅垫的颜色则是令人发腻的草皮绿，每次起身时裤子都会和垫子粘在一起。我中午刚刚吃下一个硕大的牛油奶酪汉堡，演讲又让我提不起精神，睡觉的欲望最终压倒了一切。这才是第一周，我已经累得不行了，而培训项目全部完成却要5个月，我只好更深地陷在椅子里。

讲课人是所罗门兄弟公司的一个顶级债券推销员。房间前部的桌子上摆着一部电话，一旦场内行情反常可以随时联络。在走动时，这位大人物的两臂紧紧夹住身体，试图遮掩自己腋下渗出的半月形汗渍。过于卖力还是过分紧张？很可能是紧张。这是可以理解的。他正在分享自己的市场心得，坦露的程度远远超出前几个人。整个课堂里只有少数几个人意识到他的讲话太啰唆，我是其中之一。他善于吸引听众，后排坐的学员也在注意听，房间里的人都放下了《纽约时报》的猜字游戏。这时他正在告诉我们在市场上如何生存。“你要把所罗门兄弟公司看成蛮荒的丛林。”他说。

“交易厅就是丛林，”他接下来说，“你的老板就是丛林中的向导。你在这里能否取得成功，首先要看你是否懂得生存之道。你要跟着老板学习，要跟住。就好像我派两个人到丛林里边，一个有向导，而另一个则没有，结果如何可想而知。不知道已经有多少人不明不白地死在丛林里。而只要走出来，你还可以看体育联赛的决赛，冰箱里还有吃不完的八喜冰激凌……”

他聪明地悟出了控制1985年培训班的秘诀：赢取后排座位学员的注意力和好感。从第三天开始，后排座位就一直处于骚动的边缘状态，只要他们对主讲人稍一失去敬畏，就会睡着，或者想用纸团掷前排的人。如果他们出于某种理由不把主讲人放在眼里，课堂就会乱套。但现在，情况却完全不同。在丛林战士的鼓点声中，后排成员个个露出最肃穆的表情，就仿佛史前人类偶然发现了一种新工具。几天来他们第一次身体前倾，听得聚精会神！啊哈！

只要后排成员保持中立，主讲人就算是控制了全局，前排的人早就弄清了整个形势。他们就像全世界任何地方坐在前排的人一样，有过之而无不及。哈佛商学院的毕业生大多坐在前排。每次来一个新的主讲人，他们中有一个就会画一张组织架构图，类似于圣诞树那样。约翰·古特弗罗因德高踞于顶，我们这些人则位于底层。中间是一大批大大小小的主管，像挂在树上的彩盒。他们首先会弄清这家伙的级别，标出他在等级图上的位置，然后把他放在适当的盒子里，他们的态度也就随着主讲人的不同而改变。

这些哈佛人真是古怪得可以，他们画出的图形更像恶意的魔法，与业务没有什么关系。在交易厅里，级别并不重要。组织架构在所罗门兄弟公司里只是一个笑话。但前排学员比后面这些人更难理解，所罗门兄弟其实是一架能人统治的赚钱机器。他们企图为自己的职业赌注做套期保值——这样一来所罗门兄弟公司就和他们在学校里学过的东西多少有了一点联系。

“……一大罐八喜冰激凌，”主讲人又重复了一遍，“那些有向导的人有希望走出丛林，能够看着电视喝着啤酒，不过也仅仅是有希望而已。更不用说那些根本就走不出来的人。但是——”他有意停下步子，向听众眨了眨眼睛，“就算他又渴又累地到了那里，啤酒也可能早就被抢光了。”

啤酒，这是抖包袱的关键点，坐在后排的人就喜欢这个。他们笑倒在一起相互击掌，仿佛穿西服套装的白人模仿他们的黑人兄弟那样可笑。这是兴奋过后的放松。接下来的是一个小人物，他向我们讲解怎样把半年期债券的收益换算成一年期的债券收益。后排的家伙们可不喜欢这个。去他的债券数学，告诉我们怎样闯出丛林。

后排的家伙们更像是在演出中场串场的小丑，你丝毫看不出他们有希望被培养成华尔街上最赚钱公司的领路人，这一点在课程一开始就曾让公司里那些稍有头脑的老板们感到困惑和不安。在招募人员时，公司在后排那些人身上所花的时间和力气与前排并无区别，从理论上讲，整个班里人的表现没有道理不像一支军队那样整齐划一。最糟糕的是，这种破坏纪律的行为没有任何道理可言，完全是随机发作，因此也就无法控制。虽说绝大多数哈佛商学院出来的人都坐在前排，但也有那么几个待在后排。其中同样不乏耶鲁、斯坦福和宾州大学的学生。后排的学员中颇有几个出身于名牌大学，他们的智力当然也就不会低。可是他妈的为什么同一伙人的表现却判若云泥？

所罗门兄弟公司为什么容忍这样的行为？我至今仍不明白。管理层制订了培训计划，交付执行，然后就放羊了。这种无政府状态持续的结果是以大欺小，以恶凌善，以发达的四肢取代头脑。后排的学员通常都有一个共同的看法——他们力图洗去自己身上那股知识分子的气味和其他为人称道的人格特征。不过我怀疑他们自己是不是意识到了这一点。这不是一种有意识的行为，只是一种暗示反射。他们是迷信的牺牲品，这在所罗门兄弟公司尤为厉害。人们说交易师应当不为世俗所累，越优秀的交易师就越是如此。这完全是错误的。交易厅里固然有这种人，但相反的例子同样很多。人们不过是相信他们自己愿意相信的东西。

还有一个原因可以解释这些无法无天的行为。在所罗门兄弟公司受训就好像每天都要受邻家大孩子的气。最后你会变得又自卑又粗暴。除了像我这样的幸运儿之外，进入培训阶段之前他们就要通过 60∶1 的淘汰率。一旦熬过了这种折磨，你会自然地以为这下子可以好好放松一下了。但你注定不会有这种福气。公司不会把你拉到一边，拍着你的肩膀说从今以后你就是我们中的一员了。相反，公司认为还应该对学员加以调教和磨炼。那些通过面试的优胜者还得在课堂里相互斗狠。简单地说，公司要千里挑一。

* * *

在课程临近结束时，挂在交易厅边上的一块黑板上标出了空缺职位。与我们初来的想法相反，此时公司是否雇用你尚在未定之数。不止一个主讲人说过这样的话："看看你的左邻和右舍，1 年后你们中至多只会剩下一半人。"在空缺职位表的顶端标着交易厅里各个部门的名称：市政债券、公司债券、政府债券等等。办事处的名称列于图表的一侧：亚特兰大、达拉斯、纽约等等。一想到最终要落到这个矩阵里的某个空缺，或者干脆被排除在外，学员们不免会心灰意冷。再也看不到工作的相对价值，仅仅留在所罗门兄弟公司已经不再令自己满意，抱有这种想法的人永远进不了一流的部门。在所罗门的兄弟学员眼里，除了成功就是失败，中间没有缓冲余地。在亚特兰大卖市政债券是丢人现眼的差事，而在纽约干抵押品交易的行当则一派风光。

开课后不过几个星期，各个部门经理就开始暗暗品评新人的身价。但在骨子里，经理人也都是交易师。无论是人员、地点还是其他的一切都成了可以讨价还价的交易砝码。他们买卖学员，就像买卖奴隶一样。这些人三个一群，两个一伙，拿着贴有相片的活页简历评头论足。过两天你会听到一桩交易已经达成，他们拿你换了一个前排的家伙，外加下次培训班优先挑人的好处。

压力不断增大。某某说某某如何？哪些学员已经有主了？还剩下哪些职位？像任何一种挑选程序一样，总会有优胜者和落败者。但是，再没有比这里的程序更随意的了。对于能力，不存在什么客观的考核标准。要想弄到一份好工作，第一是运气，第二是仪容，第三是溜须拍马。前两项不是你自己可以控制的，所有的努力只能集中到第三项。你必须找到一个靠山。仅仅与 112 位董事经理中的一员搞好关系是不够的，你还必须找一个有权有势的家伙。当然，这里边有点儿小小的困难。大老板不见得对实习生有兴趣，毕竟他们从中也捞不到什么好处。

只有在部门经理相信人人都争着要你时，你在他眼里才会有所不同。这时的你对他来说已经有了"很大"的价值。从别人手里抢来受欢迎的实习生意味着经理赢了点数。许多实习生由此练就了一种本领：制造受欢迎的假象。既然经理在意的只是别的经理的看法，那么结果就会出现庞氏骗局[①]，只不过这一次不是在市场里，而是在人际关系的圈子里，这样干得需要异乎寻常的自信心，并用人类轻信的天性来冒险。在解决工作去向的问题时，我用上了这一招。培训开始后几个星期，我同交易厅里的一个家伙打得火热，尽管我无意去他那个部门工作。这家伙不断劝说我到他那里干。我故意让别人知道有人极力邀我加盟，而这些人又会把话传给交易厅里的那些人。最后，我向往的那个部门的头头终于从别人那里听到了对我的议论，他向我发出了共进早餐的邀请。

也许有人会因此而指责我弄奸使诈，那也只好由他去了，如果不这样做就只有任人摆布一条路。他们可不会有丝毫的同情心，幸好，我还不至于愚蠢到相信经理眼光的地步。还有一条出路就是摇尾乞怜，有些人真的那样做了。他们趴在老板的脚下，讲话就像奴隶一样："噢，主人，雇用我吧，我是你的人，我只为你工作，做你要我做的任何事。"有时这一招还真的奏效。可是一旦失手，你就会颜面扫地，立刻变成没人要的可怜家伙。在培训期间，实习生内部就曾有人争论，在这样的环境下，屈膝逢迎是不是一种可以原谅的道德缺陷。仿佛整个所罗门兄弟公司遴选系统的要旨只是为了考验哪些人会在压力之下变成软骨头。

每一个实习生都必须做出自己的选择。由此，在培训班里产生了大分裂。那些打定主意曲意奉承的人会在教室的前排就座，整个课程期间不再挪动，不时还会做出种种媚态。而那些视尊严为财富的人，

① 庞氏骗局，意大利移民庞兹（Ponzi），20 世纪 20 年代在波士顿利用金字塔式集资方式从事诈骗活动。这种骗术被称为庞氏骗局。——译者注

或者打算洁身自好的人，则假装冷漠，他们坐在后排，向讲堂上的董事经理丢纸团。

当然，这样说是过于简单化了。还有几个人是异类，他们不属于任何一边。他们在一开始就跟董事经理们建立了良好关系，工作早已稳定无虞。他们在整个班里窜来窜去，仿佛奴隶群里的自由人，大家对他们都很警惕，认为他们是经理们派来的探子。还有一些人，有着后排座的灵魂，但他们要养家糊口，他们也不属于任何一个阵营，这些人因为嫌恶而拒绝坐在前排，又出于家庭责任感而不能扎在后排堆里。

我把自己称为另类。有人骂我是属于前排一伙的，就因为我喜欢坐在那个哈佛商学院出身的家伙旁边，看他画组织架构图。我怀疑他最终能不能画全（他后来到底还是放弃了）。我的提问显得太多了一些，这被说成是有意同主讲人拉关系，是彻头彻尾的前排行为。这让我感到恐慌。为了洗清自己，我不得不格外卖力地向显要的主讲人丢纸团。而在我因为公然看报纸而被逐出课堂之后，我在后排的人气出现了戏剧性的上升，但是我从来不曾被后排视为自己人。

在所有的异类中，日本人是最大胆的。他们的表现足以令任何有关培训文化的分析陷入破产。这批人一共有 6 个，全都坐在前排睡大觉。他们的脑袋时而前仰后合，时而东倒西歪，头部跟地面平行。虽说日本人在谈判时常玩这种伎俩，但在这里，闭目听课的说法肯定是站不住脚的。最宽宏大量的说法也只能是因为他们不懂英语。而且，他们自成一体，你永远也弄不清楚他们的语言水平，也不知道他们要干什么。他们的头儿名叫誉志。每天早上和下午开课的时候，后排的人总会打赌誉志多长时间能够睡着。他们把誉志看成是一个有意制造事端的坏家伙，誉志因此成了他们心目中的英雄。当誉志终于睡着时，后排就会尽量低调地发出一片欢呼，半是庆贺某人赢了一笔钞票，半是钦佩有人有胆量在前排睡觉。

日本人在班里是受保护动物，他们自己也心知肚明。由于连年的贸易顺差，日本积累了巨额的美元。如果能将这些钱从东京引回美国，投资于政府债券和做其他形式的投资，回报将非常可观。所罗门兄弟要想在东京扩大业务，就要招募当地的资深员工。问题就出在这里。在日本，公司里实行的是终身雇用制，员工很少跳槽。那些有本事的人根本就不会考虑在美国公司里工作。加入所罗门兄弟公司，他们会失去工作保障和舒适度，而换来的却是奶酪汉堡和雅皮士的头衔，只有傻瓜才会那样干。好不容易弄到手的几个"稀世珍宝"被捧在手心，唯恐有个闪失。对于他们的表现，主讲人从未有过一丝怨言。奇怪的是，虽然所罗门兄弟公司对外国文化缺乏敏感，但他们却清楚地意识到日本人与我们不一样。这并不等于说他们了解日本人的行事原则。我敢打赌，就算日本人在每天早上互相刮鼻子，行基瓦尼俱乐部握手礼，也不会有人认为这是出格的做法。

尽管如此，在大家的眼中，日本人只不过是有点儿古怪罢了。决定课堂气氛的是后排那伙人，他们步调一致，形成一个密不可分、匪夷所思的噪声源。从早上和下午的培训课程，到快下班时的交易大厅，到晚上的冲浪俱乐部，他们成群结队地晃来晃去，从中求得安全和舒适的感觉，日复一日，乐此不疲。他们臭味相投，遇到真心喜欢的主讲人时会兴奋地站起来在课堂后面摆人浪。

现在，他们对正在前面讲课的人佩服得五体投地。主讲人停了一下，仿佛思路被打断了，当然不是这么回事。最后，他这样讲道："你们可能以为自己是一根葱，到了交易厅你就知道了，没人会把你当回事。"

这句话有什么必要？他之所以受欢迎是因为他一直在说这帮小子爱听的话：所罗门兄弟公司的赢家就是像他们这样的人。可是现在，这番话却要冒前功尽弃的风险，他们肯定不爱听：在丛林中，自己的才能将失去用武之地。我想，这下子他可要倒霉了，不知道后排的家伙们会扔出多少个纸团。但出乎我的意料，场面十分平静。主讲人已经在他们中间赢得了足够的欢心，这个错误被忽略掉了。后排的家伙们照样频频点头，也许他们认为这番话是说给前排听的。

不过，主讲人这样说无论如何都是一种误导。事实上，实习生根本无须担心自己会无事可做。债券交易师和推销员老得像狗一样快。交易厅里的 1 年抵得上别的公司 7 年。有 1 年经验的交易师就算是老资格了。谁也不会把自己的位子当回事。整个交易厅里最有趣的一点，就是你所占的这个位子毫无意义。

新雇员一到交易厅就会配给两部电话，立马就要上线。如果能在电话里赚出上百万美元，他的地位就会陡然上升，成为一个“大老二”。每当一笔大交易做成，几十万美元的票子哗哗流进所罗门兄弟公司的钱柜里，部门经理就会重申一次这个称号：“喂，大老二，就这么干。”

在我的想象中，“大老二”就像是大象的鼻子在空中甩来甩去，左一下右一下。丛林中没有什么东西可以用来比拟大老二，它让我们想得发疯。当然，谁也不会公开说：“我要做大老二。”这只是个人私下的想法。但是，人人都想做大老二，连女人也不例外。一旦明白了大老二是什么意思，前排人也会挤进来，在后排人看来，他们的问题在于不知道怎样做才好。在压力下，大老二们比前排人表现得更优雅。

* * *

前排有人举起了手，（又来了！）是个女人。她挺直了身子坐在惯常的座位上，正对着主讲人。此时他刚好在兴头上，后排的人都从椅子上站起来摆人浪。主讲人不希望在这个时候被打断，何况还是为了一个前排的人。但是，举手的人就坐在面前，他总不能不理。尽管心里不痛快，他还是叫了她的名字：萨莉·芬德利。

“我要问的是，”芬德利说，“在你看来，成功的关键是什么？”

太过分了。哪怕问一个干巴巴的技术问题，她也可以勉强脱身。主讲人不禁微笑起来，这下子前排可落在他的摆布之下了。他的笑给了后排以暗示：“嗨，我还记得当年培训班里的那些马屁精，我也实在看不起那些乐于让人舔屁股的所谓主讲人。今天，我要把这个女人挂起来，让她好好难堪一下。哈哈哈……”后排爆出从未有过的畅快大笑。有人尖起嗓子学芬德利的高声调：“对，赶快告诉我们你为什么这么成功。”别的家伙则大喊：“安静点儿！”好像在呵斥一条过于兴奋的卷毛狗。还有一个家伙把手拢在嘴边叫道：“达拉斯的石油股份。”

可怜的萨莉。在1985年，有不少工作可以归入不甚理想的类别，但最糟糕的莫过于写着“达拉斯石油股份”的那个标签。在我们的小圈子里，再也没有比在达拉斯卖股票更倒霉的了。股权投资部在我们公司里毫无地位，而达拉斯离纽约又太远了一点儿。在培训班里，“在达拉斯卖股票”意即“埋在人渣的最底层，再也不会有人看得见你”。“埋葬萨莉”，这就是他们从后排喊出来的话。

主讲人不屑作答。趁着这些被他引逗起来的暴徒还没有发展到不可收拾的地步，他急急忙忙地结束了课程。“你们往往会花很多时间自问：我适合做市（政）债（券）吗？我适合做政（府）债（券）吗？我适合做公（司）债（券）吗？[①] 你们在这些方面耗费了太多的精力。当然，这些时间不会白花。但是，还有一个问题同样值得认真考虑：选择一位丛林向导也许远比选择产品重要。谢谢诸位。”

---

① 此处，原文用了缩写。——编者注

屋子里的人很快就散了。每节课中间有 15 分钟的休息时间，两拨人各走各的门。前排的走前门，后排的走后门，大家都加快脚步奔向四部免费的长途电话。

* * *

所罗门兄弟公司的老板希望通过培训项目把我们变得更像他们自己。可是，什么叫更像他们？在历史上，所罗门兄弟公司已经树立了敢作敢为的形象，它们有能力也愿意承担巨大的风险。事实上，所罗门兄弟公司不得不如此，它不像摩根士丹利，后者是非犹太的上流社会银行，手上有一大批付费的公司客户。所罗门兄弟留给公众的形象是一伙犹太人的小圈子，他们在社会上无足轻重，但精明而又诚实，把自己的鼻子深深地埋进债券市场，比哪家公司都来得深。这样说当然有点儿夸张，但也的确在某种程度上抓住了它的特点。

现在，公司试图改变这一形象。公司里集体人格转向的先行指标可以从我们的董事长和首席执行官约翰·古特弗罗因德的社交生活中看出来。他娶了一位小他 20 岁的太太，这个女人有一股狂热的社交欲。她举办派对，大宴多嘴多舌的专栏作家。她的邀请函的含金量仿佛随着我们公司股价的涨跌而起伏。她还雇了一位公关顾问，确保自己的曝光率。另一方面，虽然她还不至于拿她丈夫的标准来要求公司的员工（她已经彻底改变了古特弗罗因德的穿衣风格），但这种沉迷和做作不可能不在整个公司留下痕迹。

撇开公司这种暴发户的形象不谈，培训课程本身毫无疑问是华尔街上最棒的入门课。只要结了业，实习生就有足够的资历去华尔街上的其他公司拿两倍的薪水。也就是说，以华尔街的标准来看，在这一领域里这个人已经是一个精通业务的专家了。这本身就是一个很好的例子，证明华尔街培养出一个“专家”的速度有多快。别的银行想得到所罗门兄弟的培训计划，德崇证券公司甚至叫一个申请人去和所罗门兄弟公司里的人交朋友，设法弄到一份所罗门的培训资料。只要能把资料搞到手，他就是德崇证券的人了。

但资料只是培训项目中最没有价值的部分。真正用得着的东西我在两年后才悟到，那就是所罗门兄弟公司口耳相传的实战故事。在长达 3 个月的时间里，最优秀的推销员、交易师和金融家们向我们讲述了自己的心得体会。华尔街的智慧在这里汇集，毫无掩饰：钱是怎样在全世界流来流去的，交易师的感受和行为，以及如何同客户打交道。只有在完成全部培训项目之后才能上场交易。这中间隐藏着一份项目计划：实习生的所罗门化。实习生们应当懂得，首先，他在交易厅里的地位连狗屎都不如，曾有一位交易师就公然这样告诉我们。其次，即使在所罗门兄弟公司当狗屎也比进不了公司强百倍。

在短短的时间里，这种洗脑好像真的奏效了。（长期来看则不然，只有在别无选择时，人们才会忍受这种处境。我们这些新进人员不仅自我感觉良好，而且毫无忠诚之心。）不少投资银行都有培训课程，但都不像所罗门兄弟这样强调公司的自我宣传，也许高盛公司可以算是一个例外。《纽约时报》的一名女记者对我们进行了全程跟踪采访，我们对公司的态度一致，这给她留下了深刻的印象，她将自己发表的系列文章的标题定为《顶级 MBA 新兵训练营》。正如其他有关所罗门兄弟公司的报道文章一样，它很快遭到了我们的嘲笑。“那个浑蛋根本不知道她在说什么。”这是后排的评语。前排那些童子军男孩说什么“不待公司——所罗门兄弟——召唤，我们早已摩拳擦掌准备大显身手”，这些话都原样写在了报道中，你得承认，他们也实在下作得可以。

这篇文章之所以令人感兴趣还有另外一个原因。允许外人进入公司采访并且提出敏感的问题，这还是第一次。他们问道：为什么你们的薪水这么高？一个后排的、刚从芝加哥大学拿了MBA学位的家伙是这样告诉《时代》周刊的，“供求是决定性因素，”他说，“我的姐姐从事残障儿教育，她喜欢自己的工作，但收入却低得多。如果社会上没人愿意去做这种工作，她的收入就会提高。”面对这种高论，你还能说什么呢？《时代》的读者想必亦有同感。同一篇报道在稍后写道，申请 127 个培训名额的人数已经超过了 6 000 人。尽管有那么多人显然愿意以更低的薪资接受这份工作，但所罗门兄弟公司的雇员报酬还在螺旋式上升。在投资银行里，供求规律好像不大管用。

当然，在解释那些用于支付雇员薪水的钱来自何处的问题时，这篇报道还是颇有新意的。我很钦佩我的那位同事试图用老式的商学院思路来回答这个问题。在此之前还没有人做过这样的尝试。首先，公司打算付钱。**为什么投资银行为这么多几乎毫无经验的人付高薪？回答：只要给他们一部电话，他们就能赚回更多的钱**。没有经验，他们怎么赚钱？回答：在投资银行里赚钱主要不是靠技术，而是靠一种无形的能力——眼光、坚持不懈和运气。这些品质非常难得，一定要付出这么大的代价吗？回答：是，又不是。这是全部问题的要害。为什么这些钱能够自由地流来又流去，这样下去什么时候是个头呢？从一开始就没有人胆敢这样问，这也是我们一味服从公司的最高表现。答案应当在所罗门兄弟公司的交易厅里找，那里可能比华尔街上的任何其他地方都更有希望破解这个疑问，但那里的人又无意为这些而费心。

* * *

每天课后，三四点也好，五点也好，他们总是要求我们从位于 23 层的教室上到 41 层的交易厅。你当然可以三天打鱼两天晒网，可是，如果你不经常去的话，就会被人忘记。在所罗门兄弟公司，忘记就意味着失业。想谋职就要积极主动。经理方面也一样，他要为自己的部门争人。在培训项目结束后，有三个人被开除了。第一个被分配到达拉斯，他拒绝前往。第二个神秘地消失了，谣传说他曾邀请一位高级女经理参加一个三人做爱聚会（公司容忍性骚扰，但见不得不正常的性行为）。第三个人最有意思，他就是不敢走出电梯进入交易厅。每天下午他站在电梯里面上上下下地折腾。我猜，他是真的想进去，可就是心里害怕，迈不动步子。关于他怪异表现的传言不胫而走，甚至连主持培训计划的那个女人都听说了。她决定亲自看个究竟。她站在 41 层楼的电梯口，整整 1 个小时，眼看着电梯门开了又关，关了又开，他就是不敢进去。直到有一天，我们发现他不见了。

在你觉得自己胆子还算大的时候，你要赶紧在交易厅里结交个把经理，把自己藏在他的羽翼之下，他是你的私人导师，按我们的叫法则是“拉比”。在交易厅里，你还要留心学习。你的第一个冲动就是进到圈子里，选一个像样的老师，接受他的督导。不幸的是，这可不是轻而易举就能做到的。首先，实习生根本毫无价值可言。其次，交易厅里多的是大人物，他们的脾气恐怕说不上温柔。你要是径直走过去打招呼，一定要有非常健全的神经。当然，我可能不够公平。许多交易师在本质上是很友好的，他们最多只是不理睬你。但是，如果碰上一个各色的家伙，就会发生下面这番对话：

我：你好！

交易师：你他妈的从哪儿爬出来的？喂，乔，鲍勃，扯下他的裤子看一看。

我（脸红了）：我只想请教几个问题。

交易师：乔，考考他吧！如果利率走高，债券会怎样？

我：会跌。

交易师：太对了，你可以得A。不过现在我要工作了。

我：你什么时候有时间，我想……

交易师：你以为我是干什么的，慈善家吗？我很忙。

我：要我帮忙吗？

交易师：给我买一个汉堡，要加番茄酱的。

我在交易厅里小心翼翼，唯恐有什么闪失。这里的规矩琐碎而复杂，而我却一无所知。推销员、交易师和经理们走来走去，起初我根本分不清他们。不错，我知道他们之间的主要区别。**推销员面向投资人，交易师负责下注，而经理则是抽雪茄的家伙**。除此之外，再就什么也不知道了。绝大多数人同时顾着两部电话。他们都盯着面前那些小小的绿色屏幕，上面满是数字。他们朝这个话筒喊两句，又朝那个说点儿什么，一会儿又向桌子对面的人嚷了几声，然后又回过头来听电话，一边指点着屏幕一边大叫："操。"在这里，注意力保持30秒钟已经算是很长的了。身为实习生，我做了人人在这种场合下都会做的事：我凑到一些忙碌的家伙身边，一言不发，沉默地观察，像个隐形人。

忍受羞辱是我必须付出的代价。有时我甚至要那个样子等上1个小时，才会有人同我打招呼。一般情况下，起码也要过上好几分钟。在我看来，这段时间似乎永无尽头。"他们看到我这副奴颜婢膝的嘴脸了吗？""如果他们一直不理我怎么办？""求求你们，跟我说句话吧。"我的木然同交易师的极度忙碌形成讽刺性的反差，令人更加难以忍受，无形中又夸大了我的无能。不过，已经迈出了这一步，如果无功而返，那就太难堪了。一旦走开，就意味着承认失败。

不管怎么说，反正我也没有别的地方好去。交易厅大约有1/3个橄榄球场那么大，一排排桌子连在一起。交易师们一个挨一个坐在那里。两排桌子的间隙不足以容纳两个人同时通过。如果实习生在那里走来走去，他说不上什么时候就会惹恼一位正在工作的天神。所有高级经理，包括古特弗罗因德在内，都在交易厅里巡视。所罗门兄弟同普通公司不一样，在那些公司里，中层经理们看到实习生会忍不住露出笑容，因为他们代表着这个组织的未来。所罗门兄弟的实习生却被认为是坐享其成者，除非他们能够证明自己的价值，否则在别人眼中就始终是一个罪人。如果你脑子里总有这样的念头，你当然不会愿意碰上老板。不幸的是，你别无选择，老板无所不在。他只要看一眼你装饰着金美元标志的红背带就知道你是什么人了——一个成本中心。

哪怕你脱掉红背带，改用防护色的衣饰，别人还是一眼就能看出你是实习生。实习生永远跟不上交易厅里的节奏，那里的活动总是与市场同步，仿佛捆绑在一起。例如，每当美国商业部发布重要经济数据时，债券市场总会发生震荡，而交易厅则跟着颠簸。市场决定哪些数据是重要的，而哪些则不是。也许这个月市场最看重美国的贸易逆差，下个月就换成消费者价格指数了。问题在于，实习生怎么也弄不明白这个月哪个数据最重要，而交易师们却可以用鼻子闻出来。整个公司在早上 8 点 30 分的时候，屏息静候一个数据的发布，交易师们满怀希望而又惴惴不安，空气似乎要爆炸，他们随时准备跳起来大声喊出一串指令，买入卖出数十亿美元债券，给公司带来数百万的利润或亏损，如果在这种时候，一个实习生走了进来，他对整个局面一无所知，脱口而出这样的客气话：“打扰一下，我要去咖啡间，有人要顺便带一杯吗？”还有比这更不合时宜的吗？简而言之，实习生就是一些白痴。

有一位实习生非常幸运，无须为上边这种情景受罪。他叫迈伦·塞缪尔斯，他同市政债券交易部的头头打得火热，当我开始接受培训时，他已经在两名董事经理和一名高级交易师指导下开始实地工作了。谣传他的家庭背景同公司高层有联系，另一种流言则说他是一个天才。他的表现倒也贴合别人嘴里议论的形象。他在交易厅里走动，脸上挂着只有那些真正做交易的人才有的自信。塞缪尔斯没有工作压力，他把时间用来自娱自乐，就像一个被允许进入爸爸办公室的小男孩。他走到市政债券交易席，找个座位坐下，吆喝擦皮鞋的进来，点上雪茄，给朋友打长途电话，一只脚跷在桌子上等着擦皮鞋。他叫着经过身边的经理的名字，仿佛他们已经是老朋友了。除了塞缪尔斯，谁也没有这份胆量。一般来说，被叫名字的经理级别越高，他们对塞缪尔斯的反应也就越亲热。我猜这是因为高层职员更清楚他的家世背景。自然，大为光火的也为数不少。不过，在市政债券交易台上，塞缪尔斯是碰不得的。有一次我走过两位副总裁的身边，听到他们在议论塞缪尔斯。一个说："我他妈的实在受不了这个家伙。""我也一样，"另一位说，"但你拿他有什么办法呢？"

由于担心在交易厅里走动说不定被哪个家伙踩上一脚，我试图待在一个地方不动，最好是个角落。在这里，绝大多数面孔都是陌生的，我只认识古特弗罗因德，那是因为他总在杂志上露面，我是把他作为名人而不是商人来看待的。因为不知道他们的头衔，想躲起来就更加不容易。绝大多数人看起来好像都是一模一样的，他们大多是白人男性，全都穿着一样的纯棉衬衫。有个日本实习生告诉我，他这辈子都甭想分清谁是谁。所罗门兄弟纽约总部第41层是权力的中心，这里不仅有现在的高级经理层，未来的高级经理也将从这里走出。你只能从他们走路的步态上去揣测谁可以接近，谁最好绕着走。

那么，随着时间的推移，我在交易厅里是不是觉得越来越自在了呢？恐怕多多少少是这样子的。但是，即使在我已经在公司里站住了脚，每次我踏进41层时还是会有一种控制不住的恐惧感。当然，我知道自己比以前有了很大的进步。有一天，我正在扮演惯常的隐形人的角色，切身体会自己连狗屎都不如的地位。就在这时，楼下公司金融部的一个家伙冲进了交易厅，他穿着夹克衫，这身装束同这里的气氛格格不入。在交易厅里，没有人会穿夹克衫。这一定是他头一次迈出自己的玻璃盒下到交易厅，他站在那里左顾右盼，被包裹在一片嘈杂的噪声之中。有人从他身边快步经过时被撞了一下，毫不客气地叫他脚下留神。脚下留神？可他根本就没有挪动过一下。你可以想象到，他一定以为全场的人都在盯着他看。接着他就陷入了思维混乱，就像演员在台上忘了台词。他恐怕已经忘记自己下来是要干什么的，只好掉头离开。看到这一幕之后，我心里不由得升起一个阴暗的想法，一个卑鄙的念头，一种不可原谅的小人得志之心。真是个软蛋，他连门“都摸不着”。

第四章

LIAR'S POKER

成人教育

原来他们可都是些谨小慎微的人，靠别人的残羹冷炙过活。突然间有人塞给他们一只喂得饱饱的肥鸟，他们干的还是原来的那一摊事，但荣耀却骤然降临。他们的收入发生了戏剧性的变化，生活方式也随之改变。这都是人之常情。

4个星期过去了。整个班级里的人已经有了一种轻车熟路的感觉。实习生第一项不可剥夺的权利就是早晨课前的闲逛和自娱。自助炸面包圈和咖啡在房间里传来传去，人们大口吞咽，听得一耳的吱吱嘎嘎。他们浏览着《纽约邮报》，拿晚上的比赛结果打赌。《纽约时报》上的猜字谜游戏被复印了126份，分发给每个人。有人拨通纽约市的一个粗劣的收费色情电话，把它接到房间前面桌子的扬声器上，一时间空气中充满了性的意味。在这种时候，我总是坐在一边，给自己来块小松饼。

那个叫马克斯·约翰逊的美国前海军战斗机飞行员冷不防把一张钞票丢到伦纳德·巴布利克的脑袋上，巴布利克是印第安纳大学毕业的MBA。这种事情也不是第一次了，巴布利克并不惊奇，他做出一副受伤的样子四面环顾想抓住作恶的家伙。"巴布利克，你的头型真不赖！"后排一个坐在约翰逊边上的家伙乐得手舞足蹈。

"哦，哦，正经点儿，你们这帮家伙。"坐在前排的巴布利克回头嚷道。苏珊·詹姆斯走了进来，打断了这出闹剧。詹姆斯在我们中间扮演着一个奇特的角色，介于幼儿园阿姨和项目组织者之间。对她来说，工作出色的奖赏就是举办下一期培训项目，这听起来有点儿讽刺。同其他人一样，她渴望到交易厅里去，但比起我们来她的机会更加渺茫。而正因为没有希望加入那部赚钱机器，她作为组织者也几乎毫无威信可言。她的唯一权力就是在背后嚼舌头，就连这份权力她也不能随意行使。我们是未来的老板，她必须同我们结交，为明天做准备。一旦培训课程结束，我们将升入交易厅，而她还得从头开始新一轮培训，那时就轮到她来求我们给碗饭吃了。实习生们都知道她就像代课教师一样无足轻重，他们对她的态度是要么轻蔑，要么干脆不理。现在，这位苏珊小姐就要发布一条重要消息了。

“别闹了，孩子们，”她的请求就像家长日前一天校内顾问的口吻一样，“吉姆·马西马上就要到了，你们这个班可是臭名远扬啊。”这话倒是不错。几天前，后排的一个实习生把纸团扔到了债券市场研究部经理的头上，这位先生的脸憋得紫红，足足骂了5分钟。他到底也没能查出是谁干的，最后把一腔怒气全都撒在我们身上。

苏珊·詹姆斯已经是在重复第十遍了，吉姆·马西在出席的半小时期间对我们的印象将影响我们终生的职业前途。（工资单！）我们都知道马西是约翰·古特弗罗因德的打手，在公司专干龌龊的勾当。无须高超的想象力就可以勾画出马西用他那边缘锐如剃刀的圆顶硬礼帽将傲慢的实习生开除出局的景象。他的特点就是从无笑容，有人也许会认为这样有损形象。他的正式头衔是在所罗门兄弟公司执行委员会中负责销售，手握决定我们命运的生杀大权。他负责交易厅边黑板上的职位安排。他的手腕只要轻轻一抖，你的名字就从纽约飞到了亚特兰大。实习生们惧怕马西，而他对此也颇为得意。

我们都知道，马西此来是为了答复我们对公司的疑问的。尽管培训项目不过才开始几个星期，但我们必须提出一些有关公司的问题。事实上，在这一点上我们无权自主选择。我们还不得不装出充满求知欲的样子，苏珊说：“你们最好问几个明智的问题。记住，第一印象最重要。”

如此一来，还没等这位老板所倚重的公司文化守护人出场，捧场的喇叭就已经吹响了。马西的头发剪得很短，下巴轮廓扁而尖，可以切得开糕饼。他穿着一件灰色的套装，同别的董事们不一样，前胸口袋里没有放手帕。他在穿着上力求朴素，而在行动中也力求简捷，仿佛一位优秀的运动员，储备力量以待在需要时爆发出来。

他做了一个简短的谈话，中心意思是说所罗门兄弟公司的文化是如何独一无二和令人赞叹。是的，我们知道它是世界上最好的交易公司，我们也知道，所罗门兄弟最看重团队精神。（哪家公司不这样呢？）是的，我们也知道，如果你干得不耐烦了，只要到报社去吹嘘我们赚了多少钱，你就可以立马卷铺盖走人（因为所罗门兄弟公司既谦虚又谨慎）。我们也都听说过所罗门兄弟洛杉矶分公司那个家伙的事，他斜躺在游泳池边上的照片上了《新闻周刊》，还吹嘘自己的好运气。结果呢，他被炒掉了。我们也知道，所罗门兄弟手上的 30 亿美元资本使它成为金融市场上最令人生畏的一支力量。当然，我们还应该知道，不管自己以前干出过什么，我们连给交易厅里的人端咖啡都不够格。还有，我们绝不能自作主张，而要让公司（也就是马西）来决定在培训结束时把我们分配到哪里的交易厅。

* * *

同其他高级经理一样，马西在 1985 年那些收益创纪录的季度里平步青云。不仅所罗门兄弟公司，在那段时间里，华尔街上的公司全都创下了收益纪录。他从来不会做错。而从他的讲话来看，所罗门兄弟公司也从来不会做错。最后，他结束了讲话，等待有人提问，然而迎接他的却是一片沉默。我们害怕得连话都不会讲了。

我自然也没有胆量开口。他当然知道许多我希望了解的事情，但我能感觉到他的提问邀请并不真诚。想必别的人也与我有同感。没有人敢开口提问，比方说，为什么一方面不让公司里的人同报界打交道，而另一方面古特弗罗因德的肥圆脸却频频见诸报端？也没有一个人敢问他我们最关心的问题：在未来几年里我们能赚到多少钱？最明显的一点就是，没有人胆敢质问吉姆·马西，这位负责招募实习生、对公司的爆炸性成长负有直接责任的人，为什么对公司的无节制扩张的危险视而不见（是的，就连实习生也能看出这一点）。然而我们没有，反而四下彷徨，仿佛实在想不出有什么问题可提。我在笔记本上记下了当时的感想，这就是公司与学校的不同所在。马西想要的不是打破砂锅问到底的求知者，他要的只是狂热的崇拜者。但是他的气势把别人镇住了，就连前排最不要脸的家伙也不敢觍颜迎合。

苏珊·詹姆斯在前排紧靠着我坐着，看上去像一个绝望的幼儿园阿姨。来呀，孩子们，提个问题好吗？最后，终于有人打破僵局了，是我右手边的一个蠢货。我看清这个人是谁之后闭上了自己的眼睛，不想看他下不了台的样子。他果然没有让我失望。

这位一心想撞大运的年轻人问道："请问公司是否已经考虑在东欧开设一家办事处，比如说布拉格？"

布拉格?! 如果今天的主讲人不是执行委员会的成员，教室里恐怕早就乱成一团了，纸团满天飞，一片鬼哭狼嚎。尽管如此，后排还是传出一阵压抑的声响，仿佛十多个年轻人竭力憋住不要笑出声来。所罗门兄弟公司在布拉格开办事处?！在公司75年的历史上恐怕还没有人会产生这种想法。这就是期待提问的公司执行委员会成员亲临教室所激发出来的所谓创造性的火花。

马西别无选择，只得一本正经地作答，口气僵硬得就像国务院的发言人。显然，他指望的是诸如"你认为自己成功的秘诀是什么"这样的问题，但是今天，他只能怪自己运气不佳。

马西走后，足有1个月时间没有一个像他那种级别的官员有勇气再到课堂上来。也许他已经告诉那帮人，我们是一伙不识抬举的家伙。此后情况突然有了转机，另一位执行委员会成员戴尔·霍罗威茨前来授课。紧接着，董事长本人纡尊降贵，亲临点拨。

霍罗威茨是一个老式的投资银行家，50 多岁，是那种浸透了华尔街计谋的关系型人士，他倒是时机成熟时在布拉格开办和主持办事处的合适人选。此人的头支在硕大的身躯上摇来摆去，他的面孔总是让我想起忍者神龟。像古特弗罗因德一样，他也是由市政债券起家的，公司里有不少的犹太同事托庇于他。关于霍罗威茨，我所知道的也只有这些。他就像是早先的犹太学者拉比：和善而聪明，喜欢吸大号的雪茄。人们叫他戴尔大叔。他不喜欢站在台子上布道，而是坐在房间前部的桌子上，把两手撑开。他谈到家庭比工作重要得多，对大多数人来说，这是整个培训课程中最不可思议的观点。讲完之后，他用低沉但热情的语调说，自己愿意回答任何我们想知道的问题。真的，不必客气，问什么都可以。

好几双手同时举了起来。我觉得期盼已久的一刻终于来临了。我们可以毫无顾忌地问那些以前不敢问的事情了。他把第一个提问的机会给了坐在房间中部的某人，这也是一整天课程里最值得一提的问题："为什么所罗门兄弟公司会被阿拉伯人列入黑名单？"

戴尔大叔的眉头皱了起来。"这跟你有什么关系？"他尖刻地反问，满脸不悦之色，像个发怒的忍者神龟，可我想象不出来这是为什么。很明显我们惹麻烦了。（而要从困境中拔出脚来非得有 007 詹姆斯·邦德的本领才行。显然，这有待于一次前往大马士革的外交斡旋。）所罗门兄弟公司同商品交易商菲利普兄弟公司合并之后，阿拉伯人切断了同它们的联系。据说菲利普兄弟公司同以色列有特殊关系。我想，在石油价格崩溃之后，这种关系的重要性已经大打折扣了。现在，阿拉伯人正在坐吃山空。一桶原油只卖 12 美元，失去这个客户已经感觉不到什么痛苦了。这中间毫无秘密可言。虽说如此，那个提问的家伙到底难逃厄运，你差不多可以想象得出他的名字怎样被列入了黑名单。

孩子们再也不敢招惹戴尔大叔了。他一开始的表现把我们引入了一种安全的误区。我们立刻意识到这一点，曾经举起的手一下子都消失了，好像在捕鼠夹子合拢前突然缩了回来。但总有人反应迟钝，有一只手还来不及放下来，霍罗威茨点了他的名。

“为什么我们容忍一家南非公司做我们最大的股东？公司是不是该考虑一下股东的道德形象呢？”

霍罗威茨狠狠地剜了他一眼：“你们这帮实习生可真他妈的会说话。”他的眼睛眯成一条缝，嘴里叼着一根粗大的雪茄。一家名为Minorco的南非矿业公司持有所罗门兄弟公司12%的股份。戴尔大叔首先给出了肯定的答复。是的，道德当然是公司的一种考虑。（有哪家投资银行家会说自己不在意道德问题？）但除此之外，他不打算进一步讨论。

和风细雨就此中止。

* * *

几天之后的一个早晨，约翰·古特弗罗因德来了。到了这个时候，我们早已领教了所谓高级经理推心置腹的演讲。有些实习生打算到时候就睡他一场避过去。苏珊·詹姆斯担心人太少，场面不够热闹，冷落了这位大人物，这天早晨早早就让秘书们逐个给我们打电话，威胁说如果不来必要受罚。至少对我来说，她大可不必如此煞费苦心。我无意错过这次演讲，就好像不会错过女影星琼·科林斯的出场一样。我并不指望听到什么新鲜东西，但我相信可以间接获得不少信息。人们都说他把自己的人格印迹烙在整个机构上，无论是他的美德还是他的缺陷都是属于所罗门兄弟公司的。

模仿英国发音是古特弗罗因德常常受人诟病的习惯，不过这一次他倒是非常有节制，唯一一处是把别人称为“伙计”。比如说“吉姆·马西是一个非常有才气的伙计”。可是据我判断，就连这一点也不是学自英格兰，它只不过是美国东北地区的土话。不，他学得最像的倒是那种政治家的冷静。他那过于做作的冷静会让你浑身起鸡皮疙瘩。更令人百思不得其解的是，每个问题提出后，他都要有意地停顿一下。他似乎真的想知道我们在想什么。有一个实习生问他所罗门兄弟公司对待慈善事业的态度，古特弗罗因德皱起眉头，站在那里沉默了很长一段时间，长到令人不安的程度，然后说：“慈善是一个非常棘手的话题，而我打算善用你们的收入。”

政治家的外表多少令人感到宽慰，古特弗罗因德并不像我们想象的那样满口粗话。何况他不仅像政治家一样说话，而且连外形也像。他像丘吉尔一样肥胖，白发像哈里·杜鲁门一样日渐稀疏，而他的表情则像戴高乐一样庄重（只是高度够不上）。这就是那个每天早上准备“咬掉熊屁股”的老板吗？这就是那个因其野蛮的权术而在整个华尔街臭名昭著的人吗？这就是让各个部门经理闻风丧胆的古特弗罗因德？我们不知道，我甚至不能肯定我们是否想知道。所有这一切高傲的情感表现和蓄意的拖延都在他声威的阴影之下黯然失色。通过口耳相传，我们对他已经非常了解，不会有人愿意冒险去摸老虎屁股。谁知道他什么时候会突然丢掉政治家的伪装呢？我们都知道那不过是迷惑人的假象。太危险了——就好像眼镜蛇在打盹儿。

古特弗罗因德没有说多少话，他的意图只在于在近距离内向我们展示世界级金融家的风采，然后他就退场了。所罗门兄弟公司的经理们对本届培训班的考察也就此结束。

我猜想公司经理们这种不可一世的表现只不过是大笔金钱落入口袋后的自然反应。他们还沉醉在由保罗·沃尔克和美国债务人大肆举债所带来的好日子里。原来他们可都是些谨小慎微的人，靠别人的残羹冷炙过活。突然间有人塞给他们一只喂得饱饱的肥鸟，他们干的还是原来的那一摊事，但荣耀却骤然降临。他们的收入发生了戏剧性的变化，生活方式也随之改变。这都是人之常情。

如果你是一个有自制力的人，对自己的银行户头有一种健康的超然心态，这时有人给你寄来一张上千万美元的支票，你的第一反应可能就像中了大奖一样，手舞足蹈，晚上会笑着入睡。但是如果沉醉于财务上的成功，你很可能进一步认为自己无所不能。你会认为这一切都是出自内在的伟大品质。而在讨论独一无二和备受推崇的所罗门兄弟公司文化时，你不由自主地被其吸引并且像古龙香水一样频频使用。

在华尔街上，每个人都认为自己的收入是理所当然的，他们并不在意钱的来路，我们的老板们也不例外。但在所罗门兄弟公司内部，一些资深人士对自己的收入似乎有一种更为复杂的反应。这并不是说他们不能心安理得地看待自己的收入，这些人只是对美国国内爆炸性的债务增长感到不安（他们首先想到的是 20 世纪 20 年代末经济大萧条的重演，更加不妙的前景则是美国丧失自己的经济地位）。所罗门兄弟债券研究方面的负责人亨利·考夫曼，就是公司里最直言不讳的“猫头鹰”。他是债券市场大师，也是所罗门兄弟公司的良知。他的工作是向投资者提供预测，分析他们手上大进大出的券种的走向。他的成功率如此之高，使他成了市场上的名人，如果说他在英语世界的投资人士中无人不晓有些夸张的话，那么至少可以说在《华尔街日报》的读者群中深入人心。但考夫曼也由于屡屡说出别人不敢讲的话而获赠“悲观博士”的称号。所罗门兄弟公司由于他的努力而步入辉煌，而他却似乎希望这一切赶快终结。1987 年 7 月，他在《机构投资者》杂志上撰文：

80 年代最引人注目的事件就是债务爆炸式增加，其规模远远超出了历史最高水平。它一路暴涨，把GNP、货币供应量等基本因素远远抛在了身后。它的前景令人担忧，因为它是自由化的金融体制和金融资本主义精神的产物，缺乏自我约束和保护性机制。这就是今天我们所面临的问题。

这就是今天我们所面临的问题：胆大妄为，毫无节制，在债券的泥潭中越陷越深。所罗门兄弟公司是金融企业中的领军者。考夫曼实际上在说，正是我们的所作所为起了助纣为虐的作用。

大多数人都把华尔街看成股票市场的代名词。但是，在20世纪80年代，为整个华尔街定调的却是我们拿手的债券市场。所罗门兄弟公司置身于转折的路口，由于在正确的时间位于正确的地点，它正在纵情享受天外飞来的横财，它为自己高超的债券交易技巧以及它们一再得到验证而喜不自禁。同时，它又为市场前景而提心吊胆，它不知道债券市场的爆发性增长将走向何方。公司应该用拿到手的钱做什么？只要有钱，用处总是不用愁的，每个交易师都有自己的主意，毕竟，对交易师来说，独立见解是最可贵的，但是这些意见往往表现为独断和自以为是。从1980年以后，所罗门兄弟公司赶上了美国有史以来最有利可图、最令人兴奋的商业热潮，一去不回头。

* * *

在此后8个星期的培训课程中，主讲人走马灯似的轮换，也分不清楚谁是谁。不过，有一个交易师倒是让我不能忘怀，他有着纽约布鲁克林区的口音，不断猛烈地咳嗽，把痰吐在前面的地板上，烟抽得很凶，只有在吸烟的间隙才讲几句话。此外，还有一样东西使他显得异于常人。起初我一直弄不清楚到底是什么，后来我才意识到是皱纹，他的年纪很大了。按照我们的看法，工作似乎已经融入他的血肉。他会在不经意间冒出警句妙语："做交易时，我从不会沾沾自喜，沾沾自喜之后必是失魂落魄。做事有定力方可长久。"我们问他成功的秘诀，他说："假如周围都是瞎子，哪怕只有一只眼睛的人也可以当老大。"最绝的是，他教给我们鉴别市场信息真伪的方法，令我后来受用无穷："知者不言，言者不知。"

应该指出，他谈的是股票市场的场景，他在该死的股权投资部任职，这个部门宛如后院里的一潭死水，前面曾提到它的达拉斯分部就是永无出头之日的清水衙门。要想躲开到达拉斯兜售股票的命运，最简单的做法就是不要碰上任何一个股权投资部的人。为了怕被他们相中，在股权投资部来人讲课的时候，我们都把头埋在座位上，唯愿讲完课后再也不要见到他们。当然，这些人绝对不是傻瓜，所罗门兄弟公司是华尔街上首屈一指的新股发行承销商，在股权交易方面也名列三甲，但是，在所罗门兄弟公司内部，股权部的人属于二等公民。原因很简单，相对来说，股权生意不赚钱。

股权部没能设在41层，那是公司的主要交易厅，它设在下面一层。40层的房间天花板低得多，也没有窗户，看上去就像是机房。除了股权交易师，这里还聚集着一大群债券推销员（只有"大老二"级别的债券推销员才有资格在41层办公）。整个40层被淹没在一片推销股票和债券的噪声之中，毫无头绪，永无止息：数百种声音同时发出恳求的语调，还有翻动数据文件的沙沙声。在这个过程中，传来的信息被重新包装为颇具吸引力的投资项目。房间里有个扬声器，他们背地里叫它催命喇叭，41层的一个家伙在喇叭里吆三喝四，催促40层的推销员们卖出更多的债券。有一次，公司正在推销连锁药店Revco的债券（这家药店后来倒闭了，债券也未能按期兑付）。我刚好有事到40层，亲耳听到喇叭里边大嚷道："加紧干，伙计们，我们可不是在推销真理。"40层的工作简直是人憎鬼厌。

虽然中间只隔一层地板，但40层同权力中枢的距离却不可以物理上的实际距离计。40层与41层的电梯是分开的。两层楼里的人每天要互相讲很多话但却不会碰面。通信系统高度发达，人际联系却少之又少。从这个意义上讲，40层与41层的距离并不比位于达拉斯的推销员与41层更近。在某种程度上，可以说达拉斯的人同权力中心更近一些。至少，当他们向41层的大人物表示敬意时，考虑到地处偏远，经理至少会道一声辛苦。

* * *

股权投资部是生活中“颠倒游戏”的一个活生生的例子。股票市场一度是华尔街上最主要的收入源泉，佣金丰厚、固定、不讲价。每当一只股票易手，可观的佣金就会流入某个公司里某个经纪人的腰包，而无须付出多少努力。如果成交额是200手，那么经纪人的佣金就会比成交100手高1倍，尽管做成这两单生意的工作量其实是一样的。固定佣金制在1975年5月1日（股票经纪人后来称之为五月节）宣告终结，从那以后，佣金大幅下降。投资者只跟收费最低的经纪人打交道。1976年，整个华尔街的收入减少了大约6亿美元。一向稳健可靠的赚钱机器突然失灵了。

雪上加霜的是债券市场突然间活跃起来。在活跃的债市的反衬下，股票推销员和交易师的收入不免相形见绌。他们还在赚钱，日子也过得相当不错，但比起搞债券的还是差得多。举个例子，股票交易师有哪个够胆敢玩100万美元一把的“说谎者的扑克牌”游戏？他没有这个本钱。

作为实习生，我们一心只想发财。股权部的人要想拉我们入伙可得费点儿功夫。他们出现在讲台上的时候可不会像债券部里的人那样把屁股朝着我们。相反，他们会拉开阵势做一场推销展示。在他们的讲话中似乎总有一种可怜巴巴的乞求味道，这反而令人起疑。我们这帮人可能在任何一个方面反应迟钝，但对时尚却绝对敏感。我们也知道自己在培训课上所受的待遇与主讲人所在部门对我们的需要程度成反比。这里有一条经验之谈：要想谋条好出路，就得当个受气包。

从这个意义上讲，实习生与客户没什么两样。股权部的人取悦、引诱我们的方法与他们用在客户身上兜揽生意的技巧是一样的，因为股票承销也是一个竞争激烈的生意。投资者固然可以从所罗门兄弟这里买到IBM公司的股票，但同样可以在其他40家经纪人那里买到。债券部的人对实习生可以为所欲为，而如果他们愿意，也可以用同样的态度对待自己的客户。因为在某些特定的债券市场，所罗门兄弟是独一无二的交易者。从不同部门的主讲人对我们的态度中可以推断出所罗门兄弟公司在各个市场中的地位和行为标准。虽然没有明说，但人人心里都很清楚：去股权部只能算是舔威利·洛曼①的屁股，而去债券部就可以舔到兰博②的屁股。

尽管如此，股权部的人倒是挺快活的，个中奥秘直到我跟他们混熟了之后才明白。比起债券交易师和推销员，他们身上的压力小得多。他们随遇而安，就像田园牧歌里的农民一样，满足于自己生活的快乐。在泽西拥有一所房子也不错，不一定非要在汉普顿，而能够在佛蒙特滑雪就已令人满足了，何必去瑞士的采尔马特呢？令人不敢恭维的是他们那种职业感。对股权部的人来说，只要心爱的股票市场还在交易，他们并不在意邻居的逼人富贵。他们急于告诉我们这份工作

① 威利·洛曼（Willy Loman），是阿瑟·米斯获普利策奖的戏剧《推销员之死》中的主角，为其推销工作付出了30多年青春，最终选择以自杀的方式结束了自己的生命。——编者注

② 兰博（Rambo），是影片《第一滴血》（*First Blood*）中的男主角。一位孤胆英雄。——编者注

带来灵魂上的充实。为此，在培训项目刚进入股权业务阶段的时候，他们发给每人一本小册子，汇集了诗歌、散文和名人名言。不幸的是，这本小册子的开篇就不讨人喜欢，它取自股权部某人所写的《一个交易师的备忘录》：

> 市场就像大海一样令人敬畏。闲适的仲夏时节里，你在波平如镜的海面泛舟，微风徐来，令人陶醉。你的心情无比轻松，时而入水嬉戏，时而享受日光浴的畅美。在有节奏的轻微摆动中昏昏欲睡。一阵阴风突然吹过，太阳不见了，乌云笼罩天空，一时间雷电交加，波涛翻滚，你脆弱的小船在波峰浪谷间颠簸。船上有一半的人被冲到大海里……你被冲到崖边——衣不蔽体，精疲力竭，你趴在沙滩上，庆幸自己捡回了一条命……

在课堂上，股权部的人要面对的可不光是波涛汹涌的大海，实习生们从一开始就拒斥他们，场面令人惨不忍睹。股权部的司仪拉斯洛·比里尼每天都要做一次精彩而又鼓动意味十足的演讲，试图打动我们。股权部以下面这种提问方式来推销自己的主要卖点：当你在6点半打开电视时，主持人丹·拉瑟会报道说，今天市场上扬了24点，他指的是什么？“是什么？”拉斯洛大声重复，“是A级工业债券市场吗？不是，他说的是股票市场。”换句话说，如果你加入股权部，至少可以很容易地向你妈妈解释你靠什么吃饭。

拉斯洛强调的另一点则是股票市场的悠久历史和文化。从威尔·罗杰斯到J. K. 加尔布雷思在股票市场方面都有过长篇大论。加入股权部意味着进入一个新境界。我想不出什么是新境界，即使知道，也没有用。拉斯洛的这套说辞完全落了空。历史和文化不能令我们动心，何况那么多杰出人士都曾涉足股票市场，这绝不是一个有吸引力的信号。他们的拙劣作品同《一个交易师的备忘录》一样肉麻，在小册子里有个名叫沃尔特·古特曼的人写道："股票收报机吐出的字条就像是女人的心意——你说尽了甜言蜜语，耗尽了自己的耐心，终于等到了最终的结果。希望与憧憬，挫折与绝望，感情的起伏只有追逐女人能够与之相比。"面对这番高论，男实习生们不由得想起自己性征服的经验，而谁又知道女同事们会怎么想呢？

* * *

在内心深处，股票市场里的人并不看重书本知识、学校出身或任何实际经验之外的东西。股市大师本杰明·格雷厄姆的话被用来为此辩护："在股票市场上，数学工具越复杂、越深奥，由此而得出的结论也就越不可靠、越不准确……微积分或高等代数的使用是一个可靠的警示信号，它说明交易师已经开始用理论来取代经验。"

这听上去是对在座的80位MBA和15位博士的讽刺。如果法律限制你只能用弓箭捕猎，那么火箭筒还有什么用呢？股权部看来是在有意开倒车。它的推销根本没有说到点子上去，这谁都看得出来。于是他们改变了自己的策略，推出一个新人，一个当红的明星。他的任务是用他的智慧和成功来让我们倾心于他。他在股权部最新、最热门的领域里工作——程序交易（后来这种交易工具一直被指责为1987年10月股市崩溃的罪魁祸首）。他介绍了自己的专业工作，然后请我们提问。一个名叫弗兰基·西蒙的芝加哥大学出身的MBA扮演了杀手的角色。

"在交易期权时，"西蒙问道，"你是同时对γ、θ和Δ进行套期保值，还是只为Δ做套期保值？如果你没有为γ和θ做套期保值，那么请问是什么原因？"

这位期权专家不停地点头，差不多有10秒之久。我猜他连问题都没弄明白。我们这些实习生当然已经把讲过的东西全都丢到脑后去了

（这的确是个讨厌的问题），但是我们总觉得任何一个有自尊心的期权交易员总不至于被一个实习生难倒。这个可怜人艰难地试图用自嘲来化解尴尬。他说："你看，我不知道应该怎样回答这个问题，因为我不去碰那些复杂的交易。我回去考虑一下，明天答复你。我还算不上是期权理论的专家。"

弗兰基的回答更妙："这就是你为什么要在股权部干的原因。"

这下可把他打惨了。股权部派来的年轻的未来之星没有我的天任何反应。他只是缩成一团默不作声地忍受自己的痛苦。多丢脸啊，被实习生收拾了一顿。

毫无疑问，在股权部上班绝对不酷。所以，当股权部提出要为实习生举办优胜者项目时，你可以想象出我们的恐慌之情。比里尼坚持同我们中的每个人共进晚餐，突然之间，几乎人人都成了达拉斯股权投资分部的候选人。课堂里陷入一片惊慌失措的局面。许多人耍花招让自己招人讨厌，其中有些堪称精于此道。他们当然可以各出奇招，但再也不可能把自己藏起来了。没有人是安全的。谣言迅速传开，据说股权部已经有了一份短短的名单，列出他们感兴趣的人选。接下来的消息更加令人紧张，股权部筹划了一次游船会，邀请名单上的人以做进一步了解。

这条消息可靠吗？的确如此。已经有 6 个人被摄入比里尼的法眼，具体是哪 6 个我还没打听出来。不久，邀请函到了，真相得以大白。6 个人里后排的占了四席，看来公道自在人心。此外的人选之一是迈伦·塞缪尔斯，但他有护身符，市政债券部已经看中他，他无须紧张。最后一个倒霉鬼，第六个被邀请的，就是——我。

我就像包办婚姻里的新娘第一眼看到她丈夫的丑恶面容时那样，绝望地尖叫起来。想到自己在公司里的前程，这是很自然的反应。我缺乏可靠而直接的关系，不会有哪个部门经理替我出头说话。摆脱这一正在形成的圈套的方法在于冷落股权部的人，与此同时，设法鼓励另一个部门经理向我提出邀请。当然这样做会有风险，我恐怕要得罪股权部，而它们可能以开除我作为报复。虽说它们没有多大的权力，但开除我这个实习生也用不着多大的权力。

游艇已经开出了曼哈顿的南端。股权部的人试图把我们拉到身边，加入他们关于市场的热烈讨论。实习生们使出闪转腾挪的功夫，像拳击手一样害怕对方靠近，在前甲板待上几分钟，然后跑到后甲板，再下到船舱里。就这样，我们兜了一圈又一圈，船上空间挤得就像救生艇。用不了多久就会有人援引《一个交易师的备忘录》里的话套用在这条颠簸起伏的“环线”号上。

配对仪式粗鲁不堪。他们在某个角落逼住你，给你倒上威士忌，等到月亮照到华尔街的街面上之后，再把船停在看得见证券交易所的地方。然后就会有一位经理把手伸过来环住你的肩膀，他会说你如何如何有才能，这样的年轻人难道不想加入一个注定会大放光彩的职业吗？想想历史！再想想文化！对我来说，此时想起的却是一条华尔街的生存金律：**在别人的船上时，不要接受他的建议，否则到了早上你就会后悔**。所以，我格外小心，唯恐给自己惹麻烦。

迈伦·塞缪尔斯把第二天一早称为“豺狼的早晨”。在不堪回首的一夜风流之后，你醒了过来看清了与你同乐的女人的脸，而你的手还枕在她的头下。这时你的反应一定是悄悄地抽回你的手，不要惊动她，像只落入陷阱的豺狼一样立刻溜之大吉。在清晨惨淡的光线里，股权部诸公果然露出了鄙俗的面目。

狩猎游戏还没有结束。他们邀请我们参加所罗门兄弟公司股权部与它最大的客户间的棒球友谊赛。昨天晚上还亲热地搂着我说好话的经理，今天恐怕连我的名字也记不得了。他的心思全都放到客户身上去了，顾不上别的事情。从局面来看，所罗门兄弟来的这批人从一开始就没打算赢球。此外，我们还要为对方的每一个笑话捧场，并且绝不能脸红。我没有让他们失望，在当游击手时故意漏接了几个地滚球，然后笑得上气不接下气——我们的客户多有幽默感啊！而我心里却暗自庆幸昨天晚上躲过了一劫，我一直把自己反锁在盥洗室里。

* * *

随着培训项目日渐临近尾声，“说谎者的扑克牌”在房间后部大行其道。债券交易占据了我们中大部分人的思想。现在我们已经不像普通人那样用“买”“卖”的字眼了，代替它们的是“出价”和“要价”。一切都被纳入野心勃勃的交易师们的市场交易对象，从巨人队的点数到第一个日本人睡着的时间，甚至《纽约邮报》最后一页的单词数量。每天早晨，坐在前边的一个年轻人总是这样喊：“甜甜圈，出价 25 美分。”

债券，债券，更多的债券。做不成交易师的人只好去干推销员。这个群体中包括几位女实习生，她们曾经指望有机会做交易。在所罗门兄弟公司，男人做交易，女人只能出售债券。从来没有人质问过所罗门兄弟公司的性别政策。但是，禁止女性参与交易的直接用意是很明显的：这样一来，女性就不会有机会接近权力中枢。

交易师代表所罗门兄弟公司在市场里下注，而推销员则为交易师摇旗呐喊。推销员们同机构投资者如养老基金、保险公司和储贷协会等打交道。因此，这两种工作所需要的最基本技能不大一样。对交易师来说，最重要的能力是在市场上智胜对手。而对推销员来说，则是人际沟通的能力。但是，从另一个角度来看，最好的交易师同时也是优秀的推销员，因为他们必须首先劝服推销员，然后才能通过推销员劝服他们的客户购入或售出某只股票。反过来也是一样。最好的推销员同时也是优秀的交易师，他必须找到真心愿意把自己的投资组合交由他来管理的客户。

交易师和推销员之间的区别绝不仅仅是功能上的。在两者中，交易师是老板，这一点不难看出。推销员的年终奖取决于交易师，而交易师的年终奖则取决于交易登记簿上的业绩。推销员拿交易师毫无办法，而交易师则对推销员有完全的控制能力。因此，如果你看到年轻的推销员紧张地跑来跑去，而交易师却坐在一边悠闲地抽雪茄，也就不必感到奇怪了。**交易师们的这种飞扬跋扈是制度性原因造成的，因为他们是离钞票最近的一伙人。**公司最高领导们也是交易师出身，古特弗罗因德本人就曾是一名交易师。甚至曾经有过这样的传言，这很可能出自交易师之口：公司将开除所有的推销员，只留下交易师们在愉快的环境中做买卖。也没有谁问问，如果推销员都卷铺盖走人了，那么客户又从哪里来？

优秀的债券交易师要头脑灵活，还要有无限的耐力。他们要时刻盯住市场，一天 12 小时，有时甚至 16 个小时，盯住的也不仅仅是债券市场。他们要注意十多种金融和商品市场：股票、石油、天然气、外汇以及任何可能对债券市场产生影响的东西。他们在早上 7 点就坐下来，一直到天黑才能走。很少有人愿意谈论自己的工作，他们就像久历戎行的老兵一样沉默寡言。他们只看重利润和钞票，尤其是钞票，以及所有可以用钱买到的东西，还有富人身上金灿灿的光环。

因为我来公司的时候对自己的将来并没有什么打算，所以我愿意尝试任何工作。不过，我很快就认识到，自己永远也没有希望当一名债券交易师。我见识过各种各样的交易师，但没有一个人和我有哪怕是轻微的相似之处。就本人的观察所及，他们和我毫无共同点，做交易师就好比要把我变成中国人一样难而又难。

看起来我只好去做推销员了。不过，想象中自己做债券推销员的样子似乎也不比做债券交易师好到哪里去。我正在跌跌撞撞间完成从学生到职员的转变，无论在所罗门兄弟公司里面还是在公司之外都感到很不适应。随着培训课程的进行，在交易厅工作的前景非但没有令我感到兴奋，反而越来越让我感到痛苦，这对我是一个很大的打击。从 41 层下来讲课的债券推销员按说属于公司里的领导层，你从他们的身上可以感觉到领导气质，然而他们的表现实在让人难以亲近。除了销售债券，他们对别的东西一概没有兴趣，也从不谈论所罗门兄弟公司之外的世界。他们的生活从 41 层开始，也在那里结束。我开始怀疑自己是否真的愿意跨进那片不辨晨昏的办公区。

在交易厅里取得成功的人和我从前的想象大不一样。有些人真是令人感到可怕，打击别人抬高自己、捉弄女性、痛骂实习生。在他们眼中没有什么客户，只有落在自己手上的牺牲品。还有一些人则不然，可谓德才兼备。他们鼓励周围的人，对待自己的客户也很公平，对实习生则以礼相待。“大老二”未必就是坏人。问题在于，只要能为公司赚钱，好坏根本无关紧要。在 41 层，坏家伙并不会因为他们的恶行而受惩罚，相反，他们过得越来越好（他们是不是因为作恶多端而成功，或者是不是这个公司的环境对这种人特别有利，那又是另一回事）。善行在交易厅里并不被看重。既没有人奖赏，也没有人找你麻烦。就那样好了。或者，就不那样好了。

41 层是公司里最野心勃勃之人的选择，而那里对利润和荣誉的追求又毫无规则可言。无怪乎在那里工作的人，包括最肆无忌惮的人在内，都会有一种被追捕的感觉。在这里，对想象中的自我利益最放纵的追求被认为是健康有益的，这也是一种共识。要么吃掉别人，要么被人吃掉。41 层的人在工作时还得时刻留意着是不是有人想搞垮你，因为说不准什么人看上了系在你脖子下面的铃铛，急不可待地企图取而代之。在所罗门兄弟公司内部，可接受的行为表现虽然不限于区区数种，但由此也可以看出自由市场经济的力量，如何将人的行为强迫纳入可接受的模式。这是最粗鄙的资本主义，它终将走向自我毁灭。

作为所罗门兄弟公司的实习生，你当然没有资格担心道德问题。你的目标就是生存。能够与这些尔虞我诈的人共事已经是你的荣幸了。就好像一个稀里糊涂地与学校里的恶霸们交上朋友的小学生，你假装对债券部门的缺陷视而不见，以此换取他们的保护。我坐在那里，眼看着各色主讲人进出教室，他们的行为表现让我大开眼界，我从前只在读小说时才领略过如此精彩的表演。作为学生，你只能把因这些品格而获得极大成功作为事实先接受下来，以后再尝试找出答案。就是抱着这种思想，我第一次见到了活生生的“食人鱼”。

* * *

这位“食人鱼”是来向我们讲解政府债券生意的。他在操纵金钱方面几乎无所不知，对任何一种生意都了如指掌。他是唯一一个让交易师们害怕的人，因为一般来讲他比他们更了解交易师的工作。如果有人想出难题给他一个错误的报价，他会当场发作让那人下不了台。每当这种时候，别的债券推销员总是带着满意的神情欣赏他的作为。

“食人鱼”身材短而方，活像橄榄球队里的钩球手。此人最大的特点是面无表情，黑色的眼珠从不转动，宛若两个黑洞。即便转起来，也是极缓慢地移动，仿佛一架潜望镜。在讲话时，他的嘴形好像也从无变化，只是按一定比例扩张和收缩，从里面吐出的是一串串轻车熟路的利润分析和亵渎神明的语言。

这天，“食人鱼”的课从痛斥法国政府开始。法国政府曾经发行过一种被圈内人士称为吉斯卡尔（Giscard）的债券（是的，就是汤姆·沃尔夫在《虚荣的篝火》里描写过的那个，为了研究小说中的债券推销员，沃尔夫曾经亲自到41层，就坐在离“食人鱼”近在咫尺的地方）。“食人鱼”被吉斯卡尔弄得很烦，这个绰号的来历是此债券是在法国瓦莱里·吉斯卡尔·德斯坦（Valéy Giscard d'Estaing）政府任期内完成发行的。1978年，法国政府通过这一债券筹集了10亿美元。这当然不是什么问题。问题在于，这种债券可以在一定的条件下兑换成黄金——一盎司32美元。也就是说，如果你持有3 200万美元债券，你可以要求兑换成100万盎司的黄金。

“这些笨猪这回可栽了。”“食人鱼”说。他的意思是说法国政府要亏一大笔钱了。这笔债券实际上变成了可兑换债券，而黄金的价格已经升到了500美元一盎司。笨猪们的愚蠢让“食人鱼”感到恶心。他将这一点同法国人5点就下班的恶习联系起来，他实在看不上欧洲人的工作伦理。

法国债券的话题结束之后，他随意画出一些图表告诉我们怎样做政府债券套利交易。在他讲话时，前排的人毕恭毕敬，而后排的人则开始轻笑，前排的人因此更加紧张，担心后排那些人的表现触怒“食人鱼”而惹祸上身。“食人鱼”的话简直不堪入耳。诸如：“要是你他妈的在交易时买了这种债券，你他妈的就等死吧。”“你他妈的要是不盯住他妈的两年期债券，就等着死翘翘吧。”名词、动词、副词，花样翻新。脏字在他的话里无处不在。在他的世界里，各种没有生命的东西在不停地交媾，人们被揭掉了脸皮。我们从未听说过有谁的脸皮被揭掉过，而他却时不时地提到这一点，仿佛是神经性的抽搐。每当他讲一次，后排的人就笑一回。“食人鱼”是哈佛大学毕业生，他可不管什么学校名誉，向来我行我素。

* * *

在整个培训项目中，我们见识了来自三大债券集团（政府债券、公司债券和抵押债券）的几十名推销员和交易师，但我还能想得起来的不过寥寥数人。“食人鱼”来自政府债券集团，但他之所以给我留下印象与其说是因为他的部门，不如说因为他是风靡所罗门兄弟公司交易厅的脏话运动的代表人物。另一个家伙是公司债券部的，他的口语表达则颇有新意。他试图别出心裁，用更加赤裸裸的威胁来对付我们。"食人鱼"吓倒了前排的人，而在后排的人眼里，他只不过是古怪而已。但这一回，来自公司债券部的人把我们全都震住了。

课程已经进行到第九周了，那天早上我们事先并不知道他要来。他的名字是……算了，就叫他"冷面人"吧，他的血管里流的是冰水。他的话像子弹一样迸向空中，轻柔的英国重音强化了语气中的冷漠。他个子很高，足以将整个教室一览无余，可以看清楚教室里每排的 12 个座位，一共 15 排。最边上的座位旁边有一条过道从前通到后。进来之后，整整一分钟时间里他没有作声。一个身穿灰色套装、表情冷漠的高个子盯着满屋子好奇的实习生，这一分钟显得格外地长。

"冷面人"沿着过道走过来。到了这种时候，后排的人开始陷入极度的不安。你可以听到他们在窃窃私语："他到后面来干什么？他不该这样做。他……想……干……什么？"还没到最后一排他就站住了，指了指局促不安地坐在房间中部的某个人问道："你叫什么名字？"

"罗恩·罗森堡。"实习生回答道。

"好的，罗恩，请告诉我今天的LIBOR是多少？"

"LIBOR？ LIBOR？"十几个后排的人开始交头接耳，"LIBOR是他妈的什么东西？"LIBOR是伦敦银行同业拆借利率的缩写，它是伦敦银行之间出借资金的利率，通常在伦敦时间早上 8 点，也就是纽约时间凌晨 3 点公布。这就是说，在我们每天早晨 7 点开课前，LIBOR数据已经发布 4 个小时了。"冷面人"希望我们能将LIBOR数据烂熟于心，不仅如此，对债券市场上的其他数据也应同样牢记。

"今天早上的LIBOR为 7.25%，比昨天上升了 0.25 个百分点。"罗恩答出来了。真是令人称奇，想不到信手一点居然点中一个真的懂得LIBOR的人。在这个班里，知道LIBOR是什么的人最多也不超过一半，更别提要记住当天的交易数据了。

不过，“冷面人”没有就此为止，他甚至没有向罗森堡表示祝贺，而是接着向教室的后部走去，在他的脚步声中，我们的心情越来越紧张。

“你，”他又指向一个后排的人，“你叫什么名字？”

“比尔·刘易斯。”实习生答道。

“比尔，今天早晨的TED利差是多少？”“冷面人”问道，声调不断提高。TED利差是三月期LIBOR与三月期美国国库券利率之间的差额。后者在我们每天开课前半小时才公布。可以想象，刘易斯根本答不出来。不过，对刘易斯来说，交白卷可是一个原则性的问题。他脸红了，紧抿着嘴，挑衅地看着“冷面人”：“我不知道。”

“为什么？”“冷面人”回瞪道。

“今天早上我没看。”

找到了！“冷面人”走遍整个房间为的就是找这个。无知！懒惰！缺乏投入态度！这是不能容忍的。他告诫我们，实习生必须掌握最新动态，时刻注意保持自己的竞争力，这也正是古特弗罗因德挂在嘴边的说辞。无怪乎我们都觉得交易厅给我们留下了极不友好的印象。还有诸如此类的训诫等等。讲完这一切他才走，但是在走之前，他告诉我们他随时还会回来。

* * *

“冷面人”和“食人鱼”是我在41层最欣赏的两个人，身上毫无矫揉造作之气。他们的确很粗鲁，但也很诚实，并且，我想，还很公正。41层的问题是由那些既粗鲁又狭隘的家伙们弄出来的，实习生们背地里叫他们“着火的屁股眼儿”。只要你掌握了自己应该知道的东西，“冷面人”和“食人鱼”就不会为难你了。但是，对那种每次经过他桌子时都要把电话砸到你头上的交易师，你能有什么办法呢？同样，对女人来说，如果已经有太太的董事只要看见你一个人就总想引诱你，那又怎么办？培训项目里不包括求生训练，但是，也有人能够把 41 层的恐怖转变成希望。我就认识这样一个年轻的债券推销员，他从培训课程结业刚 1 年，名叫理查德·奥格雷迪，在 41 层上班。

奥格雷迪走进教室后的第一件事就是把为课堂录像的机器关掉。然后关上门，再走到窗户边看看这 23 层的窗檐边有没有偷听的人。干完了这一切之后，他才坐下来。

他先讲自己是怎么进的所罗门兄弟公司。在来这里之前，他是公司聘请的律师。所罗门兄弟公司的律师在了解了交易师的工作后，往往本人也改行做了交易师。事实上，公司主动邀请奥格雷迪加盟交易厅。他是在一个星期五的下午参加面试的，见的第一个部门经理是基默尔·李（他在黑板上写下这位执行委员会成员的名字）。当奥格雷迪走进基默尔的办公室时，后者正在翻阅他的简历。基默尔从简历上抬起头来说道：“阿默斯特学院优秀毕业生联谊会会员，体育明星，哈佛法学院毕业生，你肯定赚了不少钱。”奥格雷迪笑了笑。（在这种情况下，你还能做什么？）

“有什么好笑的？”基默尔问道。

“因为你说我赚了不少钱。”

“这有什么好笑的？”基默尔说，他的语气中渗入了一丝阴险，“你究竟赚了多少钱？”

“那是我自己的事。”奥格雷迪回敬他。

基默尔的手指猛地敲了一下面前的桌子，说：“别跟我耍花腔。如果我想知道，你就得告诉我，懂吗？”

奥格雷迪在一场又一场的面试中吃尽了苦头。最后，他终于熬到了面见利奥·科比特的机会，后者就是让我得到这份工作的人。

“好吧，迪克，”科比特说，“要是我请你到这儿来干，你意下如何？”

“是吗？我当然愿意到所罗门兄弟公司来，不过，请给我时间让我回家考虑一两天。”

“你的口气还是当律师时的那副腔调，不像交易师。”科比特说。

“利奥，我不是在做交易，这是投资。”奥格雷迪说道。

“我不想听你那堆哈佛法学院的臭狗屎，”科比特答道，“我开始认为找你可能是一种错误……我要出去一下，10分钟之后回来，等我回来的时候，我希望你会有主意。”

奥格雷迪说，他的第一反应是自己刚刚犯下了一个灾难性的判断错误。接着他又恢复了正常人的理智（奥格雷迪之所以让人感到新鲜，是因为和其他来自41层的人不同，他看上去倒像是个真正的人）。是所罗门兄弟公司要我来面试的。可这些王八蛋竟敢对我下最后通牒？奥格雷迪这下子可气极了。科比特离开的时间比他许诺的要长得多，更是火上浇油。

“好吧……”科比特一回来就开了口。

“你听着，就是把全世界的钱都给了我，我也不会给你们干了，”奥格雷迪愤愤地说，“我这辈子都没见过这么多屁股眼儿。收回这份工作，挂到你自己的屁股上去吧。”

“我到底听到了想听的话，”科比特说，“这是一整天里你说的第一句聪明话。”

奥格雷迪怒气冲天地离开了所罗门兄弟公司，到另一家华尔街公司那里去谋了份工作。

故事到这里还没有完。奥格雷迪说，就在他奉劝科比特把工作挂回到自己屁股上仅仅1年后，整个场景又重演了一遍。所罗门兄弟再次找上门来，它对自己过去的行为道了歉。所罗门兄弟公司的态度来了180度大转弯，这当然是事出有因。奥格雷迪如今不仅仅是一个优秀的债券推销员，他已经成了交易厅里极为稀缺的"善"的象征（我好像有一次亲眼看到他把零钱施舍给乞丐），一个大受欢迎的人物。令人称奇的不是所罗门兄弟的邀请，而是奥格雷迪为什么会同意考虑。记得有一个聪明人曾说过，**历史教给我们的唯一东西就是它没有任何东西可以教给我们**。

接下来，他终于道出我们最想知道的东西。"你们一定想知道应该怎样对付那些屁股眼儿，是吧？"实习生们全都忙不迭地点头。奥格雷迪说，这个秘密他比其他人发现得都要早。在他刚入行的时候，有件事给了他一个很大的教训。

他曾经给一个名叫佩恩·金的高级债券推销员做跟班，后者个子高高的，长着一头金发，堪称交易厅里货真价实的"大老二"。有一天金叫他去拿四种债券的报价，是为一个大客户摩根担保信托公司准备的。奥格雷迪去找做这几种债券的交易师询价。交易师看到他走过来，问他："他妈的你来干什么？"

"为几种债券询价。"奥格雷迪答道。

"我忙得很。"交易师答道。好吧，奥格雷迪心想：我可以试试看能不能自己去行情记录仪上找找。

行情记录仪就跟一台个人电脑差不多，就在奥格雷迪摆弄行情记录仪的键盘时，佩恩·金等不及了。"我叫你去问，该死的。"他厉声骂道。奥格雷迪只好一路小跑又去找那个交易师。"妈的，"交易师说，"在这儿，自己看吧。"他把一张登记了债券价格的纸递给了奥格雷迪，后者赶忙回去，却发现满满一张纸的数据里偏偏没有他想要的东西。

“那些该死的价格问出来没有？”佩恩吼了起来。

奥格雷迪只好向他解释事情的经过以及他同交易师打交道的困难。

“听着，我告诉你怎么办，”佩恩·金这回可真的动怒了。“你去找那个屁股眼儿，就这样讲：‘喂，屁股眼儿，他妈的上次你给我的那份东西不行，把摩根担保信托公司要的那几个该死的报价给我。’”

奥格雷迪又回到交易师那里，心里盘算着怎么讲才好，至少“屁股眼儿”和“他妈的”这种话他说不出口，得准备一个干净的版本才行。

他打算这样讲：“瞧，真不好意思又来麻烦你，可是摩根担保信托公司是我们最大的客户，我们需要你的帮助……”

可是还没等他走到那个交易师的席位，那家伙已经从座位上站起来尖声嚷道：“你他妈的又回来干什么？我不是告诉你了吗，我……很忙……”

“听着，屁股眼儿，”奥格雷迪一气之下忘了他的干净版本，“他妈的上次你给我的那份东西不行，把摩根担保信托公司要的那几个该死的报价给我，现在就要。”交易师跌坐回自己的座位。奥格雷迪在想象中仿佛比交易师高出两倍。他居高临下地盯着交易师看了足有1分钟。“屁股眼儿！”看看没有反应，他又大吼了一声。

突然，交易师仿佛不敢相信似的，“佩恩！”他半是尖叫半是抱怨地喊远在另一头的奥格雷迪的老板，“他妈的这家伙是怎么回事？”

佩恩轻轻耸了一下肩膀，好像是说他一点儿也不知道。

奥格雷迪昂首走回自己的座位，周围目睹了刚才一幕的三四名交易师都站起来向他致意，佩恩咧嘴大笑。这一招果然灵，不到两分钟时间，那个交易师就亲自把报价拿过来了。

“从那以后，”奥格雷迪面对一屋子屏息静听的听众说，“他再也没有跟我捣过蛋。”

可以想见，这一结局让后排的人乐疯了，他们就像在露天看台上看到大满贯之后那样拼命跺脚。前排的人被他的演说惊得目瞪口呆，说不出话来。从气质和教育背景来看，奥格雷迪无疑属于那种文雅和随和的人。不错，他身上有一股子无赖劲儿，可是要想在41层避免尼安德特人[①]的命运，就不能不学奥格雷迪本来的那一套。这个故事对我们有什么教益？答案很简单，在41层，除非把别人踩到脚下，否则别想站住脚，就算你是阿默斯特学院和哈佛大学法学院的优秀毕业生联谊会会员、体育明星或是向来拿高薪的人也都没有用。跟“屁股眼儿们”打交道有什么秘诀吧？“提高自己的重量级。学一下空手道也大有裨益。”

仿佛为了证明我们的想法，接下来讲课的是抵押债券交易部的人。抵押交易师一向被认为是公司里最牛气的“大老二”，也许只有约翰·梅里韦瑟可以镇住他们。抵押部是公司最赚钱的部门，也是实习生们争破头要去的地方。为了进去，我们甚至不惜恶心自己。抵押部门的课程是整个培训项目中课堂学习阶段的尾声。

41层的抵押交易台位于电梯和我选择用于藏身的角落之间。这个地方是我精心选择的。这里有一个友善的部门经理，他手下的人也是交易厅里最安稳的一群。事实上，这位经理曾许诺向我伸出援手，以免我落到达拉斯的股权部去。此外，他为我提供了暂可栖身的地方。每天早上，当我跳出电梯进入41层时，总是低着头快速地走向抵押部里的那个位置。每天我都要决定是不是应该走过那些抵押交易台，而我的选择从来都是否定的。抵押交易师们浑身散发着罪恶的激情，令我敬而远之，宁肯绕一个大圈子。还有更邪乎的传言。听说他们向实

① 尼安德特人（Neanderthal），是一种在大约12万年到3万年前居住在欧亚及西亚的人种，和现代人不同种，3万多年前，尼安德特人便灭绝了。——编者注

习生头上扔电话，而且为了能打到更远的地方特意把电话线接长。我后来发现他们也一样向经验丰富的专业人士头上砸电话。甚至连那些在所罗门兄弟公司里工作多年、早已对各种恶作剧见怪不怪的人也从不走近抵押部的交易台。华尔街上的每家公司里都有最为人不齿的花花公子，在所罗门兄弟公司里，这些人就出自抵押部。

虽说在抵押交易师面前我怕得要死，但我对他们的工作和老板刘易斯·拉涅里却充满了好奇心。每个实习生都对拉涅里好奇得不得了。拉涅里是个狂放不羁的天才，他的经历可以称得上是一个传奇故事：出身于邮件中心，一路走进交易厅，在美国创造了抵押债券市场（正准备在英国创建一个类似的市场）。拉涅里就是所罗门兄弟公司，所罗门兄弟公司就是拉涅里。每当提到我们公司如何如何了不起时，拉涅里的名字总是被挂在嘴边。他是交易厅精英论的最佳证明。在所罗门兄弟公司里，由于拉涅里的成就，许多不可能的事成为可能。我从未见过这位大人物，但看过他写的东西。我们听说他也要来给我们讲课。

他没有来，而是派了三个高级抵押交易师代表他的部门。这三个家伙加在一起，体重可以轻松地超过 900 磅（408.23 千克）。他们在房间前面站成一列，中间那个人叼着我见过的最大号的雪茄——便宜货，但是够大。我记住了这个人。

他什么也不说，只是在实习生们提出问题时咕哝几声，笑一笑。想去抵押债券部的人多得挤破头，他们问了一大串问题，却没有获得任何答案。如果某个实习生问了愚蠢的问题，叼雪茄的那个家伙就会重复一句话，我对此记忆犹新。他说："哦，这么说你想当抵押交易师。"然后这三个人就一起开始大笑，好像几艘拖轮同时拉响了汽笛。

那个倒霉的学生真的想当抵押交易师，剩下的 35 个人也无一例外。最后，只有 5 个人入选。我的名字不在其中，这反倒令我如释重负。我被派到伦敦出任债券推销员，后面会在适当的时候讲述我在伦敦交易厅里的个人感受和经验。不过现在我还要接着讲抵押交易师们的故事，他们是 20 世纪 80 年代里公司的灵魂，也是当年整个华尔街的缩影。在教科书中，抵押债券市场的繁荣被认为是导致金融界格局剧变的几个主要因素之一。我坐在伦敦的交易席位上紧紧地追踪着我们的抵押交易师，因为我一直弄不懂，这么糙的一批人居然做得那么好。我迷上了拉涅里。在好几年时间里，只要紧跟他和他手下的交易师，你赚的钱就会比华尔街上任何人都多。我一点儿也不喜欢这些人，但这可能正好从反面证明了他们的价值。他们的存在是公司健康发展的标志，也正如我的加盟意味着公司的病态一样。万一抵押交易师们离开了所罗门兄弟，那真够公司喝一壶的了。也就是说，公司里会只剩下一伙没用的好人。

第五章
LIAR'S POKER

强盗兄弟会

就像有些人是不可救药的酒鬼一样，抵押交易师是一群永远也喂不饱的饿鬼。除了在吃饭时被打断，再也没有比吃不到东西更令他们愤怒的了。

行善非本愿，施恩必图报。

——古西西里格言

1985年1月，马蒂·奥利瓦刚从哈佛大学毕业，他参加了所罗门兄弟公司的培训项目并且顺利通过。现在，好消息和坏消息一起来了。好消息说，他得到抵押交易部的一个美缺。坏消息是，在头一年里他得忍受别人的恶作剧。高级抵押交易师们顽固地认为，捉弄实习生是最好的启蒙，有助于剥开实习生的伪装，使他们认识到自己是世界上最低贱的动物。毫无疑问，交易师们要为马蒂·奥利瓦此后即将遭受的磨难负全部责任。

有几个交易师总是要马蒂帮他们取午饭。他们冲着他喊："喂，小子，搞点儿吃的来。"如果这天他们情绪不错，也许会换一副友好的腔调："马蒂，到时间了，是吧？"当然，他们用不着对马蒂客气，因为他只是一个奴隶。你甚至用不着告诉他买什么，每个实习生都知道，抵押交易师随时随地都可以吃得下任何东西。

就像有些人是不可救药的酒鬼一样，抵押交易师是一群永远也喂不饱的饿鬼。除了在吃饭时被打断，再也没有比吃不到东西更令他们愤怒的了。换句话说，他们可不是那种甲状腺功能亢进的胖子，整天小心翼翼地啜饮减肥可乐，引得人们不禁猜想："他怎么会这么胖，从来也没看见他吃东西啊？"但他们也不是人们常见的那类整天兴高采烈的胖子，这种人对所有人都无害，也因此受到欢迎。抵押交易师们从肚腩的深处发出不满的哼唧声，他们才不在乎自己的体重呢，个个都像日本的相扑选手。如果他们开口要吃的，抵押交易台边上的实习生总是带回尽可能多的东西，准保没错。

在那个要命的1月份里，可怜的马蒂得从交易厅爬5层楼到上面的咖啡间，他怕别的实习生看到自己这副实在的奴才相。跟他比起来，分到别的部门里的实习生的处境几乎可以称得上自由人。马蒂快手快脚地在提篮里装满油炸食品、汉堡包、可口可乐、糖果和几十个巧克力薄脆饼，所罗门兄弟公司的餐厅以经常受到纽约市卫生检查部门的警告而闻名于华尔街。马蒂蹑手蹑脚地躲过警卫溜了出来，分文未付。你可以称之为小小的胜利，或称之为备受折磨的灵魂发出的一声小小的自由呼号。当然，也可以简单地归结为省钱。交易师在所罗门兄弟公司的餐室里大吃零食不是什么稀奇事，把食品从咖啡间里偷出来也算不上多么了不起的事，可他万不该向一个肥仔交易师吹嘘他干的好事。

这天下午，马蒂接到了一个电话，对方自称是美国证券交易委员会（SEC）“特殊项目部”的。此人解释说，证券交易委员会有权处理华尔街上各家餐室的投诉，他正在调查一桩举报案件，有关所罗门兄弟公司咖啡间三盒食品失窃一案。问马蒂对此是否知道点儿什么。

“哈哈。”马蒂笑道，感到很好玩。

“不，”这位官员说，“我们是非常认真的。华尔街的道德标准适用于各个层面。”

马蒂又笑了起来，然后他挂断了电话。

第二天一早，马蒂上班时，发现迈克尔·莫塔拉在等他。迈克尔是部门经理，抵押交易部的头头。在培训课程中，就是由他代表那个部门来出席的。交易厅里的聪明人常喜欢模仿莫塔拉，其形象介于《教父》中的马龙·白兰度和《欲望号街车》里的马龙·白兰度之间。

莫塔拉看上去无精打采。他把马蒂请进自己的办公室。“马蒂，我刚接到证券交易委员会特殊项目部打来的一个电话，我也不知道该怎么办。你从我们咖啡室里偷出了食品，是真的吗？”

马蒂点点头。

“你是怎么搞的？我真的不知道会出什么事。好吧，你先回去，我会再找你谈。这可不是闹着玩的。”莫塔拉说。

整整一天，马蒂的表情就像一个已经中了乐透彩头奖，却发现自己把彩票弄丢了的家伙。虽说他是一个年轻的、备受折磨的实习交易师，但他毫无疑问已经站到了“大老二”俱乐部的门口。美国抵押债券市场比世界上任何一个资本市场发展得都要快，抵押债券交易因此也成了公司里最吃香的业务。既然它在1985年所罗门兄弟公司交易厅里是最受人羡慕的，那么很有可能也是整个华尔街上最热门的业务，因为所罗门兄弟公司的交易厅左右着整个华尔街。

只要能在所罗门兄弟公司里干上两年，年轻的抵押债券交易师就会接到一大批公司的邀请：美林公司、贝尔斯登、高盛、德崇和摩根士丹利，它们都想弄清所罗门兄弟公司抵押魔术的瓶中之秘。这些邀请中大多包括一年至少50万美元的薪水保证，外加交易利润提成。马蒂现在还只是头一年。4年之后，他的工作将会得心应手，税前年收入可能高达100万美元。对于一个22岁的年轻人来说，再也不会有比这更好的机会和更理想的工作了。马蒂经过自己的努力，靠着运气的帮助，终于达到了自己的目标。可是，突然之间，眼看这一切就要被咖啡室事件给毁了。情况究竟严重到什么程度？其他抵押交易师看到他魂不守舍的样子，给他放了一天假，让他自己回去品味生活中的大起大落。

第二天，马蒂被告知要到古特弗罗因德的办公室里去一趟。马蒂从未见过约翰·古特弗罗因德，他也不应该见到。有一个抵押交易师曾告诉马蒂：“古特弗罗因德从不会在低级员工身上瞎耽误工夫。”如果古特弗罗因德要见他，那说明偷东西的事已经东窗事发了。古特弗罗因德的办公室离马蒂的座位大约有20米，里边一般是空着的。你在所罗门兄弟公司里干白了头也未必有机会跨进去一步。坏消息总是从那个办公室里的黑暗角落传出来，落在远比马蒂有本事的人头上。当马蒂看见莫塔拉坐在古特弗罗因德的边上时，他知道种种猜测全都破灭了，只剩下一种可能性。他硬着头皮走了进去。

古特弗罗因德先是长篇大论地谴责了一番偷东西的行为，然后说道："马蒂，刚刚我和执行委员会进行了一次马拉松式的艰苦讨论，我们最后的决定是（一个长长的停顿），让你先留下来看看再说。我现在只能告诉你，我们还得再去华盛顿跟证券交易委员会交涉这件事，回头我再找你。"

在市场里混，最重要的资本就是自己的言论和信誉。在每年的培训课上，约翰·古特弗罗因德都要重复这一套。马蒂还是这一行里的新手，他对这句话想必更是诚惶诚恐。不管怎么说，马蒂想这下自己可要完了。只要他还留在华尔街，小偷事件的阴影就总也挥之不去。每当证券交易委员会调查内部交易或偷食品的事件，马蒂都会是一个可疑的对象。他已经留下了案底，成了别人嘴里的是非。

当马蒂回到自己的抵押交易台时，脸上的表情就好像他刚刚见到了世界末日。在场的 20 多名抵押交易师再也忍不住了，他们试图把窃笑藏在行情记录仪的后面。马蒂环顾四周，吃惊地发现人人都在笑，而且，更令他吃惊的是，他们全都在笑他。在这个部里有一种叫"找蠢货"的游戏，现在他就是牺牲品。这本来是莫塔拉的鬼点子，后来他又出面说服古特弗罗因德出场增加整个游戏的可信度。马蒂怎么也想不到古特弗罗因德竟会玩这种把戏。"有史以来最出色的蠢货！"一个抵押交易师喊道。这再一次证明了，实习生的轻信简直到了不可理喻的程度。想想看：证券交易委员会怎么会到公司咖啡室里去逮人？！

马蒂理解不了这种幽默。他脸上的表情变化就仿佛一个人刚刚经受了假枪毙的残酷考验，他开始哭起来，然后逃出交易厅，跳进下行电梯。他再也不想回来了。没有人站起来留他，交易师们都笑得前仰后合。古特弗罗因德和莫塔拉在古氏的办公室里笑得喘不上气来。最后，更多的是出于责任而不是同情心，一位名叫安迪·斯通的高级抵押交易师动身出去找马蒂。他之所以觉得自己有责任是因为马蒂是分配给他做奴隶的。斯通本来也是一个比较有人情味的交易师，他在大堂里给马蒂买了一杯啤酒，试图安慰他说刚才的一切只是大家喜欢他的一种表现。如果他们看不上你，根本就不会拿你寻开心。在大街上徘徊了几个小时之后，马蒂还是决定回去。

我不知道马蒂怒气冲天地在南曼哈顿大街上兜圈子时的心情。不过平静下来之后，他想必认识到自己别无选择。他已经被金手铐铐在所罗门兄弟公司抵押交易部里了。那几个让这位哈佛毕业生吃尽苦头的交易师牢牢地掌握了1/3的债券市场，他们很可能是美国公司里最赚钱的雇员。他们可以教给马蒂怎样控制市场。斯通没讲真话，他们可不是只拿自己看得起的人寻开心。他们对任何人都是如此。有时，残忍并不是针对某个人的，它几乎成了一种仪式。好在只要熬过1年，马蒂就可以主客易位。到那时就轮到他躲在行情记录仪后面笑个不停了，也会有新的实习生奴隶向隅而泣。不，在1985年的1月，你找不到比迈克尔·莫塔拉和他手下那一小撮富豪兄弟会占据的更好的地界了，所罗门兄弟公司抵押交易师的魅力无法阻挡。

1978—1981

华尔街撮合了货币的借贷双方。1978年春季，所罗门兄弟公司成立了华尔街上第一家抵押债券交易部。在此之前，“借款人”一词在华尔街上指的是大公司，联邦、州和地方政府，其中不包括房屋所有人。在所罗门兄弟公司里，有一个名叫罗伯特·多尔（也有人叫他“鲍勃·多尔”）的合伙人认为这是一件非常奇怪的事，因为成长最快的借款人集团既不是政府也不是企业，而是房屋所有人。早在20世纪30年代，立法机构就采取了一系列刺激措施鼓励美国人借钱买房。抵押贷款利息支付的税收减让政策就是其中最典型的一项，另一项则与储蓄和贷款协会有关。

储贷协会为普通美国人提供了所需的购房贷款的主要部分，同时它还接受政府的支持和保护。储贷业享受种种特惠，诸如存款保险和税收饶让，这些做法间接降低了抵押贷款的利息成本，因为它使储贷协会降低了筹资成本。储贷协会的说客们在华盛顿向国会争取这些特惠条件，每一次他们都大声诉诸民主、国旗甚至苹果派。他们高举“居者有其屋”的旗帜。在他们嘴里，“居者有其屋”就是美国的生活方式。要在国会里站出来反对“居者有其屋”计划，在政治上所冒的风险几乎就像叛国一样。在有利的公共政策的推动下，储贷业开始发展起来，未偿还抵押贷款从1950年的550亿美元上升到1976年的7 000亿美元。到1980年1月，又增加到1.2万亿美元。与此同时，抵押债券市场的市值超过了美国股票市场的总市值，成为世界上最大的资本市场。

尽管如此，在1978年的华尔街，住房抵押将成为大买卖的想法仍然被认为是不现实的。与住房抵押有关的一切似乎都是细小和琐碎的，至少在那些经常向首席执行官和政府首脑提供咨询的人看来是如此。储贷协会的总裁通常是小集团中的领导者。他是那种会出面赞助小镇游行花车的人，这就说明了一切，不是吗？他穿涤纶套装，收入高达5位数，而每天的工作时间则不超过10个小时。他加入狮子会、扶轮社，还有储贷业内部的非正式团体“3–6–3俱乐部”。这个俱乐部名字的来历是：用3%的利率借款，以6%的利率贷出，每天下午3点去打高尔夫。

在所罗门兄弟公司的培训项目中，每年都会有 4 个推销员在课堂里表演向得克萨斯储贷协会推销债券的情景剧。两个人扮演所罗门兄弟公司推销员，两个人则扮演另一方——一家储贷协会的经理。情节是这样的：所罗门兄弟公司推销员到达的时候，储贷协会的经理正要出门，一个手上拿着网球拍，另一个已经背上了高尔夫球包。储贷协会的人打扮得颇为另类，他们上身穿大翻领花格涤纶夹克，下身穿花格长裤。所罗门兄弟的人向储贷协会经理摇尾乞怜。他们甚至赞美起其中一位身上夹克的大翻领。不料，这却惹怒了另一位经理。“这种小玩意儿也叫大翻领？才这么一点点大，”他用浓重的得克萨斯口音讲道，“如果你从背后看不见，那它就不是什么大翻领。”然后他转过身来，千真万确，大翻领看得清清楚楚，就像是从他肩膀上长出来的翅膀。

闲扯一阵之后，所罗门兄弟公司的推销员拉住他们的客户要做生意。他们建议两位经理买入价值 10 亿美元的利率互换合约。储贷协会的经理很显然不懂利率互换是什么东西，他们对视一眼，耸了耸肩。一位所罗门兄弟推销员试图向他解释。他们不想听，他们要去高尔夫球场。但所罗门兄弟的推销员总是在最后一分钟缠住他们不让走。“好了，我们就买进 10 亿美元利率互换合约好了，要不我们就来不及了。”终于有一个经理耐不住了。演出到此结束。

这就是掌握着住房抵押业务的人，在华尔街的牛仔大人物眼中，他们不过是邻家放羊的牧场主。牛仔们干的是债券交易——公司债和政府债。他们在交易时为之手挥足舞的都是债券。他站起来冲着整个交易厅大喊：“我手上有 1 000 万 IBM8.5（利率 8.5% 的债券），101 美元成交（期望销售价），现在他妈的就要。”你永远也无法设想一个交易师喊道：“我买下了默文 · K. 芬克尔伯格 6.2 万美元的住房抵押贷款，

101 美元成交。20 年后到期，利率 9%。地点就在诺沃克外面，有 3 间小卧室。这桩买卖划得来。”交易师没法把房主拿来做讲头。

实际问题当然不会像情景演示的那么简单。抵押合约不是可以用来交易的纸片，它们不是债券。它们是一笔笔的贷款，只能待在做这笔贷款业务的银行里。在习惯于大进大出的华尔街人士眼里，单笔住房抵押业务过于琐碎。没有哪个交易师或投资者愿意跑遍市郊去调查那个刚刚借了钱的房主是不是有足够的信用。住房抵押要想成为债券，首先必须非个人化。

一开始要做的工作是把该抵押贷款同其他人的抵押贷款集中到一起。交易师和投资商相信统计法则，他们可以一次购入某一储贷协会做成的数千桩抵押贷款，从概率上讲，其中可能违约拖欠的只有很小一部分。以此为保证，可以发行一些票据，持票人按比例对抵押贷款集合产生的现金流量拥有所有权，就像从一块大饼上切下来一部分。可以依照这种原则组织数百万个抵押贷款集合，每个集合都是内部同质的。例如，面额小于 11 万美元，利率为 12% 的住房抵押贷款集合。投资该集合的持票人可以获得 12% 的年收益外加抵押购房房主偿还的本金。

经过标准化处理后，这些票据就可以卖给美国养老基金、东京信托公司、瑞士银行、住在蒙特卡洛港口游艇上逃税的希腊船王，或者任何有钱用于投资的人。一旦实现了标准化，它们就变成了可交易的票据。交易师眼里只有债券，他想要的也只有债券，可以拿在手里上下挥舞的债券。在市场的中央，有一条永远也不能逾越的分界线。一边是抵押贷款购房的房主，另一边则是投资人和交易师。这两伙人永远也不会见面，这听上去有点儿滑稽。借钱给人买房是一项非常个人化的业务。在这个过程中，抵押贷款购房的房主面对的只是当地的储贷协会的经理，钱从他们那儿来，最终也回到他们那儿去。投资者和交易师手里的只是纸片。

鲍勃·多尔第一次对抵押购房业务产生兴趣时，他还在为一位名叫威廉·西蒙的所罗门兄弟公司合伙人工作，西蒙此后曾在杰拉尔德·福特的政府中任财政部长（再后来，他靠着以低廉的价格从美国政府手中买下储贷协会而成了亿万富翁）。人们一般认为，西蒙在培养抵押债券市场的发展过程中出了大力，但多尔的说法却是："再也没有比他更漠不关心抵押债务市场的了。"在20世纪70年代早期，西蒙为所罗门兄弟公司交易美国国库券。他喜欢站着工作，一杯接一杯地喝冰水。那时，在外人看来，喊价叫价促成债券交易并不是一项时髦的工作。"我刚入行的时候，交易师并不是一个受人敬重的职业，"他后来这样告诉那位名叫L. J. 戴维斯的作家，"我一生中从未雇到一个商学院的毕业生。我总是对手下的交易师说：'如果你们不做债券交易就去开大卡车吧。别指望在市场上当个知识分子。干好自己的活儿！'"

西蒙不是哈佛毕业生，他出身于拉斐特学院，一路冲杀爬上顶层。在他去大学和商学院演讲时，从来也没有成群结队充满渴望的交易师给他捧场，因为那里根本就没有这种人。他的所作所为也绝不会引起《纽约时报》或《华尔街日报》的关心。在20世纪70年代，谁会在意国库券呢？不过，他的自我感觉倒还挺好。重要的是所罗门兄弟公司自己人的态度，在所罗门兄弟公司内部，国库券交易师无异于王子。国库券是所有债券中最好的券种，而操作国库券的交易师也是所有人里面最吃香的。

西蒙对住房抵押市场的反感源自1970年他同美国政府国民抵押贷款协会（即吉利美，Ginnie Mae）的一次过节。吉利美为不够富裕的公民抵押贷款购房提供担保，这样他们的贷款就获得了与国库券一样的可靠性和信用等级。任何符合联邦住房和退伍军人管理协会（FHA/

VA）的规定抵押贷款购房的公民（大约15%的美国购房者符合这一条件）都可以获得一张吉利美印花。吉利美打算把它辖下的贷款汇集起来发行债券。西蒙就是在这个阶段插进来的。作为美国政府最精通债券业务的顾问，他是培育发展债券市场的当然人选。

像大多数抵押贷款一样，吉利美担保的贷款也要求在一定期间归还本金。当然，借款人可以在任何时候全额归还本金，这一点也同大多数抵押贷款一样。而在西蒙看来，这恰恰是吉利美抵押债券的缺陷所在。同公司债券和政府债券的购买者相比，购买这种债券的人对一个关键问题并不知情——他们不知道债券何时到期。如果借款人偿清抵押款，那么原以为自己持有30年期抵押债券的持票人就会发现自己变成大把现金在手。

此外，如果利率下降，借款人会转而以更低的利率为30年期定息抵押贷款融资。结果抵押债券的持有人手上的债券就提前变成了现金。如果投资者可以按原始贷款利率或更高的利率再投资，现金倒也无所谓。但是，如果利率下降了，投资者就会吃亏，因为他的钱再也拿不到从前那种回报率了。对购房者来说，在利率下降时为住房进行再融资是理所当然的，因为他们可以在更低的利率水平下获得新贷款。换句话说，投资于抵押债券的钱是在对贷款人最不利的时刻还回来的。

西蒙试图说服吉利美保护抵押债券购买者（贷款人）的利益。他认为，不能简单地让抵押贷款购房者把现金还给债券持有者，而应该仿照普通债券的做法确立一个固定的偿还期限。否则谁会出钱买这种债券？谁会愿意买下一种偿还期限不明的债券？又有谁愿意接受这种随时可能偿付本金的不安定感？但吉利美没有接受他的意见，因此西蒙下决心不理睬吉利美。他指定一个在所罗门兄弟公司内部被称为“咕噜”的人（公司金融部分析师）负责在新的抵押债券市场中制定收费原则。但咕噜向来不会做收费业务，也就是说，这个市场根本就做不起来。

鲍勃·多尔的工作是借钱，为西蒙在美国国债市场上下的赌注融资。多尔的工作实际上就是买卖货币，以最低利率借入、最高利率贷出。但是他的借贷活动仅限于 1 天的期限范围。第二天又从头再来，周而复始。货币买卖与债券交易可大不一样，它从来就不是一个吃香的活儿，即使在所罗门兄弟公司内部也无人青睐。货币是所罗门兄弟公司交易的商品中波动性最小的一个品种，因此风险也最低。

货币交易毕竟也是交易。做这个活儿至少得有一只铁睾丸以及与债券交易一样的奇怪逻辑。试看：一个早上，多尔需要入市购买（借入）5 000 万美元。经过一番征询，他发现货币市场利率为 4%~4.25%，这意味着他可以用 4% 的利率买入（借得）或在 4.25% 的利率卖出（借出）。然而，当他开始下单试图以 4.25% 的利率从市场上买入时，利率已经变成了 4.25%~4.5%，大手笔的购入惊动了卖家。多尔报出了购买价：以 4.5% 的利率买入。市场又变了，这次变成了 4.5%~4.75%。他再提高自己的买入价，情况又是一样，如此几番下来，结果没有丝毫改变。于是他跑到西蒙的办公室去诉苦，说他总也买不到需要的货币量。卖家们就像小鸡一样跑掉了。

“那你就当卖家好了。”西蒙说。

这回多尔成了卖家，尽管他应该是买家。他在 5.5% 的水平卖出 5 000 万美元。接着，又在同一水平卖出同样的数额。正如西蒙所预料的那样，市场崩溃了。人人都想当卖家，场内再也没有一个买家。“现在买回来。”当市场跌到 4% 时，西蒙下了指令。多尔不仅在 4% 的价位上买到了他需要的 5 000 万美元，而且从先前高价位卖出的生意中赚了钱。这就是所罗门兄弟债券交易师的思维方式。无论他要做什么，首要的事情就是放下这个念头。意念守一，然后感觉一下市场的脉动。如果市场躁动不安，场内人士饱受惊吓、灰心丧气，他会像牧羊人一样把他们带到一个安全的角落。然后，让他们为自己的不安支付代价。他就坐在市场里等着它吐出金币，只有到了这时他才开始考虑自己到市场来的目的。

鲍勃·多尔喜爱交易。尽管他无须对吉利美负官方的责任，但他还是开始做这种债券的生意——总得有人做。到了 1977 年 9 月，他已经成了所罗门兄弟公司里的抵押债券权威。他和德崇证券公司的首席执行官弗雷德·约瑟夫的哥哥斯蒂芬·约瑟夫一起主持了首次抵押债券的私募。他们劝说美国银行出售它发放的住房抵押贷款——以债券的形式。另一方面，他们又劝说投资者，例如保险公司，来购买新型的抵押债券。经过这样一番处理之后，美国银行拿回了它一开始借给那些抵押贷款购房者的现金，而这些钱立刻又可以用来再出借。抵押贷款购房者继续向美国银行归还抵押贷款款项，但是这些钱只是在美国银行过一过手，就支付给了购买美国银行所发行债券的所罗门兄弟公司的客户们。

多尔心里有底了，这代表着未来的潮流。他认为购房需求的高涨将导致资金短缺。人口年龄在增长，人均住房面积迅速增加。整个国家越来越有钱，想买第二套房的人也会越来越多。储贷协会的发展满足不了对贷款的需求。他还注意到，人口从铁锈地带（Rust Belt）向阳光地带（Sun Belt）的稳定转移，导致了系统性不平衡。阳光地带的储贷业只能吸收到少量的存款，但购房者对贷款的需求却很高。多尔想出了一个解决的办法。通过购入阳光地带储贷协会的抵押债券，铁锈地带的储贷协会可以有效地把款项贷给阳光地带的购房者。

应所罗门兄弟公司执行委员会的要求，多尔撰写了一份三页纸的备忘录，总结了他对开发这一市场的信条。正是这份备忘录促使约翰·古特弗罗因德将吉利美的债券交易从政府债券交易部中分离出来，建立了专门的抵押部。那是在1978年春天，古特弗罗因德刚刚被他的前任威廉·所罗门指定为公司董事长，后者的父亲是当年创建公司的三巨头之一。多尔停下了买卖货币的工作，改坐到离他以前那张桌子几英尺远的一个座位里，开始考虑未来几年的计划。他认识到，自己需要一个金融家帮他同银行和储贷协会谈判，劝说它们效仿美国银行出售它们手里的贷款资产。这些贷款可以转化成抵押债券。斯蒂芬·约瑟夫是从事这一工作的理想人选，他在美国银行的那桩生意里同多尔有密切的合作。

此外，多尔还需要一个交易师为约瑟夫创造的债券组织一个交易市场，而这个问题可能更麻烦一些。交易师绝对是个关键人物，他负责在市场里买卖债券。一个大牌交易师可以激发投资者的信心，他的出场本身也有助于市场的成长发育，而且他还能给所罗门兄弟公司带来利润。正因为如此，大牌交易师是众人仰慕、关注和热衷于结识的人。多尔一直都是抵押交易师，而现在，因为要出任经理，他必须从公司债券部或政府债券交易部借来一名公认的赢家。这里面有一个问题。在所罗门兄弟公司，如果某个部门允许它的人离开，那一定是它想开掉此人。如果想从别的部门挖人，他们给你的只能是你不想要的人。

但是，因为有约翰·古特弗罗因德撑腰，多尔还是如愿以偿，弄到了他最想要的人：刘易斯·拉涅里，一个30岁的公用事业债券交易师（负责交易公用事业的债券，如路易斯安那能源与照明公司）。拉涅里转入抵押部是债券交易师黄金岁月到来前夕的一个关键性事件。1978年年中，他被指派到抵押部工作。从此，抵押市场的发展便成了所罗门兄弟公司内部的传奇。

多尔当然知道为什么要选择拉涅里。“我需要的是一个强悍的交易师。刘易斯不是普通的交易师，他拥有创造一个市场所需的意愿和斗志。他是个沉得住气的人，只要有必要，他会当着经理的面隐瞒

100 万美元的亏损。他不会因为道德上的考虑而裹足不前。当然，道德这个字眼用得并不合适，不过你能明白我的意思。我从没见过脑子动得比他还快的人，不管是受过教育的还是没受过教育的。最棒的是，他还是一个梦想家。”

当古特弗罗因德告诉他公司任命他为新筹办的抵押债券部首席交易师时，刘易斯一点儿思想准备都没有。“我是公司债券部里最红的交易师，我不明白这是怎么回事。”这一调动使他离开了热闹的交易中心。公用事业债券正在赚大钱。如果一个人赚不到佣金，那就休想在所罗门兄弟公司里往上爬，在这一点上绝无客气可言。到年底时，他要指着那堆钱大声说：“看，那是我赚的。”**收入意味着权力**。在刘易斯看来，如果去抵押部干，年底根本就不会赚到多少钱，也就不会有升迁的机会。现在想起来，他当初的担心荒谬得可笑。6 年之后，也就是 1984 年，拉涅里得意扬扬地宣布，他的抵押交易部赚的钱比华尔街上所有别家公司的抵押业务部加在一起还多。谈到抵押部的成就时，拉涅里不由得趾高气扬起来。他后来当上了所罗门兄弟公司的副董事长，仅次于古特弗罗因德。古特弗罗因德总是把拉涅里的名字挂在嘴边，把他当作接班人的人选。不过，1978 年的时候，拉涅里做梦也想不到这些。在接到任命时，他觉得自己被出卖了。

“我仿佛听到他们正在议论：‘恭喜恭喜，我们想把你流放到西伯利亚去。’我不打算违抗，这不是我的行事风格。我只是缠住约翰一味地问他：‘为什么是我？’甚至在调动完成后，也不断有朋友来问我什么时候得罪了约翰。交易亏损，还是违反纪律，要么还有别的事？”就像西蒙一样，在拉涅里眼中，抵押交易市场就像是后娘养的丑儿子。谁会要买这些债券？谁会愿意借钱给一个随时可能偿付本金的抵押贷款购房者？何况，那儿也没有什么债券可交易的。“只有几种吉利美债券（再加上一份美国银行的合约），没有人看得上眼。我的任务就是发掘别的可以用来交易的品种。”

拉涅里童年时的梦想是在意大利餐厅里当厨师长。可是后来他在布鲁克林的斯内克山上出了一次车祸，头部受重伤，留下哮喘的病根，从此再也闻不得厨房的味道，由此，梦想破灭了。1968 年，他正在圣约翰大学英语专业读二年级，当时他在所罗门兄弟公司的邮件中心找了一份夜急送的兼职。所罗门兄弟付他的薪水是每星期 70 美元。上班几个月之后，他遇到了经济上的困难。他不能指望从爹妈那里要钱（父亲在他 13 岁时就已经去世了），而他的太太卧病在床，医药费单子上的数字越来越大。他当时只有 19 岁，名下的全部财产就是每周支付的薪水。

最后，他走投无路，只好去找一位所罗门兄弟公司的合伙人，虽说他们的关系仅仅是认识而已。“要知道，”今天，回忆起这件事，拉涅里讲道，“我可以肯定自己会被开除，我真的是那样认为的。”出乎他的意料，合伙人告诉他公司会负责。拉涅里以为这笔钱会从他的周薪中扣除，而没有薪水他肯定活不下去，于是他开始抱怨。“公司会负责的。”这位合伙人重复了一遍。所罗门兄弟公司在 3 个月里为邮件中心职员的太太支付了 1 万美元的账单。没有人为此举行委员会会议来讨论这样做是否得当。拉涅里找的那个合伙人在答应下来之前甚至都没有犹豫一下。他只知道公司应当支付账单，别无其他理由。

谁也不能肯定已经去世多年的所罗门兄弟公司合伙人当年究竟说过哪些话，但拉涅里却牢记于心：“我们会对刘易斯·拉涅里负责到底。”这一做法深深地感动了拉涅里。当他谈起忠诚，谈起所罗门兄弟和雇员之间的“契约”关系时，总会提到这件事。“从那时起，”一位他手下的抵押交易师说，“刘易斯爱上了公司。”在他眼里，所罗门兄弟公司已经不仅仅是一个企业了。“这个公司对雇员负责，”拉涅里说，“有些话人人都会讲，诸如‘做好人比当好经理更重要’。但这里的人却是认真的。我们都是手足兄弟。正如人们所说的，这是一种神圣的契约。"

口惠总要比现实来得轻松。你可以像拉涅里所说的那样向公司付出自己的信任和忠诚，但拉涅里却不会因此而要你。"我信仰上帝，但绝不会当圣人。"拉涅里曾经这样告诉《绅士》杂志的一个采访记者。这并不是说他没有做人的原则，但他坚信有时目的比手段更重要。此外，他对个人利益也有一种执着的追求。在他和公司债券部之间（是公用事业债券交易的上级管理机构）存在关系紧张的种种迹象。1977 年 9 月，他的死对头比尔·佛特晋升为合伙人，而他却未能如愿。"刘易斯听到消息之后气急败坏。"斯蒂芬·约瑟夫说。一位 20 世纪 70 年代曾在所罗门兄弟公司工作过的债券推销员回忆说："刘易斯属于那种为争待遇而大吵大闹的公司债券交易师。刘易斯一口咬定公司支付给他的薪酬比不上他的贡献。他当时的话我还记得清清楚楚，他说：'如果不是因为我在这儿可以为所欲为，我早就不干了。'"

他身材难看，阔嘴巴，又是个暴脾气。为他服务的后台职员还记得，他当年站在桌子上一边挥舞手臂，一边用最大的音量尖声告诉他们应该怎么干的情景，活像个拳击比赛裁判。不过，他也有可爱之处，至少他希望别人喜欢他。"我没有私敌，"他说，"连我的竞争对手也喜欢我，即使他们抱怨我独揽生意，不给他们机会。"

拉涅里初到所罗门兄弟公司时，邮件中心里的职员多半是刚刚移民到美国还不会说英语的人。他们工作效率不高，其中的一个表现就是在发出的信件上贴太多的邮票。他的第一个贡献就是削减成本，这多少有点儿讽刺性，因为事实上他从未真正关心过成本，因为他无暇顾及细节。"我想出了一个绝妙的点子，把美国地图钉在墙上，用荧光笔画出邮政区的边缘。因为这个举措，我被提升为主管。"担任白天快送的主管之后，他立刻搬出了圣约翰。"这对我来说是再自然不过的了。”他回忆说。接着，他从邮件中心的主管进入职员后台办公室，从而使他获得了直接接触交易和交易师的机会。到1974年，他终于如愿以偿，坐上了公司债券部公用事业债券交易师的位子。

1985年，当马蒂·奥利瓦从哈佛大学进入培训项目，再从这里出发转入抵押交易部时，在后台和前台之间早已形成了一道不可逾越的障碍。培养交易师的程序也严格地系统化了。首先你得有一份简历。大学毕业是起码的要求，最好在商学院镀过金。重要的是看上去要像个投资银行家。而在20世纪70年代中期时还不兴这一套，拉涅里大学没毕业，没有履历表，他看上去更像意大利餐馆的厨师长而不是投资银行家。用他从前的合伙人的话来说，拉涅里是个“肥胖而粗鲁”的人。不过，显然这些都无所谓。“如果交易厅里有什么人离职不干了，他们会冲手边最近的家伙喊一嗓子：‘喂，你来干。’”汤姆·肯德尔回忆说，他自己就是从后台进入刘易斯·拉涅里的抵押部的，“一个交易师会说：‘嗨，你是个聪明的孩子，坐下，坐在那儿。’”而如果你真的是一个极为聪明的孩子，就像拉涅里，你就会从此发迹。

在进入抵押部之前，拉涅里在工作过的每一个部里都是绝对主力。公司鼓励野心和挑战，它的原则是从不干扰自然的丛林法则。就任新成立的抵押部首席交易师之后仅仅几个月的时间，拉涅里已经把这个部牢牢地攥在手心里了。大家要顺着拉涅里的野心，连多尔都要让他三分。多尔生了病，经常不在公司。在他离开期间，拉涅里自作主张成立了研究部（“抵押交易要靠数学”，他本人虽然没有读完大学，但却坚持这一点），邀请一位大师级数学家迈克尔·沃尔德曼出任该职。沃尔德曼回忆道，他的邀请是以“刘易斯式的强迫方式”提出的。

接着，拉涅里劝说公司给他组织一支销售队伍，开展天知道的抵押债券交易工作。突然之间，十几名销售人员发现自己换了座位，不得不开始想办法取悦拉涅里。里奇·舒斯特以前在所罗门兄弟公司芝加哥办事处当负责储贷协会业务的债券推销员，现在则变成了替拉涅里工作的抵押债券推销员。“有一次我打电话给商业票据交易部却错拨到了抵押部。刘易斯刚好接到这个电话，他立刻明白了这是怎么回事。他向我大吼：‘你他妈的干吗要卖商业票据？公司付你薪水是为了让你卖抵押债券。’”在拉涅里的驱赶下，推销员们开始专注于抵押交易业务。

斯蒂芬·约瑟夫是唯一一个可能接替多尔的竞争对手，但他却是一个公司金融专家而不是交易师。正如他所说的，“那时，在所罗门兄弟公司你不可能想象把一个主要的交易部门交给一个公司金融专家去管理”。相反，你却可以将一个主要的金融项目交给交易师指导。斯蒂芬自然挡不住拉涅里的升迁之路，拉涅里反过来嘲笑公司金融部是一个吃闲饭的部门，连女人都要。（抵押部里从来就不会有什么性别平等的念头。一位曾经想加入抵押交易业务但遭到拒绝的女士后来讲道：“要想坐上抵押交易台，非得是白种男人不可。”直到 1986 年，抵押债券交易部里从来都没有女交易师。）

鲍勃·多尔消失了，尽管他本人直到 1984 年才离开所罗门兄弟公司。他发现自己无事可干，雇用了拉涅里几个月之后，他就被挤了出来。这种事情在所罗门兄弟公司可谓司空见惯。挑战者逐渐变得更有活力，更熟悉客户，对同事的影响力也越来越大，在不知不觉中，那个被挑战者似乎是蒸发掉了。他好像变成了过时的废物，就像汽车上的手摇曲柄。管理层对此不闻不问，输家最后只能离开。

“古特弗罗因德从来没有跟我打过超呼，说他想要刘易斯·拉涅里接替我，”多尔说，“我就这样被挂了起来，足足 6 个月之后我才意识到，原来这里没我什么事了。”拉涅里至今还把抵押债券市场称为“鲍勃的远见”。1984 年，多尔离开了。他先是到摩根士丹利，然后又去为斯蒂芬·约瑟夫工作，后者已经离开所罗门兄弟公司去了德崇证券公司。“假如我不信仰资本主义体制，那么我绝对不能接受所发生的一切。但我的确信仰它：适者生存。”多尔是在接受《纽约时报》记者詹姆斯·斯特恩戈尔德时讲这番话的。后者试图了解所罗门兄弟公司过去那些合伙人的遭遇。

*　*　*

1979 年 2 月，古特弗罗因德正式任命拉涅里为整个抵押业务的负责人。此后两年半的时间里，在外人眼里，抵押部更像一出闹剧而不是一项认真的事业。拉涅里按自己的形象招募人员：意大利人、自学成才者、大嗓门和肥胖者。像拉涅里一样，第一批人员来自后台办公室。其中只有一人拥有大学学历，是曼哈顿大学文学士。抵押交易台的创建之父除了拉涅里之外，还有约翰·德安东纳、彼得·马罗和曼尼·阿拉瓦奇，最后则是比尔·埃斯波西托和罗恩·迪帕斯奎尔。他们相互间直呼其名或昵称：刘易、约翰尼、彼得、曼尼、比利和龙尼。听起来更像棒球场上的内野手而不是投资银行家。“有关我在邮件中心的种种传闻全部所言不虚，”拉涅里说，“我掌管抵押部之后，开始不无虔敬地从后台选拔人才。起初我是出于道德原因这样干的，但是效果很不错，他们喜欢这份工作。他们不会理直气壮地认为社会欠他们一份工作，因此他们也显得更为忠诚。”但拉涅里同样也希望从所罗门兄弟培训项目中招募有活力的年轻人。接下来的一幕是，抵押部迎来了第一个实习生，也是第一个MBA、第一个瘦子、第一个犹太人——杰弗里·克隆塔尔。

克隆塔尔回忆说，他是 1979 年所罗门兄弟公司培训班里唯一一个以普通职员身份开始其职业生涯的。分到其他部门的人都有了推销员或交易师的头衔。克隆塔尔甚至不是首席办事员，他只是屈居于彼得·马罗之下的低级职员。作为低级职员，他的首要责任是跟踪约翰·德安东纳负责的债券头寸。

克隆塔尔刚刚从五年制的沃顿商学院毕业，包括本科教育和MBA课程——美国最接近于金融家所需要的交易学校，他有远比德安东纳的头寸更感兴趣的事。这一点让约翰尼颇为不快。德安东纳有时会靠在靠背椅上发问："杰弗里，什么是债券头寸？"

杰弗里会说："我不知道。"

德安东纳回头向拉涅里嚷道："这家伙他妈的是干什么的？他说他不知道头寸是什么。"

拉涅里会接着冲彼得嚷："这家伙他妈的是干什么的？你手下的人不知道头寸是什么。"

彼得又对着杰弗里喊："为什么你不知道头寸是什么？"

杰弗里只是耸耸肩算作回答。

杰弗里不会把这放在心上，理由有两个。第一，他知道拉涅里喜欢自己，而拉涅里是老板。克隆塔尔同意加入抵押部，这给了拉涅里一个面子。根据克隆塔尔的回忆，在他的班里，人们对羽翼未丰的抵押部敬而远之。"这肯定不是MBA毕业生的去处，抵押交易师都是唐尼·格林之流的人物。"他说。

唐尼·格林之流指的是那些让实习生不好过的人。他们对任何没有给公司赚来大笔现钞的人都怀有敌意，并且极为粗鲁地对待他们。

"唐尼·格林之流在你凑过去坐在身边时不会同你打招呼，而在你走开的时候也不会道再见，他对你视若无睹。没有实习生够胆坐在唐尼·格林身边。"克隆塔尔说。唐尼·格林曾在最黑暗的日子里当过所罗门兄弟公司的交易师，那年头，交易师胸口的毛比头上的还要多。大家都记得，他有一次叫住了一个正准备出门搭纽约去往芝加哥班机的毛头小子。格林抽出一张10美元的票子塞到这个推销员手里。"嗨，拿这钱给你上点儿坠机保险，受益人填我的名字。”他说。“为什么？”推销员转向他。“我觉得今天特别走运。”格林说。

“谁也不愿意走进抵押部。”克隆塔尔说。甚至连拉涅里也承认，杰弗里自愿加入抵押部的决定是极其愚蠢的。那么克隆塔尔究竟为什么要那么干？“我当然有自己的考虑。首先，我只有23岁，一人吃饱全家不饿，就算失败了也没有什么了不起的。其次，公司想必对抵押交易业务寄予厚望，否则他们不会让刘易去负责这一摊。”

克隆塔尔之所以不把上司们的大吵大叫放在眼里，另一个原因是拉涅里本人并不看重职员的工作。“刘易常说我是他见到的第二个最差的职员，而第一个就是他自己。”克隆塔尔说。不过职员也的确没有多少事可做。在这个意义上还可以说，任何人都没有什么事可做。抵押交易市场就像金融市场里的鬼城：一切都静止不动，什么交易也做不成。这意味着他们不赚钱。拉涅里意识到，为了弄到债券来交易，他必须打开一条路，劝说所罗门兄弟的客户们来玩这个游戏。他也许得先扮作赌场的促销员，引诱客户走进这个场子。但为了把自己从交易台上解放出来，拉涅里需要找一个“首席交易师”。他匆匆做出了人选决定，请马罗出任此职，这是一个小小的判断错误但却相当有趣，也许不是他的第一次，不过可以肯定不是最后一次。

“马罗是从美林证券公司来的，他对这里的情况一无所知。”塞缪尔·萨克斯说，后者是1979年进抵押部的债券推销员。部里的交易师们个个衣冠不整，马罗却穿了一身三件套的涤纶套装，胸前挂着一根晃来晃去的金表链。他的仪表无可挑剔，头发一丝不乱。萨克斯说：“他会斜侧着身子问刘易：‘你看好它们（指的是债券市场）吗？’刘易可能会说：‘我很看好！’马罗就会附和道：‘是的，我也看好，我也看好。’15分钟后，他又会斜侧着身子问刘易：‘你现在觉得它们怎么样？’刘易可能会说：‘我一点儿也不看好。’而马罗也会来个180

度大转变：'我也不看好，一点儿也不看好。'"马罗在所罗门兄弟公司抵押交易部头头的位置上待了将近9个月。

* * *

首席交易师的位置不能总空着。1980年5月，迈克尔·莫塔拉（"肥脚"）从伦敦办事处被调回。他在那里当交易师，现在回来补马罗空出的缺。莫塔拉以前在伦敦的一个同事还记得他打好行李包后那一副惶惶不安的样子，不知道回去之后会怎样。时至今日，莫塔拉仍声称那时自己对回来后的工作胸有成竹。想当初，他可是有苦说不出。整整1年没有赚到钱，抵押部成了所罗门兄弟内部的笑柄，它的前景看来实在不妙。在这一小撮教育不足的意大利人和公司其他部门之间，嫌隙在一天天增长。抵押交易师们对公司债券和政府债券交易师深恶痛绝。

钱只是问题的一部分。所罗门兄弟公司的报酬机制，就像它对实习生的工作分配一样，具有浓厚的政治色彩。年终奖金的发放并不是同此人所赚取的利润直接挂钩的，相反，它在很大程度上取决于所罗门兄弟公司报酬评定委员会对该员工价值的感觉。年终奖的发放原则是高度主观性的，朝中有人和交易业绩同样重要。而抵押部既赚不到钱也没有人出头为他们说话。"我手下的人得不到应有的报酬，"拉涅里说，"他们被看成是二流的人物，但他们是黑绵羊中队[①]。"最让交易师痛苦的不是报酬的绝对值而是他们同其他债券交易师的差距。"你感觉好像公司是在可怜你（才给你发几个钱）。"一个叫汤姆·肯德尔的前抵押交易师如是说。

---

① 美国"黑绵羊"战斗机中队成立于1943年，成立以后，很快成长为太平洋上空的王牌飞行队。——译者注

"如果你问他们，"拉涅里说，"他们会告诉你，公司债券交易师赚的钱比你们多一倍。"一般来讲，奖金数目属于管理层的秘密。话是不错，但在所罗门兄弟公司里，要想瞒住一大笔奖金就像是在高中男生的更衣室里保住一次艳遇的秘密一样不可能。只要不到 1 个小时的时间，交易师们就会知道别人的奖金数额。

如果抵押交易师和别的债券交易师之间的矛盾仅仅是钱引起的，那么它最终还是可以修复的。现在的问题是，双方在文化上的差距也在不断扩大。在 20 世纪 70 年代后期，所罗门兄弟招聘政策的制定者吉姆·马西决定，公司有必要提升它的人员素质。"他得出结论说，我们不能总是让一批不上档次的乡巴佬坐在交易厅里。"斯科特·布里滕汉姆回忆道。1980 年时，他是马西手下的招募官，后来转入抵押部当交易师。

所罗门兄弟公司开始向华尔街上的其他公司看齐。它也像高盛公司和摩根士丹利一样招入MBA毕业生，其社会效果显著，而公司的集体智慧也同样提到了提升。就像戈德曼、萨克斯、雷曼、库恩和洛布等家族的人一样，所罗门兄弟的人总觉得自己属于像作家斯蒂芬·伯明翰所说的"我们的一伙"，尽管我们还没走到要在大都会博物馆里树立自己天使般的塑像那一步。公司以前一向是由犹太人经营的，现在则由一群先后到来的WASP[①] 掌管，一群面色苍白的WASP，他们从社会竞争中脱颖而出。形象的提升刚好发生在 1981 年公司出售给商品交易商菲利普兄弟那段时期。所罗门兄弟不再由合伙人所有，它变成了一家公司。合伙人从这次销售中平均每人获得了 780 万美元的补偿。就像他们自己讲的，这一切都在一瞬间发生了，"现在我们

---

① WASP，"White Anglo-Saxon Prostestant"的缩写，指信奉新教的盎格鲁-撒克逊裔白人。——编者注

有钱了，下一步干什么？”拥有了一个帝国？社会身份显赫？去巴黎度周末？去圣詹姆斯宫赴夜宴？

* * *

同别的部门相比，不管是政府债券部还是公司债券部，抵押部的文化更为丰富并且脚踏实地。其他部门逐渐获得了一种新的人格，抵押部却保持了一种鲜明的风格。拉涅里将两类迥然相异但风格同样鲜明的族群融合成一个统一的风格。所有的交易师大致来自两种背景：创办抵押部的意大利人和刚从培训班出来的拥有MBA学位的犹太人。我不能肯定他们是否像人们所说的那样具有真正的种族特征，但他们是受压迫的少数。他们个性鲜明，收敛可不是他们的风格。应该说，他们属于后排人物。

从外部标准来看，抵押交易部的种族歧视和性别歧视问题是够严重的：几乎没有黑人和东方人，而且一个女性也没有。不过，同别的部门比起来，抵押部可以算得上是联合国。所罗门兄弟公司年度报告上的照片透露了内幕。20 世纪 70 年代后期的年度报告看上去就像呼吁世界和平的广告。一幅幅照片，有黑人、黄种人、白人，男男女女在洒满阳光的会议桌旁和谐地工作着。可是到了 80 年代中期，所有的黑面孔、黄面孔和女性形象都像变戏法似的不见了。年度报告上是清一色的白人男性。

抵押部变成了白人兄弟会分会。其中有一条心照不宣的协定，拉涅里会尽其所能地为他的交易师争取利益，以此换取他们对自己的忠诚。相对而言，他们的责任比拉涅里轻一些。更多的交易师出身于商学院，而不是邮件中心。许多人在经济上拥有独立性，他们不需要拉涅里在这方面的关怀，而拉涅里喜欢待在他能有所贡献的圈子里。他喜欢部里的人，但他更喜欢“拉涅里的人”。他愿意为交易师支付他们付不起的医药费开支。比尔·埃斯波西托看好一套房子，但还差1.9万美元，拉涅里让所罗门兄弟公司出钱补上。“他很抱歉，原本他是想自己掏钱的。”埃斯波西托说。

不管怎么说，他还是打动了不少人。1979年，从沃顿商学院毕业的汤姆·肯德尔加入抵押部，在后台做了短暂停留。1980年，克隆塔尔在沃顿大学优秀毕业生联谊会里的学弟梅森·豪普特，还有从斯坦福大学来的史蒂夫·罗思也相继加盟。1981年，又有两名哈佛人——安迪·斯通和沃尔夫·纳都尔曼进入抵押部。在他们眼里，他们在公司里的地位同拉涅里没有什么两样。正如纳都尔曼所言，“汤姆·斯特劳斯（政府债券部里正在崛起的台柱子）和他手下的一伙打着爱马仕的领带，个个能上铁人三项比赛，拉涅里这边的人则更像一个意大利家庭。政府债券部的人吃得少，裤管打晃”。抵押部的人对此的看法则是：“为什么他们一天只吃两餐？是因为不喜欢吃吗？你可曾见过一个胖点儿的政府债券交易师？当然不会。他们又瘦又狡猾，他们歧视肥胖。是的，我当然知道自己在说什么，我自己就很胖。”

“看得出来，尽管公司里别的部门的人容忍我们，但他们心里却满是不屑，”汤姆·肯德尔说，“他们会问：‘你们这些坐在角落里的家伙靠他妈的什么来赚钱？’”作为实习生，安迪·斯通最难忘的记忆是有一次他指着拉涅里部门的方向问一个公司债券交易师，那里是些什么人。“什么也不是，”这位交易师回答，“抵押部，一个什么都算不上的部门，没人愿意去。”所罗门兄弟公司政府债券交易部的头头克雷格·科茨曾经问斯通：“为什么你会考虑去抵押部，你本来有机会进政府债券部的？”即使是在上层，肥胖一族也认为瘦子一族对他们不怀好意。前部门经理莫塔拉说：“公司内部就像被划分为一块块的领地。其他部门的人在意的全都是怎样保住自己的业务，谁也不去动开发新业务的脑筋。”

抵押部对外界的敌意在1980年早期尤甚，当时风传别的部门要求关闭该部。抵押部不赚钱。华尔街上别的公司，如美林、第一波士顿、高盛，它们的抵押业务部门全都流产了，几乎还没等到开业就关门大吉了。流行的看法是抵押业务不适合华尔街。

* * *

整个业务正面临着被淘汰出局的严峻考验。1979年10月6日，保罗·沃尔克发表了历史性的讲话。短期利率一飞冲天。如果一家储贷协会的经理打算发放30年期的住房贷款，他最多只能拿到10%的年利率。而同时，他的筹资成本却高达12%。这样一来，他只好停止发放新贷款，这正好遂了联邦储备委员会的愿，它的本意就是让经济增长速度放慢。新的房屋建造率一直降到了战后的最低点。在沃尔克发表讲话之前，斯蒂芬·约瑟夫的抵押金融部创造了将近20亿美元的抵押债券。一个小得可怜的数目，还不到全美国未偿付住房抵押贷款总额的2‰。但这至少还算是一个起步。沃尔克讲话之后，交易干脆停了下来。只有在储贷协会愿意发放贷款的前提下，拉涅里的抵押部才能发行债券。现在，这个前提丧失了。这个为绝大多数美国人发放住房抵押贷款的行业正在崩溃。1980年，美国尚有4 002家储贷协会。3年之后，其中的962家将会消失。就像汤姆·肯德尔所讲的那样："人人都要蹲下舔伤。"

拉涅里除外，他不退反进。为什么？天知道。也许他手上拿着可预知未来的水晶球。也许他认为部门规模越大，被撤销的可能性就越小。不论出于何种动机，拉涅里继续留用被别的公司炒掉的抵押债券推销员，建起了自己的研究部，把交易师的数目增加一倍，保留了进入休眠状态的抵押金融部。为了增加抵押债券的潜在购买者，他在华盛顿聘请了大批的律师和说客。“让我告诉你一个事实，”拉涅里讲道，“只有 3 个州承认美国银行那桩交易（鲍勃·多尔的第一个智慧产品）是合法的投资。如果聘请一批律师挨个州做工作去修改法律，那恐怕得花上 2 000 年的工夫。这就是我为什么要到华盛顿去的原因。只有越过各州，直接请求联邦的许可。”

“如果刘易不喜欢某项法律，他就会设法进行修改。”拉涅里手下的一位交易师这样说。就算拉涅里能够随心所欲地修改法律，投资商还是对抵押债券敬而远之。汤姆·肯德尔还记得自己 1979 年到所罗门兄弟公司旧金山办事处拜访拉涅里的首席推销员里克·博登时的情景，博登当时正在读一本自我激励的书。“他当时一遍又一遍地唠叨：‘这些狗娘养的吉利美债券，利率走高它们变成长期债券，一旦利率走低又变回短期债券，没人想要这种东西……’”

更糟糕的是，所罗门兄弟公司的信贷委员会越来越不愿意同正在崩溃的储贷行业做生意了。愚蠢的客户（市场里的傻子）会提供一笔绝妙的财产，但是，当无知达到某种程度时就变成了负担：他们破产了。何况，有时储贷协会也表现出不同于一般愚蠢客户的能力。有一家名为“惠益标准”（Beneficial Standard）的储贷协会，设在加利福尼亚州，它对一桩在电话中已经确认的向所罗门兄弟公司购买债券的交易不认账，而所有债券交易师都是通过电话来确认交易成立的。在此后的诉讼过程中，这家储贷协会辩称，抵押债券业务纠纷应适用不动产法，而不是证券法。在不动产法中，口头协议不具有约束力（数年后这家协会还是输掉了这场官司）。这大概就是所谓最后一根稻草了吧。

所罗门兄弟公司执行委员会成员认定抵押债券市场没有什么出路。他们对它不了解，也不打算去了解它，只盼眼不见心不烦。他们采取的第一步就是切断同储贷业的联系。储贷协会陷入了全行业危机，必须切断与其的信贷联系。而切断同储贷业的业务联系就等于关闭了抵押部，因为储贷协会是抵押债券的唯一买主。“我差不多是拿自己的身体挡在信贷委员会和储贷协会之间。”拉涅里回忆道。在所罗门兄弟公司执行委员会里，只有一个人支持拉涅里的全部决定，但他的支持具有极大的分量：约翰·古特弗罗因德。“约翰保护了我。”拉涅里说。

抵押部与两大实权部门（公司债券部和政府债券部）交恶的结果是，抵押部的一切都是独立的：抵押销售、抵押金融、抵押研究、抵押营业部和抵押交易部。“处处独立的原因是没有人肯帮我们。”拉涅里说。

这种说法略有混淆真相的嫌疑。在某种程度上，抵押部有意选择了这样的结果。拉涅里并不曾真的向公司里别的部门求助。而鲍勃·多尔也一向坚持他在最初交给所罗门兄弟执行委员会的三页纸备忘录中的条件，抵押部应当独立，他还记得自己以前的老板西蒙对待刚出现的抵押债券的态度。他说一旦将抵押部与政府债券部放在一起，“那么抵押市场永远也别想打开，它将处处受掣”。如果将所罗门兄弟公司里那几个将拜访大公司首席执行官视为日常工作的金融家分到抵押金融部，“那他们一桩交易也做不成。在公司金融部的人看来，抵押债券太低级，配不上他们的身份”，多尔这样解释道。

但是，在拉涅里的心目中，抵押部之所以事事独立完全是因为无人相助。他筑起了高墙保护自己人不受敌意侵害。他的对手已经不再是华尔街上别的公司的抵押部门了，因为它们早已消失殆尽。现在，他的对手就是所罗门兄弟公司自己。“富于讽刺意味的是，”拉涅里说，“公司总是指着抵押部说：‘看，我们多么富于创新精神！’但事实却是，公司对我们做的每件事都持否定态度。这个部门能够成长起来不是靠公司的帮助，而是因为它无视公司的非议。”

第六章

LIAR'S POKER

肥胖的交易师和神奇的赚钱机器

自发形成的抵押部有一种妙不可言的生活哲学，它的程序是：预备！射击！瞄准！从开业时间来看，这帮虚张声势的交易师所赚的钱多得吓人。

1981—1986

1981年10月，曙光终于降临抵押交易部。最初谁也弄不懂究竟是怎么回事。在电话线那头，仿佛全美国储贷协会的总裁都在心急火燎地要同所罗门兄弟公司的抵押交易师通话。他们不顾一切地抛售手上的贷款。全美国的住房抵押贷款，加起来总计有1 000亿美元的债务，都在急于出售。卖主有上千家，市场上却没有一家买主，不，应该说只有一家买主——刘易斯·拉涅里和他手下的交易师。供求之间的不平衡令人咋舌，就好像消防水管喷向了一群渴极了的小淘气。1 000亿美元的生意蜂拥而来，接听电话的交易师们所要做的只是张开嘴巴尽可能地吞下去。

到底发生了什么事？1979年10月，联邦储备委员会提高了利率。从此，储贷协会陷入大量亏损的局面，整个住房抵押贷款制度走到了崩溃的边缘。有一段时间，形势极度紧张，如果无人施以援手，储贷协会将出现全行业性破产。国会为了挽救它心爱的储贷协会，于1981

年9月30日通过了一项税收豁免法案。[①]它为储贷协会提供了巨额救济，而要想领到这种救济，储贷协会必须售出它们的抵押贷款。它们也正是这样做的，上千亿美元的资产进入华尔街进行流通。税收豁免不是华尔街的点子，事实上，连拉涅里的交易师也是事后才知道有这回事。但是，国会的这一举措意味着华尔街获得了一笔巨额的津贴。祖国万岁！购房者万岁！美国国会就这样拯救了“拉涅里合伙有限公司”。华尔街上唯一一家建制完整的抵押部从此摆脱了尴尬的处境，摆脱了花钱无底洞的恶名，摇身一变成了众人心头的宠儿。

这是一场彻头彻尾的闹剧。市场的兴隆不是因为鲍勃·多尔在他给古特弗罗因德的备忘录中所列举的那些大趋势（住房需求增长，人口从铁锈地带向阳光地带转移等），尽管它们后来都一一实现了。启动市场的是一个简单的因素，税收豁免。就仿佛史蒂夫·乔布斯先买下办公室，建造装配线，雇上20万个推销员，把使用说明书印好，但手上拿不出任何可以卖给客户的东西。这时，突然有某个人创造出了个人电脑，乔布斯刚好看到了这个东西，于是立刻行动起来，把从前那堆毫无用处的东西命名为苹果电脑。

债券交易师倾向于把每一个交易日都看作是最后一个。在这种短

---

① 税收豁免法案授权储贷协会出售所有抵押贷款资产，将所得现金投资于回报率更高的资产，通常是以前储贷协会不得经营的资产项目。储贷协会所做的只不过是单纯的贷款组合互换业务。因资产出售而导致的巨额亏损（储贷协会正在按面值的65%出售其贷款）则可以隐藏起来。新设立的一项会计标准允许储贷协会按贷款的年限摊提损失。例如，如果储贷协会的一笔30年期贷款按35%贬值率售出，在第一年的财务报表上则只登记为1%多一点。更为优惠的是，可以用储贷协会前10年里已经上缴的税金抵补亏损。只要提交了亏损报告，国内收入署（IRS）将向储贷协会返还往年税款。对储贷协会来说，整个把戏的要害在于向国内收入署申报亏损，越多越好，这当然不是什么难事。它们只要尽情出售不良贷款就可以要回往年上缴的税款，无怪乎储贷协会不顾一切地兜售手里的抵押贷款。

视性格的支配下，他们一味放纵客户的弱点，毫不顾忌这样做可能对长期客户关系产生的影响。他们拿走可以拿走的一切，而孤注一掷的客户则在交易中处于下风，他们关心的是什么时候可以拿到钱而不是一共可以拿到多少钱。储贷协会的总裁们正是一群孤注一掷的客户。他们把帽子拿在手上，络绎不绝地来到所罗门兄弟公司的抵押交易厅。他们把自己的弱点表现得如此明显，还不如直接给所罗门兄弟公司开一张支票来得更痛快一些。

储贷协会头头们的无知让形势变得更糟。这些 3–6–3 俱乐部的成员从未在债券市场上摔打过，他们根本不懂该怎么玩“说谎者的扑克牌”游戏，他们也不了解自己要与之打交道的人的心理。他们不知道自己卖出去的东西究竟价值几何，甚至连自己手上的贷款合约的条款（年限、利率等）也所知甚少。储贷协会的经理们只知道一件事，那就是他们想卖到什么价钱。所罗门兄弟的交易师们注意到一件最不可思议的事情，不论这些人受到怎样的粗暴对待，下一次他们还会回来要求卖出更多的贷款。他们就像我在公司猎鸭活动中见到的那些鸭子，它们受到训练，在同一伙猎人面前反复出现，直到被打死为止。无须成为查尔斯·达尔文你就可以断定，这一物种肯定没有希望了。

交易师汤姆·迪那波里愉快地回忆起某个储贷协会总裁的来访。“他想卖出价值 1 亿美元的 30 年期贷款（利率不变），再用拿回来的现金买入价值 1 亿美元的别人的贷款，我告诉他我会为他自己的贷款出价（买入）75（每 1 美元贷款买入价 75 美分），然后报价（卖出）85 卖给他别人的贷款。”面对这几个数字，储贷协会的老板开始挠头。他卖出去的贷款和买进来的贷款大同小异，但一进一出在收益上的差额意味着他要从口袋里掏出去 1 000 万美元。或者，换个说法，储贷协会要为这笔交易向所罗门兄弟公司支付 1 000 万美元的佣金。“听上去这可不像一桩好生意。”他说。迪那波里心里早有准备。“从经济学的角度来说，这当然不是一桩好买卖，”他说，“但你可以换个角度来看。如果你不这样做，就得丢饭碗。”旁边另一个交易师也在和一家储贷协会的总裁通话，他无意中听到迪那波里的话，几乎控制不住要笑出声来。这是他一整天里听到的最风趣的话。他可以想象电话那头那个家伙的样子，一副绝望的倒霉样。

拉里·芬克认为：“1981 年 10 月是资本市场历史上最不负责任的一段时期。”他是黑石集团的合伙人之一，其他诸人包括史蒂文·施瓦茨曼、彼得·彼得森和戴维·斯托克曼。在 1981 年 10 月，芬克正是第一波士顿银行那个小小的抵押交易部的头头，它将很快地壮大起来，成为刘易斯·拉涅里的主要竞争对手。“最明智的储贷协会不为所动，而那些做成大笔买卖的其实都被交易师们耍了。”

此话也许不假。但是，正如其他在成年人间达成的协议一样，参与者的唯一戒律就是：买者当心。如果这是一场拳击比赛，裁判可能早就叫停了，免得落败的一方丧命——但这不是。从任何一个方面来看，情形只会变得更加恶劣。拉涅里本人倒还有几分怜悯之心，有时他会介入干预储贷协会总裁和他手下的交易师在权力上的不平衡。抵押交易师安迪·斯通还记得自己曾以 80（每 1 美元面值出价 80 美分）的价格购入价值 7 000 万美元的抵押债券。在斯通的坚持下，加利福尼亚的一名债券推销员立刻以 83 的价格把它转卖给了本·富兰克林储贷协会。在短短几分钟的时间里，斯通已经赚了 210 万美元（7 000 万的 3%）。在例行的鼓掌庆贺和通过扬声器对推销员进行了表扬之后，斯通把消息告诉了拉涅里。

一天赚入 210 万美元是一个相当不错的成绩。斯通当上交易师不过才 8 个月，急于在老板面前表功。但老板似乎并不高兴。“刘易说：‘如果不是看在你还年轻的分儿上，我会立刻把你开除。给那个客户打电话，告诉他你就是那个偷了他钱的屁股眼儿。告诉他你是用 80

的价格买下那批债券的，因此卖给他的价钱不应该是83，而应该是80.25。'"斯通回忆说，"试想一下，给你的客户打电话说什么：'嗨，我就是那个偷了你钱的屁股眼儿。'这是什么心情！"

并不是只有那些傻瓜们排着队等待同所罗门兄弟公司做生意，精通业务的储贷协会老总们一样面临两难选择，要么任人玩弄，要么慢性自杀。对许多人来说，不为所动意味着破产。吸收存款要支付14%的利息，而先前办理的住房抵押贷款的入息只有5%，这种日子能好过吗？不幸的是，这恰恰就是储贷协会的真实处境。到1982年年底，各储贷协会开始了自救的努力，以摆脱灾难性的命运。当时，短期利率已经回落到长期利率水平之下，这样，储贷协会就可以按12%的利率吸收存款，而以14%的利率安排新的抵押贷款。

许多储贷协会抛出数亿美元现存的不可救药的和亏损累累的旧贷款，转而买入数十亿美元新名目的贷款。每次新购入抵押债券的交易（相当于发放一笔贷款）都像是绝望者的孤注一掷。这种策略是极端不负责任的，因为它于根本问题（买入短期资金，贷出长期资金）毫无助益。交易的超速增长只不过意味着下一次储贷协会的危机会更加严重。但是储贷协会的经理们想不到那么远，他们只顾着保持业务的连续性。这可以解释为什么储贷协会一边卖出贷款一边又购入抵押债券。

税收豁免和会计标准的优惠政策本来是为了挽救储贷协会，但最后却成了为刘易斯·拉涅里的抵押部量身定制的发财之道。它把大把的钞票送给了所罗门兄弟公司的交易师。至少，华尔街上那些心怀嫉妒的人是这样想的。在储贷业风光无限的日子里，拉涅里容许他手下的人采取一种买了再说的态度。所罗门兄弟公司的交易师扮演了一个匪夷所思的角色。他们已经不再交易抵押债券，而是买卖抵押债券的"原材料"，即住房贷款本身。所罗门兄弟公司突然间干起了储贷协会的行当。在华尔街的投资银行和购房者之间既没有吉利美，也没有美国银行，只有所罗门兄弟在承担着购房者的支付风险。在此情况下，一个谨慎的人一定会事先检查作为贷款抵押物的财产，因为它是贷款的唯一担保。

但是，如果想跟上新市场的步伐，你就不可能有时间逐一检查贷款项目里作为担保物的最后财产。买下整宗贷款（这就是交易师所说的住房贷款，以此区别于住房抵押债券）完全是一种信任行为，就像你可以尽管放心地食用大香肠。崇尚冒险是拉涅里的特质。只用心算他就可以断定，不论他为买入劣质贷款付出多大的代价，在交易中获得的利润都远远超过此数。事实证明他是对的。有一次他曾拒绝购入一连串发放给得克萨斯浸礼会教堂的贷款，一般来讲，贷款的用途都是购买住房，出售贷款的储贷协会经理大致上所言不虚。

不过，正如我曾经讲过的那样，所罗门兄弟公司的高管对信任储贷协会的做法却颇有微词（在这方面，所罗门兄弟倒也不是个别的。绝大多数华尔街上的公司都已经切断了同储贷协会的关系）。拉涅里回忆说："执行委员会说我不应该交易整宗贷款，而我索性走出会议室，按自己的想法放手去干。人人都说我不该那样做，他们警告我这样迟早要下大狱。但是，整宗贷款占了全部抵押市场中99.9%的份额。你又怎么可能避开这种交易呢？"此言甚是。"我们大买整宗贷款，"汤姆·肯德尔说，"不过接着就遭到了麻烦，有人告诉我们在买入之前应该先去弄一个鹰徽。"所谓鹰徽，就是联邦住房管理局对整宗贷款交易的许可证。"直到那时，我们才知道应该去办这件事，而且马上就办成了。"

拉涅里一伙儿的如意算盘是贴上政府标签，尽快将"整宗贷款"转换为债券。然后，他们就能把这些债券卖给所罗门兄弟公司的机构投资商，性质上就像推销美国政府债券一样。也许是拉涅里的反复游说终于起了作用，联邦政府在吉利美之外又设立了两个新的机构。它们的职能是为不符合吉利美资格的抵押贷款提供担保，分别命名为联邦住房贷款抵押公司（即房地美，Freddie Mac）和联邦全国抵押协会（即房利美，Fannie Mae）。它们通过提供担保的方式将大多数住房抵押贷款转变为政府担保的债券。储贷协会为抵押担保向担保机构支付一笔费用。贷款质量越差，储贷协会向担保机构支付的费用也就越高。不过，只要弄到了担保证明，就不会有人再过问贷款的质量。违约拖欠的贷款购房者逐渐成了政府的包袱。而政府开设这些机构的本意是以为它们在评估信用质量和计算信用成本方面能够比个人投资者更精明一些。

自发形成的抵押部有一种妙不可言的生活哲学，它的程序是：预备！射击！瞄准！从开业时间来看，这帮虚张声势的交易师所赚的钱多得吓人。到 1982 年，在经历了两年半清苦的日子之后，刘易斯·拉涅里的抵押部赚了 1.5 亿美元。1984 年，一个名叫史蒂夫·鲍姆的抵押交易师创造了所罗门兄弟公司的一项新纪录，在 1 年时间里，他经手的整宗贷款交易取得了 1 亿美元的利润。尽管没有见到官方数字，但所罗门兄弟内部一般都认为拉涅里的交易师们在 1983 年赚 2 亿，1984 年 1.75 亿，1985 年则是 2.75 亿。

刘易斯·拉涅里成了在正确的时间里、正确的位置上的正确人选。“刘易斯愿意投身于他还不十分理解的事业。他对自己信赖的事业有一种直觉，而这是最重要的。”他手下的一位高级交易师说道，“所罗门兄弟的态度永远是，‘只要你确定，就放手去干。但如果失了手，你也就完蛋了’。刘易很适应这一套，如果是在别处，经理们会说：‘好吧，小家伙，值得押上全部身家来搏这桩买卖吗？’刘易不光自己要搏，他还要雇人让他们也去搏一搏。他的态度是：‘是的，豁出去了，没有什么了不起的。’如果是在别的公司，他恐怕得向某个委员会提交长达 200 页的备忘录以证明他的作为是安全的。他必须首先证明知道自己在干什么。这意味着他永远没有机会做成这桩事。他也许知道自己在干什么，但他永远也不能证明。如果刘易是在别的公司里被任命为负责抵押市场业务的主管，他将一事无成。”

* * *

所罗门兄弟公司的交易厅是独一无二的。最低限度的领导，最低限度的控制，也没有职位上的限制。交易师可以买卖任意数量的债券。只要他认为合适，他无须征求任何人的许可。换句话说，交易厅是首席执行官的噩梦。抵押交易师沃尔夫·纳都尔曼说：“如果将所罗门兄弟的交易厅拿到商学院做案例研究，那些扮演首席执行官的家伙会说：‘这简直令人震惊！’但是你知道吗？他们很可能是错的。有时你会亏一些钱，但有时你也会发一笔意外之财。所罗门兄弟是对的。”

所罗门兄弟宽松的管理风格也有不利的一面。所罗门兄弟公司是20世纪80年代早期华尔街上唯一一家没有建立成本分配制度的主要大公司。令人难以置信的是，对利润也没有进行分析。对人员的评估完全依赖于交易账簿上的总收入，而不去考虑为此支付的成本。在合伙制年代里（1910—1981），经理们抽屉里的都是自己的钱，宽松的管理风格是适用的。可是，如今这些钱已经不再属于他们自己，而是属于股东的。在合伙公司里屡试不爽的做法在一家公众持有股份的公司中却是灾难性的。

交易经理们没有专注于利润，而是专注于收入。他们会因为任何的成长而受到奖赏。总收入意味着纯粹的权力。拉涅里在1978年终于当上了合伙人。此后，他的影响随着收入的减少而日渐衰落，直至1981年年末。但是，当抵押市场出现爆炸性增长之后，他迈向所罗门兄弟公司权力顶层的步伐却大大加快。1983年，他掌管的部门创造了公司总收入的40%，而别的部门没有一个能够达到10%，他也借此得以升入所罗门兄弟公司的执行委员会。他继续扩大自己的业务规模，雇用更多的交易师并且涉足不动产抵押。

1985 年 12 月，约翰·古特弗罗因德对记者说：“关于可能在将来出任董事长的人选，我们手上有一张非常短的名单，刘易是其中的一员，这是相当肯定的。”拉涅里继续扩张，他收购了一家抵押银行，后者直接面向购房者发放贷款，从而可以向拉涅里提供抵押债券的“原材料”。1986 年，拉涅里升入直属古特弗罗因德的董事长办公室。在那一年，拉涅里把业务扩展到了海外，他在英国创办了抵押公司，按照美国模式重塑英国的抵押市场。同他一道进入董事长办公室的还有分别来自政府债券部和公司债券部的两位代表，汤姆·斯特劳斯和比尔·佛特，他们也是未来董事长的竞争人选。大家都在拼命扩张自己的部门，拉涅里则遥遥领先。到 1987 年年中，尽管无法证实资料的可靠性，所罗门兄弟公司的一位部门经理还是宣布，在所罗门兄弟现有的 7 000 多名雇员中，大约有 40% 直接或间接地听命于拉涅里。

随着交易收入的猛增以及各个层面上的进展，抵押部的业务逐渐为其他部门所了解，就像奖金额度一样，交易账簿上的数字别人也能打探出来。虽说实习生永远是最后一个知情者，但到底还是让他们估算出了这个由所罗门兄弟公司统领的突然崛起的市场的容量。“你坐在教室里，计算全美国抵押贷款的总额有多少，只要将其中的一部分，比如说 10% 予以证券化，你就可以领悟到这个市场有多大。”说这话的人是前所罗门兄弟公司交易师，马克·弗里德，他是 1982 年培训班里的成员。

到 1984 年，所罗门兄弟公司已经可以自豪地在一个国会专门委员会面前宣称，到 1994 年之前，全美将需要 4 000 亿美元用于新房融资。拉涅里成了新的征服者、英雄、所罗门兄弟的传奇人物和成功的化身。他在培训班上讲课，说到他刚从加利福尼亚飞回来，他在飞机上看到的那些小房子如何做了抵押，而所有这些抵押贷款最终都会流入所罗门兄弟公司的交易大厅（没有人怀疑他在9 000多米的高空中是怎样看到下面那些小房子的，如果有，那也只能是拉涅里自己）。到了1984年，抵押交易师已经成了从所罗门兄弟公司培训项目中脱颖而出的年轻MBA们眼中的热门职位。人人都想做抵押交易，想做所罗门兄弟公司的抵押交易师，想成为这个如今已经占到公司过半数收入的赚钱机器的一部分。

所罗门兄弟公司的抵押交易师们不可一世地巡视这个在本公司乃至在全世界都最大的资本市场，这个华尔街上最赚钱的市场，已把别人远远抛在后面。他们感到幸运。"这是个不争的事实，"一位交易师讲道，"抵押交易师都是些野心勃勃的家伙。一个不争的事实是，作为抵押交易师，你赚的不是很多钱，而是市场上**所有**的钱。同样的事实是，你做的不是市场里的部分交易，也不是市场里的绝大部分交易，而是市场里**所有**的交易。"

要想一口吞下市场上所有的交易，你就得有买家和卖家，而在1981年10月，这听上去有点儿像天方夜谭。拉涅里和德崇的垃圾债券大师迈克尔·米尔肯一起在20世纪80年代扮演了伟大的债券传教士的角色。在穿行于全美试图劝说机构投资者购买抵押债券的旅途中，拉涅里常撞上米尔肯。他们在同一天拜访同样的客户。"我的东西先卖出去了，"拉涅里说，"投资者们开始购买我带给他们的福音。"按照拉涅里的说法，他的福音可以简略地表述为："抵押债券便宜到让你牙痒的程度。"拉涅里手里的王牌就是吹嘘抵押债券的收益如何胜过信用等级相似的政府债券和公司债券。绝大多数抵押债券被两大评级机构穆迪和标准普尔评为最高的信用等级AAA，绝大多数抵押债券都获得了美国政府的担保。有些是明显的，比如吉利美债券，另一些则较为隐蔽，如房地美和房利美债券。

没有人认为美国政府也会赖账，但投资者就是不想同拉涅里或他手下日益扩大的销售队伍打交道。尽管抵押市场发生着日新月异的变化，但是由威廉·西蒙向吉利美指出的问题却未能解决：你无法预测抵押债券的寿命。提前偿付本身倒不是问题，问题在于你不知道何时发生。而如果你不知道现金返还的具体时间，你就无法计算收益。你所能推测的只是当利率上升时，购房者不会提前偿付，债券将按票面期间到期偿付。如果利率下降，购房者就会融新偿旧，债券将提前偿还。投资者可不喜欢这个。尽管债券的供给形势在1981年出现了戏剧性的变化，但需求方面却还没有打开局面。抵押贷款真的很便宜，多得不得了，但就是没人要。

更糟糕的是，在好几个州里，抵押债券至今还属于非法投资，拉涅里对此心有不甘。在一次会议上，他对一位以前从未见过面的律师大喊大叫："我不想听律师们说什么，我只想办成想办的事。"他试图寻找一项能够克服州法的联邦优先权。他还着手寻求一种能够让抵押债券与其他债券相类同的方法，让抵押债券也取得确定的到期日。

最后，他打算改变美国人借钱购房的方式。他说："我至少应当有权利向消费者说明，这儿有两种实质上完全一样的贷款品种。利率分别为13%和12.5%，你可以任选一种。对那种利率为13%的债券，你可以在任何时候以任何借口提前偿付。而12.5%的那种，如果出现搬家、亡故或要买更贵的房子的情况，提前偿付没有问题。但如果你只是想减轻储蓄和负债负担而提前偿付的话，那么你就得向我缴纳一笔费用。"国会授权他在所有的州销售抵押债券，但拒绝了后面那项更为激进的建议。购房者有权在任何时候提前偿付抵押贷款，拉涅里只有另找出路才能说服机构投资者购买天晓得有多少回报的抵押债券。

* * *

这没有难倒拉涅里。“刘易这家伙能把冰卖给爱斯基摩人。”斯科特·布里滕汉姆说道，他曾陪同前者多次进行这类销售拜访。“同客户打交道是他的拿手好戏，把他绑在交易台可真是屈才了。”鲍勃·多尔也说，此时他在所罗门兄弟公司里的职业生涯已接近尾声。拉涅里回忆道：“我不想再为提前偿付问题多费口舌。最后，我直截了当地进入价格谈判。到底什么样的价格才能打动他们？总有一个价格能够让他们动心购买。比国库券的收益高出 1 个百分点？ 2 个百分点？我的意思是说，比（美国国库券的）收益曲线高 3.5 个百分点！”

全美国所有的购房者都知道，在任何时候提前偿付贷款都是一项有价值的权益。他们懂得，如果在高利率时期借了钱，那么当利率下降时，他们可以借新债还旧债，这是有利可图的。他们也乐于拥有这项选择权。可以假定，他们也会愿意为这项选择权支付费用。问题在于，就连华尔街上的人物也说不出购房者的选择权价值几何（直到今天他们仍旧没弄明白，不过已经大有进步了）。作为交易师，拉涅里不仅向大家指出，而且还要证明说，既然没有人要买而人人都想卖，那么抵押债券的价格一定是很便宜的。更准确地讲，他声称抵押债券利率高于政府债券（又称无风险债券）的部分超出了购房者所拥有的选择权的价值。

拉涅里打破了华尔街上推销员的常规做法。他将抵押债券的业务个人化。如果人家不肯买，他会觉得受了伤害，仿佛是自己落到了没人要的境地。1985 年，他告诉《美国银行家》杂志：“在我们这些弄房子的人眼里，市场为补偿提前偿付的风险向我征收了超出实际价值的溢价。”请思考一下这句话的讲法。“我们这些弄房子的”的“我们”指谁？拉涅里本人没有多花一分钱，付钱的是购房者。刘易斯·拉涅里，这位所罗门兄弟公司从前的邮件中心小工和公用事业债券交易师，如今却成了美国购房者的代言人。这一形象比起八面玲珑、一心只想赚钱的华尔街交易师来自然可亲得多。“刘易在演讲中大谈为美国人民兴造住房的美好前景，”鲍勃·多尔说，“当我们结束会议走出会场时，我会说：‘嗨，你并不指望有人会相信这番废话，是吧？’”但这却正是拉涅里踌躇满志的本钱，因为他自己相信这些废话。

拉涅里也许是华尔街历史上的第一位公众人物。伟大的路易斯安那政治家H. P. 朗（Huey P. Long）的竞选口号是：“让每口锅里都煮上一只鸡！”刘易斯·拉涅里从他的交易台上拿起一叠债券高喊：“家家户户全抵押！”拉涅里本人看起来长得和他的服务对象属于同一种人，这也是一个有利点。“这是一场伟大的演出。”他的被保护人克隆塔尔对此并不隐瞒。拉涅里上班时足蹬黑色约翰尼·尤尼塔斯（Johnny Unitas）式及膝长靴，戴着6英寸宽的领带。每逢周五，他总是换上棕黄色的涤纶夹克和黑色的斜纹夹克。他一共有4套套装，全是涤纶的。

在1982年到1986年的黄金岁月里，他的年收入从200万美元增加到500万美元。尽管越来越有钱，他还是只有4套套装。杰弗里·克隆塔尔回忆说：“我们常笑话他是在布鲁克林男性用品商店里排队买到这些套装的。他们会卖你1套套装，再送你去佛罗里达旅游，外加一瓶香槟和食品券，一共只收99美元。”拉涅里用自己的钱买了5条动力船。“这样一来我的船比我的套装还要多。”他对此颇为得意。除此之外，他的生活毫不张扬，没有闪亮的汽车和新宅。人靠衣装，每个人都会注意别人的衣着，而他身上的涤纶套装似乎在说：“我还没有忘记我是从后台办公室发迹的，你也别他妈的忘了。”其中蕴含的另一层含义是：“我是刘易，不是富有的投资银行家笨蛋。我不搞云山雾罩那一套。你们可以相信我，而我则尽心尽力地照顾你们。”

在拉涅里和他手下交易师们的压力下，投资商的不信任感消解了。慢慢地他们开始买进抵押债券。“波士顿投资经理安迪·卡特是第一个购买拉涅里福音书的人。”拉涅里回忆道。更重要的是，拉涅里是储贷业的精神导师。如果事先不征求他的意见，十几家美国最大的储贷协会根本就不知道该干什么。他们信任他：他外表像他们，穿着像他们，连讲话的腔调也差不多。因此，尽管在卖出贷款之后他们有机会购入迈克尔·米尔肯的垃圾债券，但他们还是紧抓着抵押债券不放。从 1977 年到 1986 年，美国各储贷协会持有的抵押债券的数额从 126 亿美元上升到 1 500 亿美元。

但是，这些静态的统计数字大大低估了储贷协会对拉涅里一伙获得财富的重要性。拉涅里的推销队伍不仅鼓励储贷协会的经理们持有抵押债券，而且鼓励他们积极地交易债券。优秀的推销员可以把一位害羞、紧张的储贷协会总裁变成疯狂的赌徒。从前在债券市场上默默无闻的储贷协会行业突然间冒出了几个呼风唤雨的大玩家。尽管储贷协会的数量在减少，但储贷行业的总资产从 1981 年到 1986 年却几乎翻了一番，从 6 500 亿美元增加到 12 000 亿美元。所罗门兄弟公司交易师马克·弗里德还记得有一次拜访加州一家大型储贷协会的经理，后者在华尔街已经陷得太深了。弗里德此行是想说服这位经理冷静下来，不要在市场上滥下赌注，要削减头寸规模，在债券市场上为自己的头寸设置套期保值。“你猜他说什么？”弗里德说，“他说套期保值是女人的玩意儿。”

* * *

许多所罗门兄弟公司的抵押交易师估计，他们所赚取的利润中有 50%~90% 直接来自对储贷协会的低买高卖。也许你会觉得奇怪，为什么储贷协会的总裁们能够容忍所罗门兄弟公司的巨额利润。首先要指出的是，他们对此一无所知。所罗门兄弟公司赚取的利润是无形的。而且，由于华尔街上没有另一家竞争对手，也就不会有人告诉他们所罗门兄弟公司正从他们身上牟取暴利。事实是，并且至今仍然是事实——从前这些市镇花车游行的赞助者、3–6–3 俱乐部的成员和高尔夫球手们，如今已经变成了美国最大的债券交易师。他们也是全美国最蹩脚的债券交易师，是市场上的傻瓜。

正如鲍勃·多尔所预料的那样，尽管储贷协会疯狂扩张，但它们还是满足不了 20 世纪 80 年代早期住房抵押贷款的需求。在所罗门兄弟公司，所谓抵押交易师的工作更多的是充当买家而不是卖家。“史蒂夫·鲍姆（整宗贷款交易师）正在经营一家拥有 20 亿美元资产的储贷协会。”一位以前的同事说。正如储贷协会一样，鲍姆发现自己屁股底下坐了一堆长期贷款（和储贷协会不同的是，他发了起来）。这样一来，在 80 年代早期就出现了奇妙的角色倒置现象，储贷协会变成了交易师，交易师变成了储贷协会。（事实上，华尔街正在让整个储贷行业成为不必要的存在。总有一天会有人站出来勇敢地发问：“为什么不干脆甩掉整个储贷行业？”）迈克尔·莫塔拉给鲍姆起了个外号叫“买入鲍姆”，因为他似乎从来也卖不掉任何东西。形势的发展将会证明，这一局面对所罗门兄弟公司极为有利，债券市场正在酝酿一场创纪录的反弹。亨利·考夫曼在《机构投资者》上回忆道：

> 在 80 年代早期，优惠利率高达 21.5%，国库券利率为 17.5%。长期利率在 1981 年 10 月达到峰值，政府长期债券的利率上触 15.25% 的价位。当时我只是感觉，到 1982 年第三季度，经济恐怕没有希望迅速恢复，而到了 1982 年 8 月，我终于变成了牛市拥护者。当然，就在我转变立场的当天，股票创下了有史以来最大的收益，而债券则出现了戏剧性的反弹。

> 我们正打算去华尔道夫酒店参加一次执行委员会会议。前一天晚上我已经写好一份两页纸的东西，说明我认为收益即将猛烈下降并且提出了我的分析。我把它交给司机转给我的秘书，她将把这份文件输入机器，同时显示到交易师和推销员都能看到的屏幕上。噢，大概是在早上8点45分或9点的样子，那时市场还没有开市。接着我就去华尔道夫，那里有一个八人执行委员会会议。我接到秘书打来的电话请我对交给她录入的东西做些解释——我用的是普通字体，这时旁边有人同我讲话，可能是约翰·古特弗罗因德。“你刚才在电话上说什么？”我回答说：“噢，我正在指示写一份备忘录。”他问道：“是关于什么的？”我告诉他：“嗯，我已经改变了对债券市场走势的看法。”他们一齐叫道：“你已经改变了对债券市场走势的看法？”不过，此刻屏幕上已经打出了我那篇东西，接着市场就陷入了疯狂。

拉涅里和他的手下已经吃下了价值数十亿美元的抵押债券，处境堪忧。考虑到市场上的供求状况，他们别无选择，只能把宝押在市场回升的希望上。因此，华尔街有史以来最大的一次债市反弹令他们欣喜若狂。他们首先要感谢考夫曼，是他说债市要回升，而它果然回升了。接着，联邦储备委员会允许利率下调。正如考夫曼所预测的那样，华盛顿的政策又一次给拉涅里和他手下的那伙交易师们带来了幸运。“一切都乱了套，债券期货的价格在一周之内上涨了16点，简直让人不敢相信。”沃尔夫·纳都尔曼回忆道。抵押部成了公司上下嫉妒的对象。

寥寥数名交易师创下了数亿美元的交易利润，这在很大程度上是市场回升和储贷协会诸君令人庆幸的无知共同作用的结果。但是，拉涅里还有别的更诡秘的赚钱手法。

拉涅里的交易师发现，他们在其他公司里的对手很好骗。所罗门抵押交易台是唯一一个同别的华尔街投资银行没有直通电话线的特例。他们更喜欢借助中介，后者又称经纪人。安迪·斯通说："我们主宰着华尔街……你可以在12美元的价位买入，即使当时的交易价是10美元，但你仍然可以赚钱。"所罗门兄弟公司的研究部会发布一份报告，说你刚刚以12美元的价格买下的那种债券实际上值20美元，或者放风出去说我们已经在12美元的价位上买下了60亿美元这种债券。华尔街上别家公司的人就会眼看着它们在屏幕上被炒起来并且深信不疑。"嗨，最好我们也买点儿，多少不拘，从而帮我们甩掉自己的头寸。"这段话的意思翻译过来就是：所罗门可以支配抵押债券交易的游戏规则。

随着时间的推移，拉涅里逐渐从日常交易决策中脱身出来。"刘易是一个光芒四射的大人物，"安迪·斯通说，"他会声言未来两周内抵押债券的表现将超出国库券，而且有95%的可能他是对的。即便他失言了，他也总是可以给19家储贷协会打电话劝说他们买入我们的抵押债券头寸。"可是，拉涅里不是一个擅长处理细节问题的人，而交易师们却开始深入探究抵押市场的细节。"交易师的性质变了，"老资格的抵押债券推销员萨缪尔·萨克斯讲道，"火箭科学家被请进了交易师队伍，他们开始将抵押债券分割为细小的类别。市场变得极为复杂，拉涅里已经不可能在脑子里同时考虑各种因素了。"

年轻的交易师们怀揣MBA和哲学博士学位。克隆塔尔是第一个，接下来是豪普特、罗思、斯通、布里滕汉姆、纳都尔曼、鲍姆、肯德尔和豪伊·鲁宾。年轻的新交易师们创造的诡计之一便是诱使借款人在不适当的时机提前偿付贷款。碰上好机会，华尔街还能利用华盛顿的糊涂为自己谋取好处。这一次，史蒂夫·罗思和斯科特·布里滕汉姆通过交易联邦项目贷款赚了几千万美元，这是发放给住房项目建筑商的贷款，由联邦政府担保。1981 年，联邦政府出现了财政赤字。它开始着手进行资产出售项目。在它准备出售的资产中，有一块就是 20 世纪 60 年代和 70 年代发放给低成本住房开发商的贷款。当年，这些贷款是作为一种补贴形式以低于市场利率的价格发放的。在公开市场上，由于利率太低，它们的价值远远低于票面，典型的这类贷款的价格通常只有票面的 60%（1 美元票面只值 60 美分）。比如说，一宗 30 年期 1 亿美元的贷款，只能为贷款人挣来 4% 的年息（如果他投资于美国国库券，就可以赚到 13% 的年息），它的价值可能只有 6 000 万美元。

有时，政府会将打算出售一宗贷款的声明登载在《华尔街日报》的一个小角落里。看来只有两个人读到这类消息：罗思和布里滕汉姆。布里滕汉姆现在还说："我们在好几年的时间里主宰了这个市场。当我在 1981 年进入市场时，我们真的是唯一的买家。"这个市场比任何别的市场都更像赌场。他们的诡计就是在事先确定哪些政府项目贷款可能会提前偿付，因为一旦偿付，贷款的持有人即债主，将收获意外的横财。奥妙在于项目贷款的交易价格低于票面。如果罗思和布里滕汉姆按票面的 60% 买入，而政府又马上偿付了这笔贷款，那么他们就可以实现大约相当于票面价值 40% 的利润。为了赚到这笔钱，你得事先找出哪些项目贷款可能提前偿付。有两种项目可以满足上述要求。

第一种是陷入财务困境的项目。哪里有不幸，哪里就有机会。"如果你能找到一宗将会发生抵押贷款违约拖欠的政府住房项目，那你可就赚大发了。"布里滕汉姆说。之所以这样说是因为贷款由政府担保，当出现违约拖欠情形时，政府就要全额支付。这样一来，一次就能赚到几百万。

另一种有希望获得提前偿付的项目是舒适的上点儿档次的房产。布里滕汉姆回忆说："你要去找的对象应该是比较像样的房产，不是贫民区的那种，应配有不错的配套设施，如游泳池和网球场。找到之后，我就会情不自禁地讲：'这处房产很有希望被人看中用来换房。而为了要换房，想住在里面的人就得从房主或开发商手中买下产权，后者则将收回的贷款还给政府。一旦政府收到这笔款项，它就会向罗思和布里滕汉姆全额偿付那张他们六折买来的债券。走遍全美考察住房项目，找出那些有漂亮泳池的房产和破产的客户，华尔街上这两个年轻MBA的想法看上去是多么的荒谬，但他们就这样做了，而且赚到了1 000万美元。令人奇怪的反倒是华盛顿负责出售贷款的人为什么没有这样做。显然，他们并不理解这些贷款的价值。相反，他们相信市场会支付合理的价格。不幸的是，市场并不总是有效的。

从美国购房者的愚蠢行为中可以获取更多的财富。在决定何时应该提前偿付债务的问题上，购房者的技巧并不比联邦政府更高明。全国上下所有按4%、6%、8%的利率使用抵押贷款方式购房的公民都在极不理智地坚持要求提前偿付，他们根本不考虑当前的抵押贷款利率已经上升到16%这一事实；甚至在杠杆负债盛行的年代里，还是有许多人坚持提前偿付，就因为他们不喜欢背着抵押债务。就像联邦项目贷款的情形一样，这种心态也为我们创造了发财的良机。住房贷款是抵押债券的基础，而债券的价格则低于面值。这里的花招是在购房者偿付贷款之前赶紧以低于票面价值的价格买入。能够预测购房者行为的抵押交易师赚了大钱。任何提前偿付都意味着抵押债券持有者的利润。他当初是用六折的价格买入的，如今别人却还给他全价。

* * *

所罗门兄弟公司里有一个名叫豪伊·鲁宾的年轻交易师开始动手计算购房者提前偿付抵押贷款的概率。他发现，房产所处的位置、贷款剩余期限的长短和贷款的数额是影响概率变动的因素。他使用了拉涅里研究部收集的历史资料进行分析。聘请研究员的本意是作为顾问随时请教。可是，在大多数时间里他们的待遇就像橄榄球队里的送水小弟。但是最优秀的交易师却懂得怎样充分发掘研究员的能力。在鲁宾和研究部的眼中，美国的购房者就是实验室里的老鼠。研究员们在图表上标示出当利率变化的冲击效应发生后，以前潜伏不动的购房者如何活跃起来做出反应。如果某个研究员确定某一购房群体很可能比其他人更容易做出非理性的行为时（提前偿付低息抵押贷款），他就通知鲁宾，后者则进场买入这群购房者的抵押债券。当然，购房者本人永远也不知道，华尔街对他们的行为进行了如此细致的研究。

读者由此可以看出，前几年里所罗门兄弟公司的生财之道并无特殊之处。尽管如此，大家也都承认，抵押债券是市场中在数学方面最为复杂的券种。全部的复杂性都是由于购房者提前偿付贷款的选择权所造成的，而普通人能够给市场出的唯一一道金融难题却成了华尔街上聪明人大发横财的机会，这简直需要诗人的想象力。拉涅里的直觉是正确的，他建立了一个庞大的研究部，因为抵押里面有深奥的数学。

这样一来，赚钱的工具越来越讲究了。不幸的是交易师们的所作所为却未能同时进步，伴随他们在市场技巧上的进步而来的是他们在人类进化道路上的后退。随着人数从 6 人增加到 25 人，他们的嗓门越来越大，人也变得越来越粗鲁，越来越肥胖，更加不屑于注意同公司其他部门的关系。他们的文化植根于食品之上，如果说这还不够奇怪的话，那么抵押交易师们的吃相将更令你大开眼界。“不用等到圣诞节，在抵押部天天都是圣诞节，你可以敞开肚皮尽情地吃。就算长得再胖也没关系，反正我们赚钱。”一位前交易师这样说。全日大餐从早上 8 点实习生从三一熟食店买来的洋葱奶酪汉堡包开始，这是第一轮。“其实你可能并不是真的想吃东西，”1985 年进入这个部门的加里·基尔伯格回忆道：“你手边正好有事，而且还在喝咖啡，可是你闻到了飘来的香味，人人都在吃，于是你也忍不住拿起一个来。”

这帮交易师们创造了所罗门兄弟公司里前所未有的暴饮暴食纪录。莫塔拉两口吞下好几包麦乳精球。德安东纳每天下午让实习生去买 20 美元的硬糖。豪普特、杰西尔森和阿诺德一口能吃下整张小比萨饼。每个周五都是“疯狂饮食”日，市场收市后，大吃就开始了。“我们会订 400 美元的墨西哥食品，”一位前交易师说，“买墨西哥食品你不可能花出去 400 美元，但是我们试过——比方说，要上 5 加仑一桶的鳄梨酱。有时会有个把客户打电话进来要我们发盘或报价，你只好对他们讲：‘真对不起，我们正在搞疯狂饮食节目。我回头再打给你。’”

随着他们越来越胖，他们对瘦子也越发讨厌。“让伪善滚开！我们对自己现在这副模样感到自豪！”他们嘲笑那些瘦子，在周末参加铁人三项运动的政府债券交易师，说他们有一个星期没赚到 1 分钱了。这种说法并不公平。不过谁也不如抵押债券交易师赚钱多，这倒是千真万确的。抵押交易市场已经出现了转机。安迪·斯通回忆说：“每到月底，我们都要举行一次部门内会餐。大家会议论说我们赚的钱比公司债券部和政府债券部加在一起还多。我们是最棒的。他妈的！1983 年年末，别的部门头头都当上了合伙人，只有迈克尔·莫塔拉没上去，这一事件真正让我们团结起来了。我们说：‘我们可不是给所罗门兄弟公司干的，我们是为抵押部卖命。’”

尽管内部组织的数目不断增加，拉涅里还是成功地保护了这种文化。如果说他们不再举办月末大餐，那么这是因为已经改成去大西洋城旅行。无论如何，政府债券部和公司债券部的人都被严格地排斥在外。抵押交易师们钻进直升机，整夜狂赌，第二天一早又按时飞回所罗门兄弟公司不误交易。这就是符合你身份的活法——如果你是长着铁睾丸的交易师。

* * *

有些捉弄人的把戏是抵押部的传统。偷换衣服始于1982年，某个交易师偷了另一个交易师拎去度周末的箱子，取出里面的衣服，再塞满粉红色的花边短裤。从1982年到1985年，偷换和反偷换至少发生了4次。最后一次偷换终于结束了这类把戏。在某个星期五的早晨，约翰·德安东纳姗姗来迟，手里拿着衣箱。他打算到波多黎各去度周末。可他不该向别的交易师四处炫耀，“嗨，弟兄们，真抱歉不能带上你们一起去，哈——哈——哈——”诸如此类的话。

最后，彼得·马罗和格雷格·艾拉蒂（打来电话的常以为格雷格和艾拉蒂是两个人）实在忍不住了。他们趁德安东纳不注意，把他的衣箱拖了出去，把里面的衣服换成10磅湿纸巾。德安东纳丝毫没有觉察，直到他那天晚上从波多黎各酒店的淋浴喷头下走出来换衣服时才发现。顾不上擦干身子，他就先给首要怀疑对象马罗打了一通电话。“马罗承认了，”德安东纳说，“这个笑话一点儿也不可笑。”在这个周末，他一连又给马罗打了7个电话，告诉他自己如何如何不喜欢这个笑话。马罗不得不在星期天一早爬起来接德安东纳的电话，他一定是这样开头的：“我不知道你是在什么时间、什么地点、用什么方式干的，但是，你等着，总有一天……”

报复很快就来了，但不是冲着马罗的。同往常一样，诅咒降临到为搞恶作剧者服务的实习生头上。为马罗打下手的实习生名叫加里·基尔伯格，在培训项目中和我同班。有一天，基尔伯格提着自己的衣箱来上班。这天晚上他要坐东航的班机去华盛顿，和别人一起面见两名参议员。他已经猜到自己可能是德安东纳的目标，于是他把自己的衣箱藏在亨利·考夫曼办公室的衣橱里。就在他准备启程去机场的时候，桌上的电话响了。是马罗打来的。马罗的位置离他只有8英尺。不过，交易师在讲悄悄话时总是用电话的，就算他们坐得再近也是如此。

马罗想给基尔伯格提个醒。“不要告诉别人我给你打过电话，”他说，“不过你最好检查一下你的衣箱。”于是，在确信没有人跟着他以后，基尔伯格又把自己的衣箱检查了一遍。所有东西都好好的。

基尔伯格搭上了那班飞机，他的旅行一切正常。可是，当他两天后走进交易厅时，所有的交易师都在大笑，德安东纳笑得最厉害。“有什么好笑的？”基尔伯格问道。

“旅行顺利吗，基勒？”德安东纳问道。

“是的。”基尔伯格回答。

“你说‘是的’，这是什么意思？”德安东纳问道。

接着，在场的6个人都明白了。在基尔伯格动身那天，德安东纳在交易厅附近找到了一只装满衣服的箱子。箱子上印着一个大大的金字“K”。K代表基尔伯格（Kilberg），不是吗？看来，这一次肯定是弄错了。

这不是基尔伯格的衣箱。“那么这些衬衫和套装是谁的呢？”一位交易师问道，他从桌子底下抓出几件看上去颇为昂贵的衣服。“人人都在琢磨，”基尔伯格回忆说，“他们脑子里想的不是小人物，而是大家伙。是亨利·考夫曼或理查·基尔，他们在惊恐中甚至丧失了正常的判断力，把政府债券部的头头克雷格也作为一种可能。接着，他们又互相问道：‘噢，天哪！我们该怎么办？’”

其实，只要细想一下，问题不难解决。丢衣服的人就是那个提走湿纸巾的。周末发现自己的衣箱里全是湿纸巾，他必然会勃然大怒。但是，偷换衣服一向只是抵押部的内部游戏，何况找遍抵押部也没有哪个“K”为此而受到伤害。既然如此，如果这个衣箱就此消失，那么谁也不会去声张，谁也不会那样做。最后，一位交易师把衣箱塞进一只绿色的大袋子里，就像尸体袋一样，然后把它倒在街对面的建筑垃圾堆里——就在纽约健康与职业俱乐部门前。交易师们同意，就像汤姆·索亚和哈克·芬一样，永远也不告诉别人这件事。基尔伯格说："直到今天，他们也不知道那是谁的箱子。"

简单地讲，抵押部是一个十足的兄弟会，而不像是一家大公司的部门。它的老板至少对本部门这种不成熟的个性负有部分责任。他不仅仅是团队中的一名成员，他还是领头人。拉涅里注重的不仅仅是赢，更重要的是赢的风格。在拉涅里的交易台上，他用长矛斜串起一条橘黄色的脱衣舞娘短裤。仅仅比别的部门加在一起还要赚钱并不刺激，纯粹的快乐是在赚到比其他部门加在一起还要多的钞票的同时，抽出半天的时间拿你的手下寻开心或是抽粗大的雪茄。

某位交易师还记得有一次拉涅里神气十足地走出办公室同一个年轻的交易师安德鲁·弗里德瓦尔德谈话。"他脸上挂满微笑，同安迪站得那么近，问他一笔交易的进展。安迪向他报告自己希望如何在日本和伦敦销出多少债券，刘易却只是站在那里，脸上挂着古怪的微笑。安迪又说了些什么，刘易还是站在那里微笑，没有什么表示。接着安迪自己发现了恶作剧。刘易正拿着点着的打火机放在安迪的裤裆底下。他的衬裤马上就要着火了，安迪一惊之下差点儿跳出房顶。"

另一个安迪，安迪·斯通，回忆起拉涅里有一回把一瓶百利牌爱尔兰奶油倒进他夹克衫的口袋里。当他抱怨说这是自己心爱的衣服后，拉涅里抽出 4 张脏兮兮的百元钞票说："别讲了，拿去买件新的。"

拉涅里有一种强烈的念头，他认为商学院分析管理决策的案例教学几乎没有任何用处。玛丽亚·桑切斯还记得她第一天到所罗门抵押金融部上班时的情景，她被人带着熟悉公司环境，在过道里碰上拉涅里。"我根本不认识他，"她说，"他蹒跚走来，像只企鹅，手里挥舞着一把剑——他在办公室里还有不少剑器的收藏。他走到我的导路人

跟前，用剑指着我大声问道：‘她是谁？’

“我们做了相互介绍之后，他问：‘你是意大利人？’我说：‘不是，我是古巴人。’我穿着短外套，上面有一个长长的蝴蝶领结。刘易拿出一把剪刀，脸上挂满微笑剪断了我的领结。他说他不喜欢女人戴领结。接着从钱包里拿出100美元叫我买一件新衬衫。我当时只有一个念头，天哪，我这是到了什么地方？”

拉涅里最终还是被迫做了让步，这是约翰·古特弗罗因德的意思。尽管古特弗罗因德不反对给自己找点儿小乐子，可无论如何他毕竟掌管着一家大公司。他的副董事长好像已经变成了恶作剧董事长。如果他打算提拔拉涅里，拉涅里至少要注意这方面。“我记得有一天刘易走过来把他的美国运通卡丢给丽兹（他的秘书），叫她去布鲁克斯兄弟商店给他买几套衣服，因为古特弗罗因德说他必须改善自己的形象。”安迪·斯通说。

古特弗罗因德不仅关心衣装，他还关心拉涅里本人。另一位交易师说：“古特弗罗因德时刻盯着刘易的体重。有一次我们订了比萨饼，古特弗罗因德正好走过来，刘易停下来再也不肯吃了，直到古特弗罗因德走开。谁都知道哪块比萨是刘易的，他脸上的表情很清楚：动一动它，你就得死。”

拉涅里对自己改变形象的过程的回忆则略有不同。他只记得有一天被他的太太佩格和秘书丽兹“耍过一回”，她们哄他进了巴尼服装店（Barney's）。“我只答应买一套新套装，”他说，“我们一路走过去，为我们服务的那个家伙问我觉得哪套衣服好。每次我看中一套，他就把它从架子上取下来。丽兹事先跟他打过招呼，说我会买下每一套看中的衣服，但我自己完全被蒙在鼓里。走完一圈我已经挑出了9套，接下来我不得不做平生最讨厌的事情——站在那里晃来晃去试穿所有这些该死的衣服。趁着这个当口儿，丽兹拿着我的信用卡说她去付账。可是回来的时候手上却多了三张纸条。'这是什么？'我问。她一共买下了9套套装、15条领带和24件带姓氏字母组合的衬衫，还有一大堆这种小东西（他指了指手帕）。我被耍了。"

这还没完。他接下来的所作所为令外表修饰顾问的努力付诸东流。绝大多数新套装都是三件套的，他刚买下不久就被别人认为过时了。但是拉涅里从没认真地穿过这些新衣服。有一个交易师回忆道："每天早上他走进来时，总是把马甲套在一边肩膀上，而领带又甩在另一个肩膀上。"尽管他有了新的形象，但在客户面前却怎么也改不了那副土得掉渣的模样。新衣服变成了旧我的精致陪衬。

杰弗里·克隆塔尔回忆起有一次跟拉涅里和所罗门兄弟公司的一位客户共进晚餐的情景，拉涅里当场把汤洒到细细的新领带和衬衫上。"他又恨又怒，发狠说如果让他戴以前那种宽领带，最多也就把领带毁了，衬衫不会被弄脏。"还有一次，在去拜访一位重要客户——阿拉斯加州政府之前，有人告诉只穿一身套装的拉涅里，当时才3月份，在阿拉斯加还得再加一件大衣。他拿出美国运通卡给丽兹，她给他在布鲁克斯兄弟时装店买了一件800美元的切斯特菲尔德牌大衣。就这样，拉涅里去了阿拉斯加，身上不光穿着还很新的套装，还带着一件崭新的名牌大衣。不巧的是，在从41层到阿拉斯加的路上，他的鞋弄丢了。他在飞机上换了一双，显然是免税产品。结果他穿着800美元的大衣，却配了一双9或10美元的亮橘黄色的仿皮鞋，鞋跟足有6英寸高。这可真是一场出色的演出，也许是整个华尔街上最出色的。

* * *

你永远也说不清为什么看上去差不多的人，坐在同一个交易台上，其中一个赚了200万美元而另一个却亏了200万美元。约翰·梅里韦瑟，"说谎者的扑克牌"游戏的冠军，是所罗门兄弟公司交易经理中最擅长发现未来交易天才的人物，但连他也有失手的时候。他曾雇了一个人，此人每逢亏钱总要闹得一塌糊涂。有一次这家伙发现自己又掉进了陷阱，他崩溃了。“他们一起整我，他们一起整我……”他一遍又一遍地重复，直到有人把他硬推出交易厅。

你未必每次都能看出谁不行，但是，天才是一眼就能看出来的。豪伊·鲁宾就是一个天才。在所有的交易师中，鲁宾表现出过人的交易直觉。刘易斯·拉涅里称鲁宾是他所见过的“最具有内秀的年轻交易师”。别的交易师则说他是最像拉涅里的交易师。有一位交易师记得：“刘易会说他认为市场正在回升，然后买入价值100万美元的债券，但市场却开始走低。刘易的做法则是再买入20亿美元，自然，市场又开始回升了。经过这番操纵之后，市场自然会回升，刘易会转过头来说：‘看，我告诉过你它会回升。’在这一点上，豪伊也有点儿像他。”

鲁宾于1982年秋从哈佛商学院毕业后进入了所罗门兄弟公司。关于鲁宾，自拉涅里以下的所有人都深感兴趣的是，他曾花了好几年在拉斯韦加斯的21点牌桌上点牌（记住已经打出去的牌，计算它对输赢的影响）。一个哈佛毕业生曾在赌场点牌可谓罕见，他身上体现出旧所罗门和新所罗门的特质。

1977年，鲁宾刚从拉斐特大学毕业，在新泽西州林登市埃克森的一家炼油厂里当化学工程师。他一年能挣1.75万美元，当时他很满足。“6个月之后我就厌倦了，”他说，“一年半之后，我已经忍不下去了。”如果你是新泽西州林登市的一位百无聊赖的化学工程师，你还能干些什么呢？只能看电视，喝啤酒。有天晚上，他和一位大学朋友坐在一起看电视，频道调来换去，无意中撞上了《60分钟》节目，里面讲到有一个人靠在21点牌桌上点牌谋生。“他妈的，连他都能干这个，这活儿还会难到哪里去？”鲁宾说。他读了3本这方面的书，然后就跑到拉斯韦加斯去了。在两年时间里，他把带去的3 000美元变成了8万美元。“我的困难不在于如何击败对手，而是如何不被赌场赶出来。”他说。到他离开时，镇上的每一家赌场里都贴上了他的照片，他只好乔装打扮骗过警卫。最后，当他连点牌也厌倦了之后，他跑到哈佛去注册上学。他从见多识广的同学那里知道了世上还有债券交易这一行。他说，他当时立刻就明白了，这就是他的机会。

鲁宾运用点牌时的经验确立了折扣抵押债券提前偿付游戏的规则。“21点是赌场里唯一一种结果具有非独立性的游戏。在这里，过去发生的事件可能会影响未来。你总有机会找出统计上的有利时机，这也就是你该痛下赌注的时刻。”他告诉我们。在所罗门兄弟公司，他的优势在于对购房者过去的行为有远超他人的丰富信息，也只有在有了这份把握之后他才会下注。不仅如此，他甚至还说，所罗门兄弟公司的交易厅感觉上就像拉斯韦加斯的赌场。你在上千种消遣方式中选择去哪里下注并且自己承担风险。为了在赌场21点发牌手面前掩饰自己对已经打过的每一张牌的记忆，鲁宾雇了一个邻人与他谈话，喝杜松子酒，以此分散对手的注意力。而在所罗门兄弟公司交易时，有6个债券推销员围着他直嚷嚷，他还可以一边吃着早上的一份奶酪汉堡，一边看拉涅里在年轻交易师的裤裆下打着比克牌打火机。

* * *

在培训结束后的第一年，也就是1983年，鲁宾赚了2 500万美元。那个所罗门兄弟公司管理层从未回答的问题就是由豪伊·鲁宾第一个提出来的，几亿美元的利润是谁赚来的，是豪伊还是所罗门兄弟公司？在鲁宾看来，答案只能是他自己；而在约翰·古特弗罗因德看来，却是所罗门兄弟公司。古特弗罗因德认为，是公司创造了让鲁宾大显身手的机会，因此理该得大头。自然，古特弗罗因德的观点占了上风。豪伊·鲁宾从培训班里毕业的头两年，公司给他的待遇就像别的实习生一样是按部就班来的。第一年他拿了 9 万美元，是实习生第一年容许的最高限额。第二年他拿了 17.5 万美元，又是实习生在第二年容许的最高限额。他回忆说：**“按哈佛的经验来讲，如果你真是个人才，3 年后你的收入就会超过 100 万美元。”**经验法则这次不灵了。1985 年年初，他离开了所罗门兄弟公司，转而投向美林公司的一份三年期合约：每年至少 100 万美元，外加交易利润提成。

谁会诅咒他呢？当然不会是他的同伴。交易师们完全理解。你不能指望一个交易师从市场上为所罗门兄弟公司榨出最后一个铜板，公司训练他利用别人的弱点，却又一厢情愿地期望他在得到那点儿可怜的奖金时乐得打滚。每年年末，所罗门兄弟公司交易厅的人总会放下手里无论什么样的事情，花上几个星期的时间专做找工作的交易。他们会付我多少钱？关于我的前途他们说些什么？我从另一家公司那里能拿到多少钱？交易师们甚至会与公司玩一种游戏——很像是“说谎者的扑克牌”。沃尔夫·纳都尔曼称之为“怎样在每年拿到 35 万美元之后仍然表现得闷闷不乐”。（顺便说一下，我本人就精于此道，真是帅呆了。）这种游戏的诀窍在于让公司知道，也许今年给 35 万美元还说得过去。注意，仅仅是也许，但是明年，如果明年你还没有得到应有的待遇，那你可就要拜拜了。你有可能是在虚张声势，当然，也可能是要玩真的，谁知道！

约翰·古特弗罗因德本人虽然也是交易师出身，但却未能领悟他的报酬机制中内在的矛盾。在抵押市场中取得的史无前例的利润将所罗门兄弟公司过时的分配体制中的矛盾体现到了极点。古特弗罗因德在这个问题上的观点形成于公司还是合伙制的时期。在那时，对公司忠诚是理所当然的。合伙人必须把相当大一部分个人财产投入公司。如果他离开公司，就会损失一大笔钱。

可是，当 1981 年古特弗罗因德把公司卖给商品交易商菲利普兄弟公司之后，这一体制宣告结束了。如今，一个嘴上无毛的年轻人（在古特弗罗因德心目中正是如此）从培训班里冒了出来，被派到抵押市场上去寻找新的机会，赚了几千万美元的利润，然后向公司要求分享他的一块儿。古特弗罗因德无意分给任何人这“一块儿”。在他心中，10 万美元已经是一个不小的数目。他的思维还停留在过去，那时为一个只有两年资历的实习生支付 100 万美元是不可思议的。何况，不管怎么说，是所罗门兄弟公司，而不是豪伊·鲁宾，完成了那桩赚了 2 500 万美元的交易。

古特弗罗因德公开谴责年轻人的过分贪婪。1985 年，他一边向交易厅里的雇员挥手致意，一边告诉《商业周刊》的记者:“我根本不知道这些尖尖的小脑袋想些什么。”抵押交易师们识破了他的伪善，为此愤愤不平。古特弗罗因德说声“钱不算什么”当然很轻巧，但他为自己支付的薪水可是超过华尔街上任何一家公司。此外，他还从把公司出售给菲利普兄弟的交易中为自己赚了 4 000 万美元。在将自己的筹码兑现了之后，他和其他那些老合伙人一样，对公司的态度发生了变化。这些人不再将所罗门兄弟公司看成是创造财富的工具，而开始把它看成权力和荣耀的工具，一大块儿可以让自己尽情抖威风的场地。

古特弗罗因德对这块儿场地的增大感到特别自豪。他最喜欢挂在嘴边的话就是所罗门兄弟公司是世界上最强大的投资银行，有 30 亿美元的资本。他对“全球性”投资银行概念的满足几乎掩盖不住。公司在外埠的办事处相继成立，延伸到伦敦、东京、法兰克福和苏黎世。公司 1982 年只有 2 000 名员工，到 1987 年就猛增到 6 000 人。

* * *

也许你会想，这一切都是出于保持公司竞争力的良好愿望。不过，许多抵押交易师却指出，为扩张而扩张不过是出于约翰·古特弗罗因德本人对荣耀的追逐。他一再强调，所罗门兄弟公司账簿上每天有 800 亿美元证券过夜。接下来他又会讲，从资产规模上讲，所罗门兄弟公司是“世界上最大的商业银行”，名列全球经济规模“40 强”。正如一位（犹太）交易师回应的：“好啦，约翰，你谈的可不是荷兰，只不过是一伙被杠杆放大了的犹太人。”

古特弗罗因德可不会这么想。在他心目中，所罗门兄弟公司要大得多。作为伟大经理的化身，约翰·古特弗罗因德也比这种说法里的形象高大得多。豪伊·鲁宾最多也只能算是一个不可多得的下属，但同约翰比起来，他又算得了什么呢？别的实习生一样可以顶他的缺。在交易师眼里，古特弗罗因德设下的局可不是一桩好买卖。好处是如果留在所罗门兄弟公司，随着公司继续壮大，交易师有希望在将来获得补偿。缺点是，如果公司不再赚钱，那么交易师最美好的年华就被荒废掉了。

也正是出于这种考虑，豪伊·鲁宾在 1985 年 3 月接受了美林公司 300 万美元的合约，成为当时的风云人物。有关鲁宾成功的传言弥漫在培训班里，从未见过他的人也在谈论。“你听说鲁宾在美林赚多少钱吗？”人们这样问道。当然，这不过是明知故问，因为不会有人不知道。豪伊·鲁宾给那些心怀异志的抵押交易师们树立了榜样，只要有人肯出 300 万美元，他们立刻就走。一种全新的工作观在所罗门兄弟公司里面滋长起来：打一枪换一个地方。

就这样，所罗门兄弟公司，特别是抵押交易部，成了华尔街的“新兵培训基地”。公司债券部、政府债券部和抵押部的交易师纷纷出走，形势愈演愈烈，甚至到了这样的程度：公司一位高级债券推销员说他正在考虑去美林公司，因为那儿的熟人比这里还多。抵押部为此深受其害。从别的公司的观点来看，无论出什么价格，所罗门的抵押交易师都是物有所值的。他们可以为任何一家公司打开以往对它们关闭的市场大门。因此，他们所获得的报酬往往超出预期。

* * *

在 1984 年的时候，按照一位交易师的说法，迪帕斯奎尔只是“一个三流抵押交易师”。他是从后台办公室升入交易厅的，美林公司找到他时他还没有多少交易经验，美林给他 100 万美元的年薪和一份两年的合约。他将出任新设立的抵押交易部主管（他实际上是鲁宾的前任）。尽管后来迪帕斯奎尔证明了自己是一位出色的交易师，但在那个时候他差不多还是一无所知。1 周之后，美林公司发现了自己的错误，但为时已晚。迪帕斯奎尔已经合约在手，没法反悔了。美林只好把他安置在后台办公室，直到合约期满。他又回到所罗门兄弟公司，受到英雄凯旋般的欢迎。向征服者欢呼致敬！跳槽之后能够再回来的人少之又少，不过所罗门兄弟对迪帕斯奎尔倒是网开一面。在他的上司看来，他的异动只不过是对美林公司开的一个玩笑。

豪伊 · 鲁宾可不是闹着玩的。不过奇怪的是他曾经考虑过不离开。他声称自己一度考虑回绝美林公司。签字之后，他都不敢再在所罗门兄弟公司露面，因为他知道，只要公司开口，他一定会留下。他希望自己能留下，他以为自己会在所罗门兄弟公司待一辈子。“我在这儿过得再快活不过了。”他说。他最喜欢这儿的一点是：“你只管做好交易，别的可以一概不理。”最终他还是没有露面，只给莫塔拉打了个电话，后者约他在南街渔港共进午餐。

交易师在市场上要择机而动，但他们却无法选择自己流露真情的时刻。鲁宾在同莫塔拉和克隆塔尔会面时流下了眼泪。他说：“我就像离开自己家一样难过。”他的上司并没有像想象中的那样劝说鲁宾留在所罗门兄弟公司，相反，他坦率地说，他完全理解鲁宾的做法。简单地说，豪伊 · 鲁宾被高价收买了。身为交易师，谁也难免这种命运。这种事同样可能落到莫塔拉或克隆塔尔身上，只不过他俩的价格标签可能会更高一些。莫塔拉现在的说法是：“你看，我一直希望自己在公司里好好干，做遵纪守法的职员。但是，我也认为参与过抵押市场开发的交易师成了所罗门兄弟公司薪酬体制的牺牲品，至少也可以说身受重创。他们的收入与产出太不成比例了。”

这是一出尴尬的悲剧。各方都深受其害，但却很难对任何一方寄予过多的同情。1984 年，抵押部固然交了好运，但整个公司却效益不佳。交易师的报酬也的确与他们的贡献不成比例。想想他们对公司别的部门的想法（真是晦气），让他们用自己的利润补贴别人的荒年的说法也未必说得通。鲁宾离开公司之后，汤姆·肯德尔、史蒂夫·鲍姆和头号推销员里克·博登分别接受了位于加利福尼亚代维斯的农场主储蓄银行提供的百万美元薪酬。此后，史蒂夫·罗思和一个名叫安迪·阿斯特拉汉的人也接受了德崇证券公司的迈克尔·米尔肯提供的百万美元（很可能更多的）合约。

突然间，四个最赚钱的抵押交易师走了三个（罗思、鲍姆和鲁宾）。第四个是安迪·斯通，1984 年他交易 15 年期抵押债券赚了 7 000 万美元，这些债券因为期限短而被戏称为“小个子”、“小矮人”和“侏儒”。1985 年年中，斯通收到美林公司打来的一个电话，对方提出给他的薪酬加倍。斯通谢绝了。像鲁宾一样，他不想离开抵押部大家庭。他说：“我以为自己至少会在所罗门兄弟公司干到 50 岁。美林公司随后又让我自己开个价。他们说，人人都有个价位。”打定了主意要把美林吓退的斯通回答说他的开价是 1984 年薪酬的 4 倍，可是它们的答复却是“同意”。交易也就此达成。斯通的合约比鲁宾还合算，他和从前的伙伴鲁宾共同担任了美林抵押交易部的负责人。到了这个时候，所罗门兄弟公司才慌了神。拉涅里和莫塔拉请求斯通在周末再考虑一下他的决定。看在曾经吃同一个锅里饭的分儿上，他同意了。

此后发生的一切同任何一个赚钱的雇员在离开所罗门兄弟公司投

向竞争者之前的遭遇完全一样。一系列要人相继出面挽留。这些大人物会用各种说辞来劝阻他，说他正在犯下一生中的大错。一开始通常是说，离开所罗门兄弟，他将一事无成。正如一位交易师所说："他们想让你相信，在别的公司里干的人不是白痴就是屁股眼儿。因此，如果你去别家干，那也一定是白痴或屁股眼儿。"不过这一回，执行委员会的人想必已经意识到这一招不灵了，因为离开公司的交易师都是聪明人。这些人是斯通的伙伴，他绝不会同意别人说他们是白痴或屁股眼儿。这位抵押交易师说："一位朋友去了美林，你会说：'等等，他可不是白痴和屁股眼儿。'接着另一个也走了。下一个就轮到你自己了……"

* * *

星期一早晨，斯通如约而至，接待他的是三个大人物，出场顺序就和在培训班上露面的次序一样：吉姆·马西、戴尔·霍罗威茨和约翰·古特弗罗因德。马西第一个出场，就像我们在培训课程中领教过的一样，马西的功夫就在于恐吓和威胁。"马西企图让我产生负罪感，"斯通说，"他说：'你欠我们的，我们培养了你，你不能这样一走了之。'"斯通本来就不会相信抵押部之外的任何人。他很快就让马西闭上了嘴巴。他提到自己为公司赚了 7 000 万美元："我想我们至少也算扯平了。"马西撤了，换上霍罗威茨。

戴尔·霍罗威茨在执行委员会里是唱红脸的，人称"戴尔大叔"。斯通说："他一上来就讲：'从你进公司以来我一直在密切关注你，了解你的工作情况。可能你自己不知道，但我对你的进步一直非常感兴趣。'"这也还是老一套。但接下来却出现了令人啼笑皆非的转折，霍罗威茨说："当年你从垃圾债券部转到公司债券部，又从公司债券部到了抵押部，我可都是出过力的……"斯通从来也没在垃圾债券部或抵押债券部工作过。斯通意识到他说的是安迪·阿斯特拉汉，而不是自己。

斯通从一开始就在抵押交易部里干。“他一定是向秘书要安迪的档案，而他的秘书把我们俩搞混了。我打心眼儿里为他感到羞愧，差一点儿就告诉了他。”差一点儿！霍罗威茨又把斯通交到古特弗罗因德手上。

“约翰·古特弗罗因德和我算不上真正的好朋友，”斯通说，“我走进他的办公室，他首先讲的是：‘我猜你到这里来不过是为了讨论一些微不足道的小问题，无非是你自己和你的薪酬，而不是有关公司未来的发展。’”这一套是不是事先设计好的？谁也不清楚。斯通没有退缩。他问古特弗罗因德会不会用 1 000 万美元的价格把抵押部卖出去。古特弗罗因德的回答是“当然不会”。斯通说：“其实你正在这样做，因为我们都要走了。外边给我们的报酬加起来无非也就是 1 000 万美元。”古特弗罗因德说：“你果然是个难缠的家伙。”但是，在斯通获准离开之前，古特弗罗因德又问他要多少钱才肯留下来。斯通说：“我可以少要一点儿钱，但不会让你把你的意愿强加于我。”古特弗罗因德同意按“美林公司出价的 80%”成交。

这是公司管理层第一次在闹着要走的抵押交易师面前竖白旗，也是最后一次。1985 年年底，公司内风传安迪·斯通拿到 900 万美元，这么多的钱付给一个只有 4 年资历的所罗门交易师可谓闻所未闻，因此公司债券部和政府债券部表现出极度的不悦。因为斯通的缘故，别的抵押交易师也得到了好处，多拿到好几十万。但是，公司债券部和政府债券部却没沾上光。所罗门的规矩被打破了。可是，这种事情是干不得的。“从那时起，”斯通说，“我在公司里就再也没有好日子了。每次我在交易中亏了钱，他们总会说：‘当初就不该拦住他。’”

公司很快就认识到，迁就斯通是一个错误。一份孤零零的大额薪水支票不仅动摇了公司职员们对薪酬体制的信心，同时也破坏了所罗门兄弟公司内部长期行之有效的一套等级制度。在公司里，钱是衡量个人价值的绝对指标。抵押交易师的收入远远高于国库券交易师，这让后者感觉自己成了没用的人。这种局面再也不能继续下去了。为了止住手下年轻抵押交易天才的流失，莫塔拉被迫采取了外交手段，而外交永远敌不过现金的威力，对交易师尤为如此。1985 年年底，他两次安排手下的交易师同约翰·古特弗罗因德共进晚餐。

第一次聚餐安排在古特弗罗因德喜爱的曼哈顿餐厅“Le Périgord”，按某位美食家的说法，“这家餐馆以做鸟菜出名”。在座的有莫塔拉、克隆塔尔、斯通和交易师内森·科恩费尔德。“古特弗罗因德才惊四座，完全掌握了现场气氛，”一位参加者说，“在回家的路上我不禁飘飘然，想到有他为公司掌舵真是幸事。”除此而外，聚餐本身则是一场灾难，几乎没有人动筷子。古特弗罗因德用自己特有的方式控制着现场。他不惜让早已升为董事经理的莫塔拉难堪，细说当初公司上市时莫塔拉手上的所罗门兄弟公司股票赚了多少钱。毫无疑问，古特弗罗因德是专门为了这顿晚餐才去找出这些数据的。“迈克尔（莫塔拉）的脸涨得通红。”一位在场的交易师回忆说。接下去古特弗罗因德提起了薪酬的话题。

像往常一样，斯通总有自己的一套。他告诉古特弗罗因德，抵押业务是公司最赚钱的部门，抵押交易师的工资比别的部门高是理所当然的。“古特弗罗因德在这个问题上一触即跳，”一位交易师回忆道，“他大谈在所罗门兄弟公司工作是一件多么有面子的事，是公司，而不是它里面的职员，创造了这些财富。”无论如何，古特弗罗因德强调说，抵押部夸大了自己的重要性，它甚至不如政府债券部赚钱赚得多。

交易师们当然知道这纯粹是一派谎言，但没有人当面反驳他。“谁也不想惹他更生气。”斯通说。晚餐在紧张的气氛中结束。古特弗罗因德和交易师之间的第二场聚餐被取消了。大家心里都明白，只是徒然地重揭伤疤而已。年轻的交易师继续离开所罗门兄弟公司。1986 年年底，安迪·斯通去了培基（Prudential-Bache）公司，出任抵押交易部主管。

第七章

LIAR'S POKER

所罗门食谱

不错，华尔街上的其他公司绝不会容许所罗门兄弟公司保持它在抵押市场上的垄断地位。最终别人也都能悟出其中的计谋，抵押业务的利润太丰厚了，谁也不能不动心。

1986—1988

债券市场和人力市场都在寻找各自的平衡，在Le Périgord晚餐会之后的两年里，所罗门兄弟公司的抵押部渐渐瓦解了。

交易师的空缺可以轻易地用来自全国顶尖商学院的聪明的年轻人填补上去。所罗门兄弟公司用拒绝豪伊·鲁宾的要求所省下来的几百万美元雇了十几个新“鲁宾”。表面看起来，这种人事代谢与以往并无不同。问题在于，他们赚的钱可差远了。首先，和他们的前任当年所处的境况所不同的是，他们不得不同行业中最优秀的人才竞争。希尔森-雷曼、高盛、摩根士丹利、德崇、第一波士顿和美林公司都雇用了所罗门以前的交易师。在华尔街上出现了一个成员越来越多的俱乐部，里面的人微笑着说所罗门兄弟公司真是个出人才的好地方。所罗门兄弟可以不在意区区十几位骨干抵押交易师，但他们的离去滋养了其他公司的抵押部，华尔街上最稀有和最宝贵的资产，即垄断地位正从它的指间流散。

拉涅里和他的手下曾经在华尔街上确立了牢不可破的垄断地位，这一点就连所罗门兄弟公司里的人也知之未详。在1981年到1985年间，唯一值得一提的对手是第一波士顿，而在早期，就连它也算不上是真正的威胁。马文·威廉森以前是所罗门兄弟公司的抵押推销员，在1982年年底去了第一波士顿。他回忆说：“那个时候在我们所罗门兄弟公司眼里，第一波士顿每次都落在后面。不光是落在后面，他们甚至连生意在哪里都不知道。”可是，到了 1986 年年中，第一波士顿的抵押债券市场份额已经和所罗门兄弟公司旗鼓相当了。拉涅里看在眼里，痛在心头，他要让古特弗罗因德知道。他说：“我反复对他讲，‘约翰，你放走了金山，换回一堆蚕豆。’”

不错，华尔街上的其他公司绝不会容许所罗门兄弟公司保持它在抵押市场上的垄断地位。最终别人也都能悟出我们的计谋，抵押业务的利润太丰厚了，谁也不能不动心。但是，公司采取的政策却加速了这一进程。离开所罗门兄弟公司的交易师不仅在华尔街上传播了交易技巧和市场知识，还带走了所罗门兄弟公司所有客户的名单。现在，出于短期利益的考虑，交易师会主动去开导市场上的傻瓜，告诉他们从前被所罗门兄弟公司骗得多惨，这样他们也许会愿意把业务交给你。

技术和信息的转移很可能让所罗门兄弟公司付出了上千万美元的代价。在早期的交易中，抵押债券之所以有利可图是因为交易师们可以先按一个价格买入，接着马上又按另一个价格卖出。他们以 94 的价格从堪萨斯的储贷协会买入，又以 95 的价格卖给得克萨斯的另一家储贷协会。可是到了 1986 年年初，利润空间已经大大收缩。交易师可能在一个相当不错的交易日以 94.5 买入一种债券，但在 94.55 的价位上就卖出了。迈克尔·莫塔拉说：“我们都能从行情屏幕上看到他们（前所罗门兄弟公司交易师们）干活儿。如果我们不知变化，客户就会告诉我们，他们已经同别人成交了。我们的生意慢慢溜掉了，最后只好削减自己的利润。”

到 1985 年年末，其他公司的抵押交易部已经开始在《华尔街日报》上做广告了。德崇的广告画面是骑在双轮自行车上的两个人。前面的那个肥胖无比，精疲力竭。后面那个从前者的肩膀上向前望去，蹬得正起劲儿。这是什么意思呢？斯蒂芬·约瑟夫说：“那个肥胖的家伙就是刘易。”斯蒂芬在德崇证券公司办公室的墙上贴了一张这份广告的复印件。美林公司的广告画面是两个正在划船的船员，一个胖得不得了，另一个健康而强壮。健壮的船员只落后前者一点点，眼看就要追上了。健壮的自然是美林，而那个肥胖的，华尔街上人人都知道，指的是所罗门兄弟公司的抵押交易部。从自己在高盛公司的办公室回望所罗门兄弟公司的位置，莫塔拉说：“获利的高峰是在1985年。”

拉涅里集团的垮台迅速而又彻底，人们很难将它归咎于一个单一的因素，比如说交易师们的背叛。很显然，几种因素的同时作用一下子摧毁了它的霸主地位。市场本身也发挥了力量，其开始纠正拉涅里集团和其他债券交易部门之间的不平衡。所罗门兄弟公司自己的一项创造，CMO（抵押担保债券），打破了抵押债券固有的低效率，而正是这种低效率曾为它带来巨额的利润。它发明于1983年6月，但直到1986年才成为抵押市场的主导品种。富有讽刺意味的是，它刚好满足了拉涅里的期望：让住房抵押债券和别的债券更为接近。但是，抵押债券和其他债券在形式上趋同的最终结果，它们在利润上也渐渐不分伯仲了。

* * *

第一波士顿银行抵押交易部主管拉里·芬克协助创造了第一批CMO，他认为CMO和垃圾债券应当共同被列为20世纪80年代最重要的金融创新。这种说法不算很夸张。CMO打破了横在数万亿可投资资本与近两万亿寻求投资者的住房抵押贷款之间的大坝。CMO还克服了妨碍购买抵押债券的主要心理障碍：除了储贷协会和一小批爱冒险的投资经理，大多数人仍然心怀疑虑，如果偿还期限不确定，谁又肯借钱呢？

为了创造CMO，首先要收集数亿美元普通的抵押债券——吉利美债券、房利美债券和房地美债券。将这些债券放在一个信托机构里，由信托机构向债券所有人支付一定的利息。持有人持有证书以证明其所有权，这些证书就是CMO。当然，这些证书也并不都是一样的。以一个典型的3亿美元规模的CMO为例，整个债券被划分为面值各为1亿美元的3期贷款。每一期的投资者都能拿到利息，但只有头期的所有者才能获得信托的3亿抵押债券的本金偿付。头期投资者拿回全部本金后才开始偿付第二期投资者。头期和第二期偿付完成之后，第三期债券的持有者才开始回收本金。

相对于旧的抵押债券，CMO总的效果是缩短一期投资的期限，延长第三期投资的期限。可以相当肯定地说，第一期的偿付期限不会超过5年，第二期的偿付期限大约为7~15年，第三期的偿付期限大约为15~30年。

这样，投资者至少可以大致确定贷款的偿付期。随着CMO的出现，投资者的数目和市场交易额都取得了惊人的成长。从前很难说服一家养老基金经理为购买联邦住房贷款抵押公司债券发放一笔随时有可能偿付的长期贷款，但推销第三期CMO则容易得多。夜里他可以放宽心睡觉，反正他前面还有人要先偿付头期和二期投资者的2亿美元住房抵押贷款，最后才会轮到他。在1983年6月，当房地美发行第一笔CMO时，美国养老基金控制着大约6 000亿美元的资产，但没有一分钱投在住房抵押债券上。到1986年年中，它们已经持有价值约300亿美元的CMO，而且这个数字还在快速增加。

CMO还为看好美国购房者偿付能力的国际投资者打开了大门。1987年，所罗门兄弟公司伦敦办事处向寻求高收益短期投资的国际银行销售了20亿美元头期CMO。流向CMO的资金来自抵押债券之外的客户，他们一般是购买公司债券或国库券的。从1983年6月到1988年1月，华尔街投资银行卖出了600亿美元的CMO。这就意味着同时有

600 亿美元的新资金流入了美国住房金融业。

同任何一项创新一样，CMO 为它的创造者所罗门兄弟公司和第一波士顿赚取了巨额利润。但是，与此同时，CMO 也纠正了抵押市场中供求力量的不平衡。这种不平衡曾为抵押债券交易师带来了巨大的赢利机会。现在他们再也不能指望抵押债券由于购买者稀缺而落得便宜的价格。到 1986 年，拜 CMO 所赐，再也不愁没有人购买抵押债券了。新买家的涌入降低了抵押债券对投资者的回报。抵押债券开始变得昂贵起来，这还是头一遭。

通过同公司债券和国库券的对比，市场为CMO确立了一个公平的价格。虽说这算不上是一个充分理性的定价，因为至今仍然缺乏为购房者提前还款权提供定价依据的理论基础，但市场已经变得足够大，并开始趋向公平定价。抵押债券的价格不再无效率地自由起伏，现在它们已经同CMO市场联系起来了，正如面粉的行情不能脱离面包市场一样。CMO（最终产品）的公平价格顺理成章地带来了普通抵押债券（原材料）的公平价格。CMO起到了价格发现者的作用，投资者们如今对抵押债券的价格有了一种新的、可靠的认识，为无知而付出的代价大大降低。世界变了，从前，所罗门兄弟公司的交易师可以左右市场，让别人用 20 美元买入他们刚刚用 12 美元买下的债券。如今，这种日子一去不复返了。市场主宰着价格，所罗门兄弟公司的交易师只好重新学习接受现实。

* * *

在第一批CMO出现之后，从事抵押市场研究和交易的小鬼们似乎掌握了无穷无尽的拆分和转移住房抵押贷款的方法。他们创造了划分为 5 个偿付期和 10 个偿付期的CMO，还将一组住房抵押贷款拆分为一组利息偿付项目和一组本金偿付项目，然后将来自各组（分别称为IO和PO，意即只付利息和只付本金）的现金流量的权益分别卖给不同的投资者。背负着抵押贷款的购房者根本不知道，他所支付的利息付给了一位法国投机者，而本金却付给了密尔沃基的一家保险公司。真可谓是最奇妙不过的炼金术，华尔街像打牌一样把IO和PO重新洗过，最后又把它们混合到一起，创造出真实世界上绝对不可能存在的住房抵押贷款。也就是说，加利福尼亚公寓住房所有者支付的11%的利息可能同路易斯安那少数族裔居住区的购房者支付的利息混合在一起。这么一来，一种新债券，或者说新时代的克里奥耳（Creole）混血儿[①]，也就此诞生了。

如今，抵押交易台已经从街边小店走进了堂堂超市。品种增加了，买家也就多了。储贷协会是最大的买家，它们常有一种非常特别的需要。它们希望突破华盛顿的联邦住房贷款银行理事会为它们设置的限制。比华盛顿的储贷协会监管者领先一步，这意味着持续不断的斗争。许多所罗门兄弟公司发明的“新产品”就不受游戏规则的约束，它们不必在储贷协会的资产负债表上列示出来，从而为储贷协会的成长留出了空间。在某些情况下，新产品的唯一价值就是它可以被列入“表外”项目。

为了吸引新的投资者，规避新的条例，市场变得更为复杂和神秘。每天都要学习新的东西，在这种形势下，拉涅里不可避免地落了伍。其余那些所罗门兄弟公司管理层里的新人就更不用说了。换句话说，真正负责管理交易风险的就只剩下一群毛头小伙子。他们从培训班里毕业才几个月，只不过恰巧比公司里的其他人多了解些诸如吉利美IO方面的事。华尔街上的新人摇身一变成了专家，这绝非罕见，因为新券种的历史也不过才1个月。在一个金融创新频仍的时代里，

① 此处泛指复杂的混血关系。——译者注

最年轻的交易师掌握着权力（20 世纪 80 年代，年轻人迅速致富的部分原因是这是一个不断变化的时代）。年轻人更能抓住机会学习，而他们的上司却做不到。老人们负担太重，无暇学习以站回到创新的前沿。

到了 1986 年，公司事务缠身的拉涅里干脆不坐镇抵押交易台了。他的缺席令交易师们感到快乐。不是他们不喜欢拉涅里，但是只要拉涅里和迈克尔·莫塔拉一露面，他们总要不分青红皂白地干预交易师的业务。他们告诉交易师该干什么、不该干什么，他们想知道交易师究竟为什么要买这种或那种债券。正如一位交易师所讲的："你未必在每一个头寸上都有很好的理由。有时买入某种债券只是为了了解华尔街上发生了什么事。谁也不愿意身边有个人整天问你为什么干这个，为什么干那个。"

无怪乎交易师们想出各种法子不让经理视察工作。1986 年 4 月的某个星期，拉涅里决定在交易台上花点儿时间，于是交易师们启动了第一套方案。拉涅里每天来得很早，交易师们先在他的桌子上做文章。第一天，他们在他的桌子上堆了尽可能多的纸张。拉涅里早上 7 点来上班，看到了这堆破烂儿，把它们丢到天花板上。"这是谁干的？"他向全体嚷道。交易师们耸耸肩膀一起笑了笑。

第二天，交易师们拔掉了拉涅里转椅旋转轴上的轴钉。他上班后的第一件事就是一屁股坐下，这次他一下子跌到地板上，差点儿摔折了脊梁骨。他花了好几分钟才站起来，咒骂和叫嚷着。他抓住德安东纳问这是谁干的，德安东纳发誓不是自己干的。

第三天，交易师们将拉涅里的座椅升高，虽然他坐下时平安无事，但当他靠到桌子上时，膝盖猛地撞到了中间的抽屉上。这下他勃然大怒。"他妈的，约翰，我要你告诉我这究竟是谁干的。""好吧，刘易，"德安东纳说，"我猜迈克尔（莫塔拉）可能不喜欢你坐在（办公室）外面的桌子边上。”（拉涅里应该能够识破这个谎言，因为莫塔拉从未在 8 点之前来上班，没有作案时间。）

“他妈的他以为自己算老几？”拉涅里说。接着他把部门里找得到的所有垃圾盒子都扔到莫塔拉的桌上——计算机打印件、吃剩的烤面包圈、洋葱汉堡和别的交易师的垃圾。

别的交易师也帮着他干以示支持，在整个交易厅里找垃圾盒。最后，莫塔拉的桌子变成了垃圾堆。“时间拿捏得分毫不差，”一位交易师说，“刘易怒气冲冲地刚从交易厅的一边走出去，莫塔拉就从另一边走进来了。”

莫塔拉看到自己桌子时的反应和拉涅里一模一样，他的第一个也是唯一一个反应就是报复。他同样抓住德安东纳问：“勒罗伊（德安东纳的外号），我是认真的，这是谁干的？”

“迈克尔，上帝做证，”德安东纳说，“是刘易干的。”

莫塔拉噎住了。拉涅里可是他惹不起的主儿。他像泄了气的皮球一样，自顾自地去了 42 层的办公室，这天再也没有露面。

“最后，我们这儿总算是太平了。”一位交易师说。虽说莫塔拉还是回来了（抵押交易师梅森·豪普特替他整理了桌子），拉涅里却再也不过问细节了。在交易师们看来，这实在是再好不过了。那个月，1986 年 4 月，抵押部的亏损超过了以往的任何时候，有几个交易师估计大约在 3 500 万美元到 6 500 万美元之间。他们用平时积存下来以备不时之需的利润冲销了亏损。具体做法是人为压低手上债券的价值。所罗门兄弟公司的高级管理人员对此毫无察觉。

降临到抵押部的厄运是整个公司业务状况的缩影。1986 年年成不好，1987 年就更糟了，收入停止增长，成本失控。为了恢复管理控制能力，古特弗罗因德创造了一大批新的头衔。所罗门兄弟公司成立了董事会，绝大多数成员都是从前的交易师。在董事会之上又设立了一个新的管理层，称为董事长办公室。古特弗罗因德指定两名前交易师和一名前推销员组建了这个办公室：刘易斯·拉涅里、比尔·佛特和汤姆·斯特劳斯。他要求每个人都从狭隘的地盘之争中摆脱出来，关心整个公司的业绩。你不能不说这是个挺不错的想法。

“我的看法是这样的，”安迪·斯通说，他已经坐在了培基证券公司自己的办公室里，“华尔街把最能干的专家提升为经理。也就是说，干得好的报酬就是当经理。而这些人往往性情急躁、争强好胜、神经过敏而又自高自大。既然你们让他们当经理，他们也就一个接一个地干了。可是，当上经理之后，业务活动中的那种直觉也就没有了用武之地。一般来讲，他们不适合当经理。有一半人因为不称职被赶了出来，还有四分之一在公司的政治斗争中败下阵来，而剩下来的都是最冷酷无情的。这就是华尔街上的公司总是循环起落的原因，也是所罗门兄弟公司如今陷入困境的原因，冷酷的人对企业发展不利，但只有板上钉钉的败局才能让他们滚蛋。”

*　*　*

董事长办公室里的一伙人面和心不和，这在所罗门兄弟公司早已不是秘密。这只不过是三大部门间斗争的延续，斯特劳斯代表政府债券部，佛特代表公司债券部，拉涅里代表抵押部。正如一位政府债券部的人士所说，“在这里你要么是斯特劳斯家的，要么是拉涅里家的，要么是佛特家的。很少有人能左右逢源”。

问题不像团队精神冲突那样简单。董事长办公室以其内部深厚的敌意而引人注目。拉涅里称汤姆·斯特劳斯为“笨蛋，只会搞阴谋，一辈子从来也没有自己的思想”，而认为比尔·佛特则是“我所见过的最热衷于弄权的家伙，每一句话都有政治目的”。不过，相比于他的两位新同事，他对他们的态度应该说还是客气的。他至少还愿意跟他们一道共事，而他们最后却合伙把他丢了出去。不过从另一方面讲，三个人的生活全都受丛林法则的支配，不是我搞掉你们，就是你们搞掉我。不管怎么说，董事长办公室逐渐变成了所罗门兄弟公司内部搞垮抵押部的力量的象征。

在满是老饕和少数族裔的抵押部看来，政府债券交易部可谓处处与它相反。以所罗门兄弟公司的标准来看，它几乎是过于讲究了，吃肉比吃生食还少。政府债券交易师是清一色的东海岸WASP，令人疑心这是有意安排的，唯一可挑剔的就是他们过于压抑。他们的头头，汤姆·斯特劳斯，又高又瘦，永远是一副晒黑的模样——他常打网球。

抵押交易师们讨厌这样，他们不喜欢斯特劳斯对所罗门犹太文化的破坏。谈起斯特劳斯，他们总要提到他的网球，讥笑他穿一身白在私人俱乐部打球。抵押部好在没有虚伪和造作的毛病，而且它们最看不惯的也就是这个。一位至今仍在所罗门兄弟公司的交易师说："你说拉涅里和斯特劳斯有什么分别？这很简单。斯特劳斯绝不会用交易厅里的卫生间，他要用楼上自己办公室里的，而拉涅里会把尿撒在你的桌子上。"

拉涅里说："汤姆·斯特劳斯就盼着自己不是犹太人。他刚进公司就有人取笑说，他是某对邪恶的犹太人夫妇偷去的。"（令人大跌眼镜的是罗马天主教教徒拉涅里，居然挺身而出捍卫所罗门兄弟公司的犹太传统。）

"斯特劳斯最恨的就是拉涅里的肥胖、没有教养和不懂策略，"拉涅里手下的一名高级交易师说，"斯特劳斯并不在意拉涅里的业务，也不计较他赚了多少钱，他甚至不关心拉涅里的野心，但他就是看不惯拉涅里缺德少教的样子。这就好像你反感紧挨着自己坐的人，拉涅里过去一向跟斯特劳斯坐在一起。如今斯特劳斯升上顶层，环顾周围却发现故人依旧，'等等，我还以为自己已经上了一个台阶'。他岂能善罢甘休。”

斯特劳斯家族（我就曾是其中的一员）对抵押部有着强烈的职业性反感。他们不赞成抵押部那些张扬的做法。美食狂欢和肥胖只是更为基本的问题的表现。成本开支最没有节制的就数抵押部了。

谁又会在意呢？收入才是最重要的。“你的意思是要叫我们改变规矩？”不少交易师会反问。从 1981 年到 1986 年，抵押部创造了那么多的收入，与之相比，成本可谓微不足道。但是，收入下降之后，成本突然之间就变得需要计较了。1985 年下半年，负责政府债券推销业务的一位董事经理改到抵押部任职，同时他还被任命为所罗门兄弟公司费用委员会的负责人。这绝不是巧合，总得有人来管理这些人。

在许多交易师看来，一开始他们的报酬就拿少了，这一点老板也承认，那么他们就把所罗门兄弟公司的费用账户作为软美元的付酬机制。他们也由此逐渐养成了坏习惯。“我们习惯于派公司的车去机场接朋友，把电话卡借给他们。上帝做证，周末我们还用公司的车接太太购物。”一位交易师讲道。“我知道一件最邪乎的开支故事，”抵押金融部的一位女职员说，“抵押部里有一个家伙假借拜访客户的名义，用申请的电话费给自己报销，买了一辆萨博车。”无怪乎斯特劳斯家族对此义愤填膺。

同斯特劳斯相比，佛特对拉涅里的看法更像是一个谜，不过当时佛特本人也像是一个谜。别的董事经理都挤在 41 层的交易厅，佛特却仿佛权力链条高层看不见的一环。他的办公室设在 40 层。有时他会在报纸上露面，但谁也没见过他的真面目。我只是在 1987 年《商业周刊》的文章里见过他站在汽车旁边的照片。这篇文章确信比尔·佛特将出任所罗门兄弟公司的董事长。尽管他自己一副与世无争的样子，但他手下的公司债券家族却有搞垮抵押部的原始动机。

在佛特和斯特劳斯的坚持下，1985 年年底，一位名叫马克·史密斯的公司债券董事经理被安插到抵押部。“他是一个探子，”一位抵押交易师说，“你可以把他看作特洛伊木马。”另一个说：“不，他可不能算特洛伊木马。”第三个讲道：“我们都知道里面是些什么货色，但马克就是不听。”公平地讲，莫塔拉也无能为力，只好让这只木破门而入，他怎能抵得住佛特和斯特劳斯的势力？只有拉涅里才行。到了这时，憋在抵押部诸公心里的话终于喊了出来：拉涅里在哪里？

马克·史密斯是第一个从别的部门调进抵押部的（拉涅里不算），后面还会有。这个部门一向是以内部团结著称的大家庭。史密斯进来之后 6 个月，第一桩内讧发生了。史密斯劝说莫塔拉把杰弗里·克隆塔尔（拉涅里的被保护人）调到公司债券部。然后史密斯坚持把拉里·斯坦，一个政府债券推销员，调到抵押套利交易组。这个组的成员中有内森·科恩费尔德、沃尔夫·纳都尔曼和格雷格·霍金斯。斯坦同意来，条件是纳都尔曼必须走。纳都尔曼是个赚钱的交易师，更为重要的是，他是拉涅里家族的忠诚一员。可是，在 1986 年年末，莫塔拉开除了纳都尔曼。空气被毒化了。

* * *

1987 年 4 月 29 日，《华尔街日报》发布头条新闻，说美林公司因未授权交易亏损 2.5 亿美元。下面是小号字：“美林公司经理们初步认定负有责任的交易师是霍华德[①]·A. 鲁宾，36 岁，该公司首席抵押交易师。他们说他在购买以特殊的证券风险形式组合的抵押债券时大大越权。这种证券组合将抵押贷款的利息支付与本金支付分离开来，再卖给不同的投资者。它们被称为‘单纯利息/单纯本金’证券，或称 IOPO。”

---

① 豪伊（Howie）是霍华德（Howard）的异体。——编者注

华尔街记者像疯了一样地去打听豪伊·鲁宾是何许人，IOPO是什么意思。最后他们到底弄懂了想知道的一切，但是豪伊·鲁宾是怎样在一次交易中赔掉华尔街历史上最大的一笔钱的，这仍然是最引逗人的秘密。直到那时为止，他看上去不仅是最可靠的，而且是个百分之百的天才。用刘易斯·拉涅里的话来说，“豪伊·鲁宾是我见过的最有天分的交易师”。美林公司对报界的解释是鲁宾欺骗了他们。一位经理告诉《华尔街日报》，鲁宾“把它们（债券和IOPO）放在自己的抽屉里。我们不知道他买了这些东西”。放在自己的抽屉里？像美林这样一流公司的高级管理层会这样完全不设防吗？

在亏损被发现之前两星期左右，鲁宾与一位抵押债券大买主共进晚餐。此人名叫厄尼·弗莱舍，是堪萨斯州渥太华富兰克林储贷协会的经理。一般来说，储贷协会经理在接受新事物方面比较迟钝，但弗莱舍总是站在变革的前列。他常常自夸比华尔街上的人还要会玩他们的游戏。鲁宾向他解释了IO和PO（记住它们是由抵押债券一分为二而来的，将利息付给某个投资者，本金付给另一个投资者）。弗莱舍对此很有兴趣。在餐桌上他就要鲁宾卖给他5亿美元的IO。

鲁宾一答应，实际上就吃了只苍蝇。他卖给弗莱舍5亿美元债券上的利息，但却把这些债券的本金留在手里了。甜点过后，交易就算做成了。弗莱舍回了渥太华，后来他到处吹嘘自己是怎样同交易师做生意赚了1 000万美元，让那个华尔街骗子破了大财。

豪伊·鲁宾的麻烦是怎样把手上5亿美元的PO脱手。一旦利率上升，PO比哪只债券跌得都快（理由不值一提，请相信我）。鲁宾的风险是，债券市场千万不要在他卖掉PO前下跌。可是，等鲁宾吃完午饭回去时，债券市场却一路下跌。他试图动员美林公司的销售队伍把PO抛出去，但他们也无能为力。接着债券市场就崩溃了。几天之后，亏损已经扩大到鲁宾不敢报告的程度。有人说，这个时候他买了更多的PO，把赌注加倍。尽管这种说法挺符合鲁宾的个性，但却没有证据证明他干过。似乎没有人知道事情究竟是怎样弄糟的，但每个人都振振有词。可是，鲁宾从前在所罗门兄弟公司的伙伴，从刘易斯·拉涅里往下全都众口一词，他们发誓说豪伊·鲁宾绝不会把债券藏在抽屉里。他们只接受一种说法：美林公司的经理们根本不懂PO是什么东西，没有为PO业务制定规则，他们任由鲁宾自己冒大险，然后又把他当作自己无知的替罪羊。在此后的报纸新闻里，不署名的所罗门兄弟公司交易师们轮流出面为豪伊·鲁宾辩护，仿佛他还属于拉涅里大家庭。

要把抵押债券拆分成利息和本金，首先要在证券交易委员会登记。证券交易委员会的登记是公开的，所以华尔街上的人都知道美林的豪伊·鲁宾登记发行5亿美元的IOPO一事。佛特和斯特劳斯安插在抵押部的马克·史密斯也注意到了这桩交易，他主张所罗门兄弟公司也应该照此办理。

从表面上看，他的建议是合理的。美林公司的IO和PO组合定价过高。史密斯指出，既然美林能以这么高的价格卖出抵押债券，而所罗门的销售力量又强过美林，那么做一桩相似的但价格便宜一些的交易应该不成问题。当然，他不知道豪伊·鲁宾是不是真的已经把债券全都卖掉了。但是在投资银行眼里，再也没有比抢生意更令人动心的了。所罗门兄弟公司做了这桩生意，发行了2.5亿美元的IOPO。

由于可以向对方指出所罗门兄弟公司的PO比美林公司的PO便宜，所罗门的推销员使出把死人说活的能耐在市场崩溃之前把PO卖出去了。当然，豪伊·鲁宾因此也就根本没有机会把他手上的存货清理掉。所罗门兄弟公司现在的处境与厄尼·弗莱舍的有点儿像，它手上持有IO，当债券市场下跌时，IO的价格会上升。情况不错，所罗门兄弟公司里人人都预期债市将要崩溃。公司打算把IO留在自己手上当赌注，不卖出去。抵押套利小组由格雷格·霍金斯、内森·科恩费尔德和内森·洛组成，他们买了1.25亿美元IO。由“说谎者的扑克牌”游戏之王约翰·梅里韦瑟负责的另一个交易师小组买走了剩下的。在所罗门兄弟公司41层交易厅里，似乎只有马克·史密斯一个交易师的观点与众不同。他和豪伊·鲁宾一样，持有几亿美元PO在他的交易账户里（几个星期前买的）。

在所罗门兄弟公司里，史密斯享有精明的投机交易师的名声。直觉告诉他，债市一定会反弹。他对此信心十足，甚至当面奚落与他持相反头寸的霍金斯、科恩费尔德和洛是十足的傻瓜。有时他也会经过约翰·梅里韦瑟小组的办公室，告诉他们，是他而不是他们才是最后的胜利者。债市感觉良好，它正在上升。

当市场刚开始下跌时，跌势较缓，但这已经足以让美林公司乱作一团了，这就是见于《华尔街日报》首页的消息。事情发生前几天，所罗门兄弟公司听到一个市场传言，美林公司持有数亿美元PO急于出售。跌了几天之后，史密斯亏了一点儿钱，但没有退出市场。经过计算，他认为现在应该再买一点PO。不管怎么说，美林现在正在发慌，这可是捡便宜货的好机会。于是他又买了一些PO，虽说它们并不是豪伊·鲁宾手上的，但如今他的头寸事实上和鲁宾一样。此后几天，市场保持平静。

当市场再度下跌时，它落得比苹果从树上掉下来还要快。梅里韦瑟的小组和抵押套利部很快就赚了几千万美元，而史密斯亏掉的比他们赚的还多出几百万。这四位交易师估计他的亏损在3 500万至7 500万美元之间。但是，这不算什么，因为与此同时，抵押套利交易师们的IO还拿在手上，他们的利润还在增长。这就给了老谋深算的史密斯以可乘之机，他要把损失补回来。

他开始向高层人士游说，让他们相信他手上这些债券是为了和抵押套利小组的债券绑在一起的。他反复地陈述这一情况，他的级别（董事经理）足够高，管事的当然会听他的。不管怎么讲，他毕竟是抵押交易的老板之一。他通知抵押套利交易师们，他们那些赚了大钱的IO实际上属于他的交易账户。他说他原计划把他的PO和他们的IO打包在一起卖给投资者。这样一来，抵押套利的利润将被史密斯的亏损吸干。

史密斯将其他交易师的利润窃为己有。更糟的是，在抵押交易师眼中，史密斯是一名公司债券交易师。这下子人人都知道，所罗门兄弟公司出了一桩大丑闻。套利小组的一位成员回忆道："每天早上我们上班时，总有人会说：'噢，我们手上的IO又赚了200万美元。想想看，史密斯一样不会放过它们。'"后来，史密斯在古特弗罗因德的办公室里为此而遭受到严厉的斥责，但是，惩处来得太晚，措施也不够有力。科恩费尔德离开所罗门去了希尔森–雷曼公司，洛去了贝尔斯登，就连由史密斯介绍进抵押部的拉里·斯坦也厌恶地离去了。一时间，公司里四面八方都是一派要取史密斯人头谢罪的呼声。但是，在开除了抵押交易部的剩余人员之后，一切还是停止了。拉涅里在哪里？

* * *

大多数人还不知道，就在史密斯从抵押套利账户上窃取利润的时候，拉涅里意识到，他在公司所任的正式职务已经不再负责抵押交易了。"1986年12月，约翰来找我，说：'我打算整顿抵押部，你要服从大局。'"拉涅里回忆道，"抵押部从此不再是一个独立的实体，它只是固定收入债券交易的一部分。"

1987年5月，约翰·古特弗罗因德在纽约举行的年度董事经理会议上向所罗门兄弟公司的112名董事经理宣布了自己的决定："我们设立了董事长办公室，因为管理所罗门兄弟公司超出了任何一个人的能力。同任何一个团队一样，其中的挑战在于分担任务，倾听不同意见和见解，而同时又要保持目标的一致。我对目前该小组的工作非常满意。过一段时间，我会减轻其他三位成员听取具体报告的责任，好让他们腾出精力考虑整个公司的管理。”

两个月后，1987 年 7 月 16 日，他炒了拉涅里的鱿鱼。当时拉涅里正在西海岸出差，他接到古特弗罗因德的秘书打来的电话，说老板要见他。通知他到利普顿律师事务所去见古特弗罗因德，这是一家著名的证券法律师事务所。“在紧急情况发生时，为了不惹人注意，我们会在马蒂（合伙人马丁·利普顿）的办公室碰面，”拉涅里说，“我还以为是南非人，即Minorco公司，打算撤出它们的股份。我根本不知道出了什么事。”

会晤持续了 10 分钟，拉涅里几乎回不过神儿来。当问到为什么要将他解职时，拉涅里说：“我到现在也不明白。”当时古特弗罗因德给出的是三项理由，在拉涅里（和别的人）看来，没有一项是站得住脚的。他先对拉涅里说：“没有人再欢迎你。”然后他说拉涅里是公司里的一股“破坏性力量”，而且“所罗门兄弟公司已经容不下你了”。当拉涅里打算中止会谈驱车进城去取自己的物品时，古特弗罗因德通知公司不让他再走进办公室。显然，古特弗罗因德认真考虑过政变或大罢工之类的可能性，公司里有很大部分的职员主要是冲着拉涅里的面子来的。古特弗罗因德只允许拉涅里的秘书在所罗门兄弟公司安全警卫的陪同下整理他的私人物品。

“当刘易被炒掉的消息传到抵押部之后，德安东纳的震惊完全表露在脸上。”一位至今仍留在所罗门兄弟公司的抵押交易师回忆道。下一步将要发生什么事，每个人——拉涅里、去了德威投资银行（Dillon Reed）的沃尔夫·纳都尔曼、去了希尔森–雷曼公司的内森·科恩费尔德、去了培基公司的安迪·斯通，还有留在所罗门兄弟公司的交易师们，心里都很清楚。拉涅里大家庭将受到清洗。在短短几个月的时间里，公司开除了抵押部剩下的几个老人。第二天就让交易负责人迈克尔·莫塔拉走人，接着又轮到约翰·德安东纳、罗恩·迪帕斯奎尔、彼得·马罗和汤姆·戈内拉。剩下唯一一个意大利血统的交易师保罗·朗格诺蒂，有一天他上班时戴了一个徽章，上面写道："开除我吧，我是意大利人。"

我们可以从一幅照片中追踪到华尔街历史上最不寻常和最赚钱的生意的源头。它挂在吉姆·马西的办公室里，照片上古特弗罗因德、拉涅里和鲍勃·多尔手挽着手庆贺他们1978年创建的新兴事业。杰弗里·克隆塔尔和梅森·豪普特被恩准留任抵押交易部的共同负责人，可能是因为在所罗门兄弟公司里实在找不出胜任此职的人物了。可是，第二年克隆塔尔辞职去了罗斯柴尔德当副董事长，这是一家刚刚被收购的纽约投资银行。收购者不是别人，恰恰是储贷协会经理厄尼·弗莱舍。这样一来，梅森·豪普特就成了所罗门兄弟公司里抵押债券方面唯一一个明白人。公司最高层在抵押债券方面的无知的确令人震惊。大清洗之后，古特弗罗因德、佛特和斯特劳斯安排了一个私人性的讲座。主讲人是所罗门兄弟公司债券研究部主任马蒂·莱博维茨，主题是抵押债券业务介绍。最后，佛特被任命为抵押交易部负责人。

拉涅里终于如愿以偿：让抵押部与公司债券部和政府债券部并驾齐驱。美国抵押市场如今已经成了世界上最大的信用市场，也许有一天会成为世界上最大的债券市场。拉涅里的创造标志着华尔街业务重心的转移。从历史上看，华尔街只在资产负债表的一边做生意——负债，抵押贷款可是资产。如果住房抵押贷款可以在组合之后进行销售，信用卡的透支、汽车贷款和其他任何一种贷款也都可以拿来销售，只要你想得到。

所罗门兄弟公司的专业知识传遍了整个华尔街。迈克尔·莫塔拉出任高盛公司抵押交易部主任，1988 年上半年该公司是抵押债券交易业务的领导者，彼得·马罗成了摩根担保信托公司抵押交易业务的负责人。安迪·斯通在培基公司主持抵押交易业务。史蒂夫·鲍姆在基德·皮博迪公司负责抵押交易。汤姆·肯德尔在格林尼治资本市场公司当抵押交易部头头。斯蒂芬·约瑟夫在德崇证券公司，杰弗里·克隆塔尔在罗斯柴尔德各自主持其抵押交易部。沃尔夫·纳都尔曼、内森·科恩费尔德、内森·洛、比尔·埃斯波西托、埃里克·毕卜勒和拉维·约瑟夫分别在太平洋证券、希尔森–雷曼、贝尔斯登、格林尼治资本市场、美林和摩根士丹利公司担任高级抵押交易师。华尔街上活跃着一批最著名的所罗门兄弟公司抵押交易师。在他们的手下，依靠抵押债券业务为生的是各个公司中的数千名职员。

毫无疑问，在前所罗门兄弟公司的抵押交易师中，经历最奇特的要数豪伊·鲁宾了。在被美林公司炒掉鱿鱼之后没多久，他就进了贝尔斯登公司。有消息说，贝尔斯登在《华尔街日报》公布鲁宾的 2.5 亿美元亏损新闻的当天就给他打了电话。在美林公司之外，没有人对鲁宾的亏损大惊小怪，有些反应甚至颇为幽默。在贝尔斯登公司，两名抵押交易师把他新桌子的抽屉用钉子钉死，这样他就再也不能“把那些东西藏在抽屉里了”。一位所罗门兄弟公司的抵押交易师打电话建议鲁宾为美国运通卡义务做推广。“嗨，你不认识我。可是我要告诉你，我在一次交易中亏掉的钱比华尔街有史以来任何一个人都要多。因此，我最理解什么是信用。一旦我遇上麻烦……只要掏出这张小小的卡片……”

刘易斯·拉涅里在所罗门兄弟公司以北半英里的地方开办了自己的公司。拉涅里被炒掉后没几天，还处在震惊之中的拉涅里大家庭的一名成员同鲍勃·多尔，那个将他带入抵押部施展拳脚的人共进午餐。多尔说："约翰为什么在提升刘易不久后就开除他，我考虑有两种可能。第一种可能是约翰突然认识到自己犯了一个极大的错误——刘易太狭隘，虽说担任了公司的副董事长，但总是本部门利益优先。第二种可能是董事长办公室里的人受不了刘易的聒噪，因为刘易在会议中总要当主角。他倒不是那种刚愎自用的人，但他心里总有那么多令人激动的念头，只可惜斯特劳斯、佛特和古特弗罗因德不能虚心接受。认真听取刘易的建议很可能给公司带来财运。"

拉涅里本人拒不相信那个在困难时期保护过他的人如今会设计害他，他把这个人称作"我的拉比"。他相信是汤姆·斯特劳斯急于揽权，而佛特则在伺机观望，让斯特劳斯自取灭亡。（后来发生的事实则刚好相反，佛特 1988 年 12 月离开了所罗门兄弟公司，汤姆·斯特劳斯成了摇摇欲坠的古特弗罗因德手下第一人。）拉涅里从未改变自己对公司的态度，这种态度是在当年那位记不清长相和姓名的公司合伙人为他支付妻子住院费的时候形成的，那位合伙人之所以这样做仅仅是因为他认为这样做是对的。这种态度是在管理公司的人不仅主张"做一个好人比做一个好经理更为重要"，而且是在切实身体力行的年代里形成的。拉涅里更愿意相信所罗门兄弟公司如今暂时落入了异己文化的手里。"当前的情况只能有一种解释，"拉涅里说，"约翰·古特弗罗因德控制不了局面了。如今是斯特劳斯在掌权，而他想要的是绝对的权力。他们只用 1 年时间就摧毁了一个巨人。假如是约翰自己做决策，他绝不会这么干。我无法想象他们（斯特劳斯和佛特）对约翰讲了些什么，让他干出这种事。他们永远也不懂，公司的伟大就在于它的文化。而他们却破坏了这种文化。正如俗语所说，背约的人将永远带着耻辱的烙印。"就这样，拉涅里结束了自己从华尔街邮件中心到大公司董事会长达 19 年的漫漫征程。

第八章 LIAR'S POKER 从"基克"到人

你为谁干活儿？这个问题始终纠缠着推销员。每当交易师耍弄了客户让推销员无颜见人时，他们总是这样反问推销员："你到底为谁干活儿？"传递过来的信息是很清楚的：你是为所罗门兄弟公司工作的，是为我工作的。

普通人观察事物总是流于表面，因为表面是人人都看得到的，而深入了解则只有通过身体力行才能获得，只有少部分人能做到。其结果只能是人云亦云，而洞悉者则少之又少，甚至不敢站出来抗拒流行的观念。

——马基雅利，《君主论》

可以肯定的是，在不违法的前提下，人类利用电话干出的最坏的勾当，就是随便给不认识的人打电话，再卖给他不想要的东西。在我刚刚到伦敦上班时，摆在我面前的就是一本写满了我念不出来的法国滑稽人名的小册子。我的老板，丛林生活的导师、阿肯色州的原住民斯图·维立克告诉我要一屁股坐在电话上自己赚钱。“给巴黎的每一个人打电话，”他说，“别忘了微笑。”

他的意思当然不是叫我真的给巴黎市的每一位市民打电话，这样讲只是为了突出效果。应该打电话的对象仅限于掌握5 000万美元以上资金额度的法国资金经理，而这只占巴黎电话号码簿的一小部分。我还找到了另一种有用的资料线索——《欧洲货币指南》。如果你的名字出现在《欧洲货币指南》上，我猜总该是有点儿钱的。上面的第一个名字是F. 迪德罗农（F. Diderognon）。这怎么念？此人是男是女？我向我的美籍丛林导师请教这个名字如何发音。

“我怎么知道？我以为你会讲法语。”他说。

“不，那只不过是简历上的说法。”我回答道。

“噢，”他搔着头想了一分钟，“没关系，好在这些人全都会讲英语。”

我再也无话可说，只能硬着头皮去打电话。但问题还是没解决：F. 迪德罗农。它的韵脚是不是和“洋葱”（onion）的韵脚一样？这个名字的前一部分是不是和那个伟大的哲学家一样？我决定把狄德罗（Didero）和洋葱连起来快念（Diderognon念成Diderot’s Onion）。我的丛林导师在一边盯着我，好像我一动就会出错。我拿起了话筒。

“喂？”一个男人接了电话。

“F. Di-der-o-onion。”我一字一句地说。

另一头的那个男的用手捂着话筒。我只能听到模糊的谈话，听起来好像是，“弗兰克，有一个美国经纪人找你，他拼不好你的名字。你接吗？”

另一个声音说：“问问他是谁。”

“嗨，你是谁？”这人又问我。

“我叫迈克尔·刘易斯，我是所罗门兄弟公司伦敦分公司的。”我说。

又是那种捂住的声音。“弗兰克，是所罗门兄弟公司新来的家伙。”

弗兰克·迪德罗农说：“我从不跟所罗门兄弟公司打交道。讨厌的家伙。叫他滚。”

“弗兰克说他现在没时间，回头再打给你。”

他妈的，我干吗干这个活儿？

* * *

在马戏团里，“基克”（Geek，即小丑）的表演项目包括咬下活鸡头或活蛇头，红封皮的《美国传统词典》上就是这样说的。在所罗门兄弟公司伦敦分公司里，“小丑”另有含义。交易师们在两个意义上使用这个词，但没有一种和词典上讲的有关系。我到那里之后，一位交易师告诉我，“基克”的意思是：(1) 死拍马屁的人；(2) 刚从培训班里出来，介于实习生和老手之间的人。他说，我就是一个“基克”。

到了 1985 年年底，在纽约给交易师们又当男招待又当拳击沙袋已经让我烦透了，我很高兴可以不再当实习生，哪怕叫我当“基克”也干。我打算告别 41 层，告别拉涅里、古特弗罗因德、斯特劳斯和佛特，告别他们令人窒息的地盘之争。别误会，我和别人一样爱干这一行，但如果你是在纽约起步，那么你付出的代价将是自由。我可受不了被肥胖的抵押交易师坐在屁股底下，直到学成手艺。这种日子一辈子也到不了头。

如果你不打算把灵魂出卖给所罗门兄弟公司，那么伦敦就是唯一的选择。除此以外，所有地方的规矩都和41层一模一样——不管是美国的分支机构还是东京的分公司。但是由老派的欧洲人充斥其间的所罗门兄弟公司伦敦分公司却是一处自由的乐园。分公司里级别最高的6位经理由41层派来的美国人充任，不过整个分公司的调子却是由欧洲人定的。只要比较一下对古特弗罗因德到访的反应就可以知道我们之间的差别有多大。

如果古特弗罗因德驾临任何一家美国国内的分公司，所有职员就得像演戏一样准备起来。他们个个装出轻松自信的神情。尽管肚子里翻江倒海般不舒服，衬裤也湿透了，年轻的美国职员还是得跟逛来逛去的古特弗罗因德赔笑打趣。可以想象，他们绝不冒险讲可能惹麻烦的话。有关最近一次债券发行的笑话是可以讲一讲的，但有关古特弗罗因德老婆的闲话还是不要提为好。只要大家都守规矩，古特弗罗因德倒也不会节外生枝。

古特弗罗因德视察东京办事处的时候，日本雇员把头埋在桌子上，疯狂地打电话，好像在玩角色扮演游戏时分配到和“在上班的人”联络的角色。尽管日本人在我们的培训课堂上可以大模大样地睡觉，但在日本扮酷肯定是行不通的。没有哪个年轻人敢仰头同肥胖的古特弗罗因德“桑”[①]搭讪。我的一位美国友人在某次古特弗罗因德视察东京办事处时刚好在那里，他走到一边同老板谈了一会儿。当他回到交易厅时，我的朋友回忆道：“所有的日本人都盯着我看，好像我

① “桑”，日语中的敬称，意为“先生”。——编者注

刚刚同上帝谈过一次话并且被荣封为圣人。”

而在伦敦，古特弗罗因德受到的接待就要简单得多，和任何一位不善言辞的美国游客差不多。如果他穿上荧光百慕大短裤、T恤衫，再在脖子上挂一部照相机，那就更像了。人家在背后笑话他，公司走背运之后尤其如此。

“他到这儿来干吗？”欧洲人相互问道。

“恐怕是去巴黎买东西路过这里。”答复总不免是这样的，而这也确是实情。

下一个问题就是：“苏珊和他一起来的？”（事实上，如果此行以巴黎为终点，那么太太一般会和他在一起。）

简单地说，欧洲人并不像美国人或日本人那样对所罗门兄弟公司的权威奉若神明。他们大多比我大10~15岁，是金融业顶层中的老手。他们更在意同客户的关系，而不是最新的金融小玩意儿。在欧洲人特别是英国人当中，的确有那么一批人，复杂的金融操作对于他们来说易如反掌。在欧洲市场上，这样的人被称为耍小聪明的人。奇怪的是，我们公司里却没有这样的人。我们那些欧洲佬，特别是公司里的英国人，往往是好学校里培养出来的优秀产品。对他们来说，工作不是一桩需要全心全意投入的事情，他们的态度甚至连关心也谈不上。而个人应当从属于公司，尤其是应从属于一家美国公司的观念，在他们看来简直是可笑。

在公司里，欧洲佬的名声可不太好，传言说他们睡得迟，午餐要喝酒，整个下午都醉醺醺的。这当然是夸大其词。同以往一样，这些说法源自纽约的第41层。一位纽约交易师蔑称他们为“像女巫一样会飞的投资银行家”。他们同舶来的美国经理之间有声有色的文化冲突犹如一朵祥云，新的“基克”可以躲在下面保有一定程度的个人自由。

从我1985年12月加入伦敦所罗门兄弟公司到1988年2月离开，

其间已经发生了很大的变化。职员人数从150人上升到900人。为了改善形象，我们搬进了富丽堂皇的新办公楼。纽约第41层里的人向我们投入了数千万美元，希望把所罗门兄弟公司办成一家“全球性”的投资银行。

约翰·古特弗罗因德和汤姆·斯特劳斯（负责国际业务）对华尔街上的流行见解深信不疑，他们认为投资银行业未来的趋势将是只剩下几家货真价实的全球性投资银行，输家将退出市场。这硕果仅存的几家将形成市场垄断从而抬高筹资服务的收费并由此而受益。公司经常提到自己的理想目标是组织全球化的俱乐部，包括像日本投资银行野村证券（Nomura）、美国商业银行花旗集团、美国投资银行第一波士顿、高盛和所罗门兄弟公司等在内。那么欧洲的银行呢，我猜他们连名字都没有听说过。

东京是我们快速扩张的首选地区，日本因为贸易顺差而积累了大量的美元，它要么出售要么投资。日本人是20世纪80年代的阿拉伯富翁。但是，由于日本金融界不欢迎美国公司，日本的金融法规又极为复杂，所以华尔街公司在日本的办事处总是又小又不稳定。

另一方面，欧洲市场的进入却没有多少障碍。那儿的金融管制极为宽松。大西洋造成的文化阻隔比起太平洋来说根本就算不上什么。从布鲁克林来的家伙在伦敦希思罗机场租一辆出租车根本用不着翻译。当他在一家昂贵的宾馆里用晚餐的时候（通常是Claridges和Berkeley），至少给他送来的不至于是生鱼片（在所罗门兄弟公司有一个反复被说起的笑话，一位在日本的美国董事经理在桌子上点了一小堆火烤他的寿司），他尽可以放心地大吃跟美国口味相差不远的食品。他很容易骗自己说欧洲和纽约差不多，这里的消费也是每天2 000美元。就这样，伦敦成了征服世界计划中的关键一环。它的时区、历史、语言、相对的政治稳定性、渴望美元的巨型资本市场和哈罗德百货公司（在所有因素中，千万不要低估采购便利的重要性），都促成它作为所有美国投资银行家计划的中心。所罗门兄弟公司全球化的野心就落脚在伦敦。

* * *

公司从本届培训班里打发了12个人坐经济舱到伦敦去干“基克”推销员，敝人即是其中的一名。我们的办公室一开始是设在伦敦金融城摩根担保信托公司的一栋楼里，占了两层，外形就像炸面包圈。一般来说，交易台最好设在大开间里，每个人都可以看到别人在干什么，相互之间也听得见。我们这栋楼是一个中空的结构，中间是一大堆电梯和楼梯。交易厅就绕着大楼中心散开成一圈。如果把它全部抻开来，可能长达50码，但是坐在里面，你只能看到很短的一段。不过，这样一来倒也有一种紧凑的商业性的感觉。我们的座位一个紧挨一个，别人在干什么全都看得一清二楚。办公室里吵吵嚷嚷，让人感到不舒服。唯一能够聊以自慰的是从这里可以看到泰晤士河和圣保罗大教堂的穹顶。

伦敦分公司的12个销售部门只不过是纽约总公司类似部门的直接延伸。第一个部分负责销售公司债券，第二个负责抵押债券，第三个是政府债券，第四个是美国股票等等诸如此类的设置。在我还没有结束培训课程时，该干的事就已经给我定好了。我被分配到迪克·莱希手下，好也是他，坏也是他，就这么定了。他负责所罗门兄弟公司的债券期权和期货推销部，政府债券部的一个劣种分支。这意味着，从一开始我就是斯特劳斯家族的人。

莱希和他最得力的女将莱斯利·克里斯琴是在和我一起嚼火鸡三明治的时候正式通知我以后归他们直接领导的，那时培训课程已经进入了尾声。这是一次走运的早餐会，首先是因为到那时为止除了股权部还没有第二家表示要我效力，其次是因为我正好喜欢他们两位。在他们手下当“基克”可谓机会难得。与绝大多数一心只想着把手上的东西卖出去的经理不同，克里斯琴拉比和莱希拉比告诉我要去开发一切可以赚钱的路子，而不要太在意推销期权和期货的量。也就是说，他们正确地将自己部门的利益同公司的整体利益协调一致起来——这正是他们的过人之处。在这样一个专家们想方设法取悦老板的公司里，我却意外地成了一名业余记者，从而得以了解整个公司的业务。

到伦敦后的第一天，我去向莱希在伦敦的经理斯图·维立克报到。在我之前，他的部里已经有3名推销员。分在维立克手下干也是一桩幸事，因为他没有沾染“所罗门病”。他在伦敦已经待了4年，但仍念念不忘自己出身于阿肯色州，这是最令人兴奋的。不仅如此，尽管他了解那些成文或不成文的、钳制绝大多数所罗门兄弟公司雇员的行为规范，但并不把它们放在眼里。他珍视自己的自由，对各种叫他干这干那的指令充耳不闻，并且鼓励他的手下我行我素。

令人感到费解的是，他本人倒要时不时地发作一次专制症。有时他会发出这样的指令，例如“打电话给巴黎市的每个人”。不过这种情况极为少见，而且他随后给予的补偿足以让你释怀。他放任我们取消办公会议，按自己的时间表工作。他本人就带头这样做，每天的上班时间总比别的部门晚1个小时。我认为，这本身就是一种鼓励的姿态。他的部门是伦敦分公司最赚钱的一个，年年如此。我可以肯定，这一成就的取得源于他给手下人留了足够的独立思考空间。

不过，对此刻的我来说，所谓思考还只是一件奢侈品。我脑子里只是一片空白，毫无头绪。唯一的指望就是看看周围的推销员能给我点什么教导。学习业务首先是学习一种态度：电话里应该用什么腔调讲话，怎样同交易师洽谈，还有最重要的，怎样辨别投资机会和诈骗。

整整两天，我被那些急于在美国大牛市中捞上一把的英国人和法国人的电话搅得昏天黑地。就在这时，第一个忠告来了。坐在我正对面的是一位本部门里的年轻人，今后两年里我每天都要同他四目相对，他俯身过来向我低语："想要明牌吗？卖空所罗门兄弟的股票。"明牌是行内用语，是包赢不赔的赌博。卖空，意即卖出你手上没有的股票，期望它的价格下降之后你再用低价买回获利。卖空自己公司的股票就是赌它的股票会猛跌。

我感到惊恐，喘不过气来。首先，卖空自己公司的股票是非法的。其次，除非是做套期保值交易，下注赌所罗门兄弟公司走背运听上去也不是什么好主意。当时公司的利润正处在巅峰，是公司历史上，也是整个华尔街历史上的第二个好年份。当然，我这位朋友（在本文中以达什·里普洛克的假名出现，这是他自己选定的）的意思并不是真的要我这样做。他只是以他独有的简洁方式来表明自己的立场，指出一个事实。后来他解释说，他当时对我颇为赏识，有意点拨我。也就是说，他会时不时地把他在9个月的工作经验中积累的智慧之珠向我抛几个过来。他也是美国人，只有23岁，比我小两岁。不过，在这一行里他的资历比我可老多了。达什·里普洛克是公认的赚钱能手。

很快我就习惯了达什的一套做法。他经常甩出一些我听不懂的话，像"买入两年期债券抛掉老的10年期债券"，或"卖空所罗门股票"、"打死'基克'抢救客户"，而让我自己去琢磨话里头的含义。一般来说，他的话总是令我如坠五里雾中。尽管以要言不烦著称，但达什终归是个热心肠的人。在他成功地向3个不同国家里的4名投资经理兜售出不论何种他想出来的新方案之后，他总会详尽地将其中的机关娓娓道来。就这样，我学会了交易、推销和生活上的许多东西。

回到前面那个忠告，达什的意思是说，不要被有关公司稳健运行的各种逼真的假象所迷惑，所罗门兄弟公司肯定不是一项理想的投资。我应该知道，什么时候是卖空的最佳时机——就在业务滑坡的前夜。可是，他又是怎么知道所罗门兄弟公司正处在这个节骨眼儿上的呢？

你可以想象，“基克”就仿佛一位新当选的总统。我只知道自己什么也不懂，而且毫无负疚感。于是我就问：“为什么？”

当然，我不指望他马上走过来解释给我听。这太简单了。达什的用语仿佛经过加密处理的句子碎片。他只是朝别的交易台挥了挥手，说“因为公司的做派”。

严格说来，这是一句大实话。所罗门兄弟公司又名菲布罗-所罗门股份有限公司。但我能听懂他的言外之意。我们总是希望自己可以摆脱“公司”一词所包含的绝大多数意义：无休止的会议、空洞的备忘录和愚蠢的等级制。可是，有一天达什打完电话抬起头来，却发现公司里的官僚作风日益严重，这让他很不愉快。为了支持他的看法，达什举起了自己的食指，仿佛罗马的演说家，他说：“想想书和碗的事。”

说完之后，他把旋转椅扭来扭去，拿起亮灯的电话上的听筒，很快就进入了推销员的角色。“……美联储要转向了，我不知道，市场软得经不起一碰，我们正在观察供应面，看好两年期，看淡10年期……”这一切对我来说无异于对牛弹琴。我赶快把听到的记下来，日后好向他请教。

* * *

所罗门兄弟公司那时正在庆祝公司创立75周年。为了纪念这个伟大的日子，每一位雇员都收到了两件礼品：一个巨大的镀银碗，边上刻着公司的名称，还有一本书。碗用来盛放啤酒倒是蛮合适的。书的名称是《所罗门兄弟：迈向行业领导者》，内容是经过精选的公司史，它的唯一目的就是为高管歌功颂德，其形式倒是颇为得体。古特弗罗因德、拉涅里、霍罗威茨、佛特、斯特劳斯和马西相继登场。他们的讲话仿佛是从剧本上抄下来的。谈到自己时，他们个个谦虚谨慎，但对他们所生活的世界则思虑良多。在剩下来的页面里，作者塞满了关于上述诸公如何聪明睿智、潇洒、勇敢和富于团队精神的赞美之词。整本书就像是一本拙劣的法西斯宣传小册子。从此以后，参加培训课程的实习生都要背诵其中的内容。

即使对实习生来说，这本书的意图也是昭然若揭的。不错，公司确实成了行业中的领导者，但却不再是一个快乐的大家庭了。它的体内伤痕累累，浮华的外表无助于遮掩这一切。公司创始人的儿子威廉·所罗门本是一个谨言慎行的人，如今却在任何一个愿意听他讲话的记者面前痛斥古特弗罗因德的不义。公司前任董事长戴维·滕德勒墓地上的鲜花尚未枯萎，古特弗罗因德为了爬上菲布罗–所罗门股份有限公司董事长的宝座可谓机关算尽，人们对此还记忆犹新。而拉涅里、斯特劳斯和佛特之间争权夺利的火拼已经达到白热化的程度。债券交易师们纷纷出走，谁出钱就替谁干。当然，公司的黑暗过去和现在都不会出现在官方的洁本历史中。

例如，在解释抵押部的创设历史时，编者从旧报纸堆里拈出了像是一段引自鲍勃·多尔的话，他说："所罗门拥有一种别的大公司所不具备的高度弹性，你的技能可以不受拘束地尽情发挥。"最有趣的一点是时间上的巧合。仅仅 6 个月之后，多尔就被古特弗罗因德丢了出去，换上了拉涅里，多尔只好去喝西北风。

古特弗罗因德是书中的英雄。他被描绘成先知以赛亚的形象，一位不食人间烟火、克己奉公的所罗门人。例如，在谈到从交易师晋升为经理的转变时，他说："我之所以乐于从事管理工作，并不是因为它是世界上最神气的职位，而是因为我渴望挑战自我。在某种情况下，金融的世界会把我们带向最高的召唤。我们将时常有机会为社会的福祉做出贡献。”

“他的语调就像一位上了年纪的政治家。”这是作者穿插在古特弗罗因德自白之间的诠释。

但是，最让达什痛恨的不是谎言。一旦你了解了公司内部的真相，你就会知道掩盖比直说要好得多。如果我们的头头想撒谎，让他撒好了，撒一个弥天大谎。达什痛恨的是所罗门兄弟公司居然把钱花在这些地方。一本书，一只碗？谁想出来的这种无聊的念头。折成钱多好。想一想，早年在所罗门上班的人绝对不会干这种事，他们一定会要钱，而不是这些劳什子。书和碗侵害了达什心目中的所罗门兄弟公司伦理，所以他才要我卖空它的股票。（后来发生的故事证明，卖空所罗门的股票真的是稳赚不赔的买卖，绝不是短线炒作那点儿蝇头小利。股价直线下跌，从 59 美元跌到 1987 年 10 月股灾之前的 32 美元。别的经纪行的乐观预言都成了泡影，第一波士顿和德崇最起劲，它们断言所罗门的股票极具投资价值。1987 年股市崩溃之后，所罗门的股票跌到了 16 美元。）

我把这次谈话原原本本地记下来，写在我那个用来记载一切看起来像聪明话的本子上。回过头来再看这个本子，那么早就有人提醒我这家不可一世的雇主事实上正在走下坡路。我信不过自己的记性，幸好可以有当时的笔记为证。在我自己的脑子里，初到伦敦几个月的印象已经非常淡漠了，我那时满心想的都是怎样尽快进入角色。

要想复原当年我自己的形象，我不得不在某种程度上借助别人的评价。在所罗门兄弟公司里，热衷于毫不留情的性格分析的大有人在。比如说，达什后来就很喜欢在不打电话的空隙中调侃我以前的样子，说话时嘴里还叼着一支钢笔。他最喜欢说的就是，我这个“基克”的脸上总是留着最后一个同我谈过话的人的烙印。他觉得，我刚来的时候简直就没有脑子。如果我刚同抵押债券交易师谈过话，我就会在电话里跟别人大谈抵押债券生意如何如何是一桩好生意。而如果我刚同公司债券交易师讲过话，我就会以为刚刚发行的IBM债券是一个金矿。

不幸的是，达什不可能时时刻刻扶着我走路。他只能在我大错铸成之后再来提醒我。公平地讲，他也是别无选择。同大家一样，他也是热带丛林里的一分子。丛林法则上说，“基克推销员”是交易师砧板上的肉，绝无例外。如果哪个公司债券交易师哄得我以为IBM债券是热门货，那也是我自己不好。如果达什胆敢跟我透底，交易师说什么也要想办法让他下次拿不到奖金。达什是喜欢我，但还不到那个程度。

尽管如此，我还是极为依赖达什和小组里的其他人，一共两男一女。我们坐同一张桌子旁，它设计的时候就考虑了5个人同时使用。桌上布满电话线，每一条线里流动的都是金钱、无聊的笑话和流言蜚语。如果你有兴趣了解世界上最令人惊叹的笑话是怎样传播的，那么只要在债券交易台边坐上一天就足够了。当美国“挑战者”号航天飞机在空中爆炸后，全球6个地区的人分别打来电话告诉我NASA（美国国家航空航天局）是“再来7个宇航员”（Need Another Seven Astronauts）的缩写。

谣言则要认真对待。同蹩脚的笑话不同，谣言可能会影响市场。谣言总是与人们最担心的事情不谋而合。常常是最不可信的谣言偏偏能够在市场上制造恐慌。例如，在两年时间里，有关保罗·沃尔克辞去美联储主席的谣传就有7次，还有两次说他死了。

我们每个人面前都有3部电话。两部是普通电话，第三部是通向所罗门帝国内部任何一个角落的专线。在电话板上，几十个灯在同时闪烁。欧洲的投资者（我将他们统称为“投资者”或“客户”，尽管他们之中绝大多数都是不折不扣的投机者，剩下的则是不那么纯粹的投机者）为了在美国债券市场上下注，要我们从早上8点一直干到晚上 8 点。

他们的急切心情是可以理解的。美国债券市场牛气正旺。想象一下，如果每个玩家都能赢大钱，那么赌场将会热闹到什么程度。这就是那段时间里我们小组工作状况的真实写照。最吸引他们的就是我们小组的专业长项——期权和期货，它们既有高度的流动性又有惊人的杠杆作用。它们是债券市场里的赌博工具，就像在赌场里有了超级筹码，它代表 1 000 美元，但只卖 3 美元。可事实上赌场里没有什么超级筹码，期权和期货在职业赌博的世界里没有对等物，真正的赌博会认为提供如此高的杠杆是不谨慎的做法。只要押下一小笔钱，期货合约的购买者就可以获得同拥有一大笔债券一样的风险机会，在一瞬间他的钱可能会涨上一倍，也可能一分不剩。

* * *

说到投机，欧洲人在这上头可用不着多少指导或鼓励。他们这样疯狂耍钱已经有好几百年了。特别是英国人和法国人，他们都有渴望快速致富的弱点。就像身边有美女帮着吹骰子的掷骰子的赌徒一样，这两个国家里的投机者有一系列令人眼花缭乱的非理性手段来帮他们赢钱。他们首先要做的是猜出美国债券市场的走势：上升还是下降。他们会花上几个小时盯着显示债券价格历史走势的图表琢磨。在仿佛罗尔沙赫氏测验[①] 的图像中，一些似是而非的图形，例如“头肩形”等只有看图者自己才明白的东西会显露出来。根据“历史模式将会重演”的假设，图表派（这类人士这样称呼自己）用他们的尺子和铅笔画出债券价格的未来走势。令人称奇的是，在牛市市场中，预测结果

① 罗尔沙赫氏测验（Rorschach test），是指把被测试者对 10 种标准墨迹的解释作为情感、智力机能和综合结构的检测方法来分析的投射测验方法，由瑞士精神病学家罗尔沙赫发明。——译者注

通常是市场正在看好。

应该说利用图表还是有道理的，因为别人都在用。如果你相信将以图表为依据做一笔大投资，那么看图就是有意义的，不管这项工作多么沉闷，也许它能帮助你在市场上领先一步。许多英国和法国的投机者虔诚地相信，图表中蕴含着市场的秘密。他们是最顽固的图表派。就算别人都放弃了，他们也会坚持使用图表方法。他们盯着图表，仿佛那是灵验板，图表对着他们讲话。

不过，我承认，如果要任由投资者相信他们的白日梦，即使对一个“基克”来说，这也是多少令人尴尬的。可是既然人家图表派愿意找我下注，按照丛林法则的解释，客户为什么要这么干不是我应该过问的问题。恰恰相反，我上手 10 天之后已经学会对客户讲的这种话表示赞赏了。“昨晚我研究了 10 日平均线，它已经画出了一条完美的鸭尾形反转。让我们赶快下手。”在这个关节点上，我扮演的角色应该大声地喝彩：“是的，那就干吧。”

在用别人的钱时，为了好听，我们称之为套利，而这完全是混淆视听。套利的字面意思是“无风险交易获利”。我们的投资人一刻也没能摆脱风险，“高空走钢丝”可能要比套利准确得多。尽管我的工作被认为担负着很大的责任，但当我拜访我的第一个客户时，我却既不懂行又不讲原则。我是一个业余药剂师，没有执照却在开处方，倒霉的当然是我的客户。

我不可能不注意到，我的客户和那些老推销员的大不一样。我手上的只是一些小型的机构投资商，从定义上说，这指的是规模不足 1 亿美元的投资商，每笔交易不过几百万美元。其余三位推销员只同保险公司、投资经理和欧洲中央银行打交道，如果这些人认可你的交易想法，他们会在几秒钟之内做成 5 000 万到 1 亿美元的大交易。其中最大的一家掌握着大约 200 亿美元的可投资资金。

我的丛林向导经理不让我碰那些大客户是很有道理的。像我这样容易被人牵着鼻子走是很危险的。他的想法是让我先从小客户的业务学起。这样，一旦出了岔子，也不至于对整个所罗门兄弟公司的业务造成什么大的影响。如果我把一两个客户做跑了，这也是意料之中的。这是“基克”生涯的一部分。对倒霉的客户，这里有一种奇怪的讲法：他们会说客户被“击倒”了。什么时候我学会了引导客户，什么时候我不再击倒客户了，我才能去和大投资商打交道。

* * *

几天之后，根据“丛林生存指南”，我开始学着微笑和拨电话。正如前面所讲的，我讨厌贸然给不认识的人打电话。我立刻就发现自己无论如何不能适应这种做法，这让我觉得自己是个令人讨厌的人。当我的丛林向导发现我一无所获之后，他终于死了心，让我给一个叫赫尔曼的人打电话，他是一家奥地利银行伦敦分行的人。这样的安排令各方受益。赫尔曼希望所罗门兄弟公司能卖点儿什么给他。可是，他一次只能做几百万美元的生意，公司里没人愿意跟他做交易。而为了吃饭，我需要客户。

可怜的赫尔曼根本不知道我为什么会选中他。我提议一起吃午饭，他接受了。他是个高高的粗鲁的德国人，声调低得吓人，令人印象深刻，仿佛他生来就是为了交易。他自以为非常非常聪明。我的工作则是鼓励他对自己的这种看法，他越觉得自己聪明，交易也就越多。而他交易越多，他给我带来的生意就越多。他的银行授权他可以动用 2 000 万美元投资资金。

虽说赫尔曼颇为狡猾，但在我之前他还没有同“基克”打过交道。我向他解释怎样用这 2 000 万来赚钱。所罗门兄弟公司里有的是精明能干和见多识广的人。我主张我们应该从他们那里获取灵感。我还让他意识到我自己就有一两个这样的想法，而且某些欧洲大投资商非常看重我的建议。到午餐结束时，我们已经考察了所罗门兄弟公司的诸多科学图表，讨论了头肩顶模式，喝光了一瓶葡萄酒，他终于下决心同我做生意。“可是，迈克尔，别忘了，”他说了好几遍，“我们需要大胆的想法。”

回到办公室，一位重量级公司债券交易商正在等我，仿佛一只没喂饱的马蝇。听到午餐会谈顺利的结果，他感到很高兴。正如他所讲的那样，他为我和我的客户准备了一个极好的设想。他整天都在观察欧洲债券市场，发现同标准的30年期美国国债相比，AT&T（美国电话电报公司）的30年期债券真的是太便宜了。可以这样讲，总值6 500亿美元的欧洲债券市场是所罗门兄弟公司开办海外机构的主要目的。欧洲债券是一种在欧洲发行而主要由欧洲人购买的债券。许多美国大公司发行欧洲债券，通常是因为它们向欧洲人借钱比向美国人借钱便宜得多，不过有时也是为了在海外扬扬名。所罗门仗着自己在美国公司里的名号，成了这个市场里的领导者。

回到刚才的话题，这位交易师认为，华尔街——指别的华尔街和伦敦的交易师们——低估了AT&T的债券。他说他知道怎样弄到一批AT&T债券，我应该告诉自己的客户，让他买入AT&T债券，同时卖空30年期美国国债。他说，诀窍在于避免在市场上居于空头或多头的风险。相反，我们只是背着人下注赌AT&T债券比美国国债表现好。这一套听起来挺复杂的。我想还是谨慎点为好，我问他这种策略有没有风险。

“别担心，”他说，“那家伙会赚钱的。”

“我‘抵’（以）前‘同’（从）没干过‘特’（这）”种事，不过这听上去倒还是个好主意。”当我把这一番说法讲给赫尔曼听时，已经半醉的他这样答复我，“做吧，投它300万。”

这是我接到的第一份订单。我激动不已，立刻打电话给美国的国债交易师，卖给他价值300万美元的国债。接着我又向伦敦的公司债券交易师喊道："你可以考虑买进300万美元的AT&T债券。"当然，语调要尽量放松，仿佛这不算什么大生意，只不过是在公园里散步。

在每一个所罗门分公司都设有一个到处都听得到的扬声器，人们称之为汽笛。在所罗门兄弟公司里，成功除了金钱之外还意味着让你的名字在喇叭里被大声广播出来。于是，负责AT&T债券的交易师的声音在喇叭中响起："迈克尔·刘易斯刚刚卖出去300万美元我们的AT&T债券，一次了不起的交易，非常感谢迈克尔。"

我心中顿时充满了骄傲感，你可以想象那时我的神态。不过情况似乎有点儿不大对头。"我们的AT&T"是什么意思？我做梦也没想到这些AT&T债券是所罗门兄弟公司自己的。我还以为这位交易师朋友是从别的公司的蠢材交易师那里买来的。如果这些债券根本就是我们公司的……

达什在一边盯着我，一副难以置信的样子。"你卖给客户这种债券？为什么？"他问道。

"那个交易师说这是一桩极好的交易。"我说。

"哦……"达什用手抱着头，做出很痛苦的表情，但我看得出他在微笑。不，是在大笑。"交易师还能说什么呢？"他说，"他这个头寸已经在手里压了好几个月了，可以说毫无希望，他想脱手都想疯了。你可别告诉他我对你讲了这些，但你就要大祸临头了。"

"怎么会呢？"我说，"交易师给我打了包票的。"

"你就要倒霉了，"达什又重复了一遍，"这没有什么，你只不过是一个'基克'。'基克'生来就是要倒霉的。"为了宽解我，他说得仿佛这是一个轻松的结果。他把嘴里叼着的钢笔拿了下来，若有所思地转了两转，然后又去忙着舞弄电话了。

“AT&T 债券现在什么价了？”第二天一早，一个熟悉的声音冲着我喊。赫尔曼失去了往日的冷静和自信，显然伦敦城里的某个交易师对他进行了点拨。好像全伦敦的人都知道所罗门兄弟公司拿着 AT&T 债券急等着脱手，只有赫尔曼和我还蒙在鼓里。赫尔曼慢慢明白过来，他就要大祸临头了。

我还不死心，尽管没有多少把握。不过我想走过去站在那个交易师面前，告诉他我的新客户有多沮丧，这对我们新建立的关系可没有什么好处，告诉他如果他肯用一天前的价格买回他卖给我客户的 AT&T 债券的话，他在我心目中的形象会有多高。

“它们现在的价位不太理想，”当我向那个交易师问价格时他这样答复我，“不过价格会回升的。”

“价格是多少？”我又问。

“回头我再告诉你。”他说。

“没门，”我说，“那个德国人急得跺脚，我马上就得知道。”

交易师假装在一堆看上去记载着复杂资料的文件堆中找来找去，又向数据显示屏里输进几个数据。我已经知道，这是在为了所罗门兄弟公司的大局利益而牺牲某位客户时交易师的标准做法。他试图归罪于某些非人力所及的科学上的力量。他会说：“这是数字，你没看到吗？我实在无能为力。”显然，AT&T 的交易师正在艰难地拖延时间。情况看来很不妙。

“我可以为你出价 95。”最后他说。

“你不能这样干，”我说，“昨天你还卖给我 97 的价钱，而市场并没有变化，这笔投资的价格也没有变。我没法跑去跟我的客户讲，仅仅过了一夜他的 AT&T 债券就掉下两个点，他亏了 6 万美元。”

“我告诉过你它们情况不好。”他说。

“你是什么意思？……你骗了我！”我开始喊起来了。

“喂，”他终于没了耐心，“你为谁干活儿，是为所罗门兄弟公司还是为这个家伙？”

你为谁干活儿？这个问题始终纠缠着推销员。每当交易师耍弄了客户让推销员无颜见人时，他们总是这样反问推销员：“你到底为谁干活儿？”传递过来的信息是很清楚的：你是为所罗门兄弟公司工作的，是为我工作的。是我在年底给你发奖金。所以还是闭上嘴的好，你这个“基克”。这样讲当然不错。可是，如果退一步想想我们自己的公司，这种态度的荒谬就暴露无遗了。耍弄客户最后一定会自毁生意。如果他们都被装进去了，我们也就没有投资人了。而如果没有投资人，我们靠什么去赚钱呢？

对这种政策的唯一可能的辩解（如果你称之为辩解）是从我们的总裁汤姆·斯特劳斯口中无意间讲出来的，他自己以前就是政府债券推销员。有一次他同我的一位客户共进晚餐，其间东拉西扯提到了这个问题，他发表了自己的看法：“客户总是不长记性。”如果这就是所罗门兄弟公司在客户关系方面的指导原则，那么一切都很清楚了。只管耍弄你的客户，他们总会忘记的！就是这样。

不管怎么说，你毕竟得承认，斯特劳斯是非常坦率的。耍弄客户是一回事，事先就告诉他你将这样做则是另一回事。AT&T债券交易师和斯特劳斯之间的差别就像蹩脚的打手和拳击师一样大。可是，他们俩的作为都对公司的利益有害，我的客户永远也不会忘记，所罗门兄弟公司认为“他们记性不好”。

我的错误在于轻信了一位所罗门兄弟公司的交易师。他利用了我和我第一个客户的无知来推卸自己的错误。他为自己，也为我们公司避免了6万美元的亏损。我很快醒悟过来，不禁勃然大怒。但这解决不了问题。咒骂交易师不会有任何好处，这是明摆着的，他到了年底就会扣我的奖金。何况，闹起来只会暴露我自己的愚蠢，好像我本来还指望客户在AT&T债券上赚钱。谁会愚蠢到相信交易师的鬼话？这样一来，最好的办法只能是假装我从一开始就是安心要耍弄这个客户的，别人还会因此而高看我一眼。这就是所谓的要随机应变。我这是头一次拿债券来随机应变，尽管我本人没有意识到这一点。我已经失去了自己的清白。

可是我该怎么去对那个叫赫尔曼的德国佬解释呢？“别把亏了6万美元的事放在心里，你的记性不好，很快就会忘掉这一切……对不起，我是个新手，猜猜看出了什么事，哈哈！”

“嗨，对不起耽搁了这么久。我实在是太忙了。”我说。试探着各式各样的声调看哪一种更体面一些，我实在想不出怎么做更合适，或者听上去能够令人舒心。我必须做出一个介于勇敢的微笑和白痴的傻笑之间的表情。达什在一边看着我这出闹剧，掩口而笑。我的一切努力似乎都是白费。我对着他打了个响指，现在，我更关心的是自己的尴尬，而不再是赫尔曼的感觉了。

“我刚同交易师谈过，”我对新客户说，“他说从昨天到现在AT&T债券的走势不大好，不过很快就会恢复的。”

“现在的行情如何？”他又问。

“噢，我……来看看……大概……大概……是的……大概……在95的水平。”我一边说一边感到自己的脸开始发烧。

“啊……”他叫了起来，仿佛刚刚有人在他心窝里插了一把刀。他已经完全丧失了自控能力。原始条顿人①似的叫喊仿佛凝聚了被所罗门兄弟公司牺牲的全部有价值的客户的痛苦。尽管当时我对他的情况还不了解，但很快我就知道了，他做梦也想不到会亏损6万美元。

---

① 原始条顿人，古代日耳曼人中的一个分支，后逐步和日耳曼其他部落融合。——译者注

他的银行是授权他操作 2 000 万美元的交易，但绝不允许他亏损 6 万美元。如果他们知道了这笔交易，他就得卷铺盖走人。事情并没有就此结束，后面的还要更糟。他有一个小孩，妻子又怀孕了，还在伦敦买了一栋房子，背着一大笔抵押贷款。当然，这些都是后话了。此刻他唯一能做的就是弄些声音出来，而我满耳回响着的是他的惊恐之音。

“哇……”他不停地叫，只不过调子略有不同，接下来电话里就是大口喘气的声音。

你猜我当时是怎么想的？当然，我应该感到愧疚，但愧疚却不是当时我脑子里的第一反应，如释重负才是我的真实感受。我总算把话讲出来了。他在那里又哭又叫，但也不过如此了。除此之外他还能干什么呢？哭吧，叫吧。这就是当中间人的好处，直到此刻我才体会到其中的妙处。倒霉的是客户，不是我。他不会杀我，他甚至不会去起诉我，我也不会因此而丢掉我的饭碗。相反，我还因为把 6 万美元的亏损转嫁到别人身上而成了所罗门兄弟公司里一个小小的英雄人物。

我们可以用一种更令人宽慰的眼光来看待这个局面。我的客户当然不乐意亏钱，但这事他和我一样有份儿。**债券市场的法则是：货物出门，概不退换。这是拉丁文“买者当心”的意思**。（几杯酒下肚之后，债券市场的人就要引用拉丁文了。我经常听到的另一句话是：“Meum dictum pactum。”但那只不过是一个笑话。它的意思是：“我的话就像我的债券一样可靠。”）我的意思是说，就算我告诉他买 AT&T 债券是个好主意，他也可以不听我的。

话说回来，除了那个德国人，谁也没有损失什么。这是个关键问题，因为它可以解释所罗门兄弟公司为什么能以超然的态度看待灾难。德国人的银行已经亏损了 6 万美元。这家银行的股东，还有奥地利政府，全都成了输家。再进一步讲，奥地利的纳税人也是输家。不过，如果同整个国家所拥有的财富相比，6 万美元就是一个小得不值一提的数目。换句话说，很难让人对此产生同情心，只有我这个一手做成这桩交易的人例外——可他自己也不是没有责任。

要不是因为我是个“基克”，我会认为他根本就怪不到我。但是，噢，看看他都干了些什么。不过，这是客户的特权，推销员只有忍的份儿。他可不是个善罢甘休的主儿，他前前后后骂了我怕有几百次。在犯了第一个错误买入这些债券之后，我们又犯了第二个错误，不愿意抛掉止损。在此后的几个星期里，每天早上和下午我都在极度恐慌中等着可怕的电话，这些电话极尽讽刺挖苦之能事。电话那一头传来浓重的德国口音：“买这些债券可真是个了不起的主意啊，迈克尔。今天睡醒之后有没有更好的主意啊？”事实上，赫尔曼已经完全放弃了能够躲过这一劫的幻想，他不相信所罗门兄弟公司会帮他挽回损失。他打电话的唯一目的就是发泄他对我的憎恨。

我的客户誓与他的债券共存亡。AT&T 债券越来越便宜。最后，在我下单之后 1 个月，我客户的老板终于得知了这桩交易。高达 14 万美元的亏损浮出了水面，这个德国人被解雇了。天哪！不过他又找到了一份工作，而且据我所知，对他孩子们的生活也没有什么影响。

对于我的职业生活来说，这可算不上一个好的开端。不到 1 个月的时间，我把自己第一个也是唯一的一个客户给弄丢了。谢天谢地，这样的人来源颇广。他们都符合交给“基克”打理的两条要求：首先，他们是小型投资人；其次，他们对所罗门兄弟公司极其敬畏，不管你说什么，他们都会深信不疑。我花了几个月的时间在电话里同整个欧洲最令人不敢恭维的几十个客户打交道。其中包括一名贝鲁特的棉花交易师（他曾说，“你可能会以为我们这里没人想做生意，你错了，错了”），一家热衷于外汇期权投机的爱尔兰保险公司，还有住在蒙特卡洛的美国比萨饼大王。我把保险公司的业务给干砸了，这回完全是由于我自己的愚蠢，怪不得交易师。至于贝鲁特的那个家伙，所罗门兄弟公司信用委员会劝我不要同他做生意，他们担心的是在我还来不及耍弄他之前先被他给耍弄了。蒙特卡洛的比萨饼大王最终还是放弃了债券，回去做他的本行比萨饼，他给自己的后人留下了一句值得纪念的话："这鬼地方的赌博真是没劲，比我们的差远了。"这可是大实话。

* * *

回想起头几个月的情形，也不是没有值得一提的经历，比如说我同一家英国经纪行头头的交往。这位在伦敦金融城里名不见经传的人物不知怎么知道了我的名字，他打电话给所罗门兄弟公司找我。他说他想了解所有有关期权和期货的情况，为此我应该到他的办公室去做一次拜访。他主持的是那种为数上百家的小型欧洲金融机构，它们同所罗门兄弟公司竞争生意，但自己也有钱做投资。他们经常假冒潜在的客户，只是为了弄点儿情报。他们认为所罗门兄弟公司掌握着别人不知道的东西。考虑到他会利用我透露给他的信息反过来抢生意，挖我们自己公司的墙脚，我本该回绝他的邀请。但是他手上真的有几个钱可以用来投资，而且我对老牌的英国金融家也颇为好奇。还有，以当时我所掌握的有关期权和期货的知识来引导他，破产的可能要比赚钱的可能大得多。

他是一个身材粗壮的中年人，穿着不合身的衣服，磨破了的黑皮鞋，还有松松垮垮的黑袜子，在我看来，这些仿佛是英国经济长期衰退的标志。与他的身份、地位不相吻合的方面远不止这些。他的后脑上有一撮头发不屈不挠地傲然翘立，衣服皱皱巴巴，好像他刚刚穿着它们睡觉来着。他手下管着几百号人，可他的外表却像一个叫花子、还没睡醒的人。

我们坐在他那间黑乎乎的办公室里谈了 1 个小时。更准确地说，是他对我发表了近 1 个小时有关国际事务的看法。我坐在一边洗耳恭听。最后，他讲累了，叫了一部车子送我们去吃午饭。离开办公室之前，他翻着手上的《泰晤士报》，拿起铅笔说："我得下注了。"接着他打了个电话，我猜对方是个赌注登记员，他在当天的赛马上下了两笔 5 英镑的赌注。放下电话之后，他说："你知道，在我眼里，债券市场只是赛马场的延伸。"我当然不知道。我想他这样做无非是想给我留下一个印象。在所罗门兄弟公司的交易厅里，5 英镑的赌注只会成为大家的笑柄，不过我想还是不提醒他这点为好。我不禁想起在培训班时一位资深交易师对我们讲的一段恶毒话。有一位实习生试图给交易师留下印象，但没有成功。交易师是这样讲的："你的表现证明了，有些人生来就是当客户的命。""生来就是当客户的命"，后排的人曾经以为这是他们所听过的最滑稽的话。

抛开这些不谈，我们后来还是去吃了午饭，所罗门伦敦分公司就是因为这种长达两个小时的午宴而在纽约总部那里臭名昭著。整个情景也同刚才一样，他讲，我听。他谈到债券市场反弹过度，美国银行家那股勤勉的劲头是多么可笑，他的公司如何对付像所罗门兄弟公司这类伦敦金融城的入侵者。他反对每天工作时间超过 8 小时，理由是"这会使你早上回到办公室的时候脑子里的想法和昨晚离开时的一样"。

借着酒力的催发，这几句妙语在我们看来似乎应该写在餐巾上。为了鱿鱼，我们又要了第二瓶白葡萄酒。在临近结束的时候，舌头已经不大听使唤了，血液也从脑部流到了胃里，他仿佛才想起这次约我出来的目的。他说："这次我们来不及谈期权和期货，下次还得找机会再聊。"不过，在下一次有机会之前，就像许多欧洲的小金融公司一样，他的公司被一家美国银行收购了，出价高得惊人。他退出的时机拿捏得恰到好处，在快要落地的时候争取到了金色降落伞。从此以后，我再也没有听到过他的消息。

* * *

一切都是新的，一切都让人好奇。我很快就有机会去巴黎做商务旅行。一出交易厅的门，我就不再是“基克”了，至少无须让别人知道我是个“基克”，我成了投资银行家，拿着投资银行家的开支账户。我住在巴黎最好的布里斯托尔酒店，400 美元一个晚上。这不算是过度铺张。所罗门兄弟公司的推销员全都住布里斯托尔。节约开支，要经过所罗门兄弟公司秘书的批准。当我第一次穿过布里斯托尔的金色大门，走上铺着大理石的地面，墙上挂着佩特的风景画和哥白林的双面挂毯，当我看到浴室里的盥洗用品和套房里阔气的装饰，我兴奋不已，觉得这才是我应该享受的。

我在伦敦头几个月的工作对所罗门兄弟公司的利润几乎谈不上有任何影响，但这些经历都非常有趣。我认为，比直接结果更重要的是，我从中受到了教育。在这段时间里我总觉得自己是个骗子，并且为此而烦恼不已。我一再地“击倒”客户，我什么也不懂。我从来没有掌握资金，没有赚过一分钱。我甚至连赚钱的人都不认识几个，除了几个靠遗产过上好日子的人。但现在我却端着架子装出了不起的金融专家的样子。我向人们建议怎样进行数百万美元的投资，而我自己做过的最大一笔金融操作只不过是在大通银行账户上透支 325 美元。我之所以能够在一次又一次的会谈中混过去没有露出马脚，只是因为对方比我还要不如。

我的无知和失误很快就让我尴尬得无地自容。我在跌跌撞撞中一边学习，一边保证自己每次都能有所收获。达什·里普洛克曾经不无得意地指出，我很容易受别人影响，在老谋深算的所罗门兄弟公司交易师手中，这是一个严重的弱点，但在自我教育的过程，它却成了一项特长。我有模仿别人的本领，能琢磨出别人脑子里是怎么想的。为了学习聪明的赚钱秘诀，我研究了自己认识的所罗门两名最好的推销员：达什·里普洛克和纽约所罗门总部第41层的一位（按他的意见在本书中称他为亚历山大）。我仔细研究，将他们两人的技术与分析方法综合起来。幸运的是，他们两人果然是这一行中最优秀的债券推销员。

达什和亚历山大不是一路人，这从他们各自为自己选定的假名中可以看出来，他们的业务技巧也各有所长。达什的路子和绝大多数推销员没什么两样，但他比别人做得更好。他把鼻子深深地埋在眼前的绿色屏幕上，盯着美国政府债券市场的交易活动，捕捉细小的价格差异。除了生来就是做债券的（真的有这种人），他的日常工作在外人看来实在是枯燥至极。美国政府债券的品种多达数百个，偿付期从几个月到30年不等。达什知道它们应该定价多少，哪几个大机构持有哪些债券，应该找谁做生意，等等。只要有1/8个百分点的赚头，他就会动员好几个机构投资者来赚这1/8个百分点。他把这项技术称为闪码nip，闪码指的是显示屏上代表债券价格的一小串绿色数字。我到底也没有弄明白nip的确切含义，但是由于在达什的客户中日本人越来越多，这一说法成了双关语①。每年他会销出价值数十亿美元的美国政府债券，他成了美国政府与日本投资者的中间人。达什就这样做出了爱国主义的贡献，为美国的贸易逆差融资。所罗门兄弟公司从每笔过手的交易中取走少许佣金，而达什则期望在每年的年末从所罗门得到的份额中再切下一小块儿。

亚历山大的做法是独一无二的，他是我所见过的最接近于市场大师的人物。我现在认为，没有人能够称得上是真正的市场大师。他27岁，比我大两岁，在我去的时候他已经在所罗门兄弟公司里干了两年

① nip和nippon（日本）发音相似。——译者注

了。他从小就玩股票，他的少年时代就是一部证券组合投资的历史。他回忆说自己在七年级时就从股票市场上狠赚了一大笔。19 岁的时候，他炒美国国库券期货亏了 9.7 万美元。换句话说，他不是一个普通人。一旦学会了止损和让利润延续，他就再也不回头了。他做国库券亏了钱，但在黄金期货炒作中又赚回来几倍。

亚历山大知道应该怎样开发金融市场。不仅如此，作为推销员，他还知道怎样表现出这一点。在我们这个小小的世界里，人人都听他的，就像船员跟着海妖走一样。他从伦敦调入纽约总部第 41 层只不过用了几个月的时间，好几位不知道该怎样拿自己的钱投资的董事经理发现了他的才能。你也许以为这些人拿自己的钱投资应该毫无困难，根本不是这么回事。每天他们都要去找亚历山大讨主意。不过，他们得等到亚历山大同客户还有我谈完话之后。亚历山大是一名推销员，同所有最优秀的推销员一样，他拥有交易师的直觉。从所有的动机和倾向来看，他本身就是一名交易师。他的客户还有他的老板都将他奉若神明。

亚历山大有一套解释身边事件的特殊技巧。最令人佩服的是他的反应速度。每当一桩新闻发生时，他似乎都早已胸有成竹。他对自己的直觉深信不疑。如果说他有什么疏忽，那恰恰是缺乏自省。在他眼里，市场是一张无处不在的网。拉动一根丝，就会有另一根跟着动。因此，他的交易涉及所有的市场。债券，外汇，美国、加拿大、英国、日本、德国、法国的股票（他是第一个发现以黄金做担保的法国政府债券定价失误的人，这种债券又称吉斯卡尔债券，这一发现让他赚了几百万美元），石油，贵金属，还有大宗商品市场——他全都有兴趣。

在所罗门兄弟公司工作期间，我感到最幸运的事莫过于亚历山大对我的信任。我们是在我到伦敦去接任他的职位时认识的。在我来之前的两年里，他在斯图·维立克手下工作，跟达什·里普洛克坐在一起。我们认识的时候，他正要去纽约，到 41 层去当债券推销员。他大可不必关照我。除了可以大包小包地帮他从巴黎带免税杧果茶外，我对他没有任何价值。他这样做纯粹是一种无私的行为，正因为如此，我一直对他念念不忘。就好像他在我的前途上投了股份，一心一意要让这桩生意物有所值。每天我们至少要通 3 次话，最多的时候有 20 次。头几个月主要是我问他答。

说起来，我的工作无非就是学习像要钱大师那样思考和讲话。既然我没有亚历山大那份天赋，那么模仿他思考和谈话就成了最好的选择。于是我认真地倾听大师的话，重复我所听到的一切，就像跟师父学功夫一样。这情景有点儿像学外语。刚开始的时候，你浑身不自在。接着，突然有一天你发现自己能够用这门语言思考了，那些以前想都想不到的单词如今任你驱使。最后你甚至能用这种语言做梦。如果我说自己做梦都在设计赚钱方案，那可能有点儿夸张，但当我真的在某天早上醒来想到在日本债券期货上有套利投资的机会时，这似乎也并不让我特别惊奇。那天早上我研究了一下日本市场，发现情况正如我梦中所想的一样。我很奇怪，因为我记不起来自己曾经谈过这方面的事。凡此种种对读者来说无非是老生常谈，在我，却是学习一门新语言的经验。

亚历山大提出的交易建议大多遵循两种模式。首先，如果所有的投资者都在做同样的事，他就会积极地寻找对着干的机会。股票经纪人对这种策略给出的术语叫“反向法”。人人都希望自己有这个本事，但没人敢这样干，他们的理由让人感到悲哀，因为没人愿意被别人看成傻瓜。投资者宁愿亏钱也不愿忍受孤立的苦恼，这意味着承受别人不愿承受的风险。如果大家都没有亏，只有他们自己亏了钱，那么他们将无法推卸决策错误的责任。而大多数投资者也和普通人一样，他们需要借口。奇怪的是，只要能凑够几千人，哪怕是站在悬崖边上也觉得很快乐。可是如果大家都认为市场前景不妙，哪怕纯粹是捕风捉影，许多投资者也会抬脚就溜。

美国农场信贷公司危机就是一个很好的例证。有一阵子，农场信贷公司好像就要破产了。投资者们忙不迭地抛出农场信贷公司的债券，他们都知道可能要出事，谁也不愿留在那里让自己的名誉承担风险。但是，在那个时期，牵涉面如此之广的破产是不可能的，美国政府连克莱斯勒公司和大陆伊利诺伊银行这样对国家利益不会造成多大影响的企业都要出面挽救，它怎么会坐视农场信贷公司破产而不干预呢？让一家总值800亿美元、向美国农民提供贷款的机构破产？这简直太荒谬了。机构投资者自己心里也明白，这正是问题的要害所在。那些低价倾销农场信贷债券的人不一定是笨蛋，他们就是不能忍受让别人知道自己仍然持有这些债券的事实。亚历山大不为表面现象所迷惑，他从这样做的人身上获利（这一角色的职业恶果是一种丑陋的优越感：你开始认为别人都是傻瓜）。

亚历山大思维的第二种模式是，当某种重大混乱出现时，例如股市崩溃、自然灾害或欧佩克限产协议破裂，他的反应不会局限于考虑投资者的当下利益，他还会考虑第二步和第三步的效果。

还记得切尔诺贝利事件吗？当苏联核反应堆爆炸的消息传来时，亚历山大拿起了电话。仅仅几分钟前，有关这次灾难的确认消息才反映在交易厅里的显示器上，但此刻亚历山大已经买下了足够装满两艘超级油轮的原油。他说，投资者的眼睛都盯着纽约证券交易所，特别是那些与原子能有关的公司，它们的价格垂直下跌。不要理睬它们，他说。他刚刚代表自己的客户买入了原油期货。他立刻就意识到，原子能供应的减少将导致原油需求的增加，他是正确的。他的投资者赚了一大笔钱，我的投资者也小赚了一笔。在我说服几个客户买入一些原油之后，亚历山大又打来了电话。

“买土豆，”他说，“赶快！”然后他就挂了。

这是理所当然的。放射性尘雾降落的前景威胁着欧洲的食品和饮水供应，包括土豆产品。因此，未受污染的美国产品的价格就会上升。也许除了土豆种植商之外，在美国还有几个家伙能在苏联核反应堆爆炸后几分钟内做出这样的反应，但我从没见过他们。

切尔诺贝利和石油的例子只不过是比较简单的一个。我们还玩一种叫作“如果……怎么样”的游戏。各种复杂的情境都可以纳入“如果……怎么样”的模式中去。比如说，你是一位掌管着几十亿美元资金的机构投资者。如果东京发生了大地震，你会怎么做？东京化为一片瓦砾，日本的投资者陷入了疯狂，他们抛售日元，把钱从日本股票市场中取出来。在这种情况下，你会怎样做？

好了，按照第一种模式，亚历山大的做法是把资金投入日本市场，因为人人都在逃离，此时买入在价格上一定会很优惠。他想买的正是别人最不想要的日本证券。首先就是日本保险公司的股票。人们很可能会认为，普通保险公司这回该大赔特赔了，而事实上，这些风险的大部分已经分散给了西方保险公司和一家专门的日本地震保险公司，后者已经积累了几十年的赔付金。普通保险公司的股价其实很便宜。

接下来，亚历山大会买入几亿美元的日本政府债券。由于经济上的损失暂时无法弥补，政府将会降低利率以鼓励重建并且干脆命令银行按这个利率放贷。日本银行将像从前一样顺从政府的要求。低利率意味着债券价格将会上扬。

* * *

此外，同日本资金分配格局的长期变化相比，短期的恐慌将会相形见绌。日本公司在美国和欧洲拥有大笔投资，最终它们会抽回这些投资，将注意力转向国内，舔干净伤口，修复它们的工厂，支撑它们的股票。这意味着什么？

对亚历山大来说，这意味着应该买入日元。因为日本人将会卖出美元、法郎、马克和英镑，而买入日元。这样一来，日元就会升值，因为不光日本人在买，外国投机者最后也会发现日本人在买，他们会加入抢购的行列。如果地震以后日元猛烈贬值，这只会让亚历山大信心倍增，他最喜欢别出心裁了。另一方面，如果日元升上来，他反而会抛掉它们。

每天，亚历山大都要打电话给我解释一些新东西。经过几个月的挣扎，我总算摸着点儿门道了。亚历山大一放下电话，我就开始给三四个投资商打电话现学现卖，在他们眼里，我就算不是天才，至少也是少见的聪明人。他们听从我的劝告把钱拿出来。他们赚取了可观的利润，就像亚历山大的客户一样。很快，局面就变了，他们开始给我打电话。过不了多久，除了我，谁的话他们都不听了。不论我——应该说是亚历山大——让他们干什么，他们都照办不误。

亚历山大教我怎样认识市场，而达什则教给我一种风格。作为推销员，我花在电话上的时间很长。所谓风格，也就是打电话的技巧。达什打电话的花样层出不穷。给客户打社交电话时，他一本正经地坐在座位上，但在打销售电话时，他会蹲下来，把头埋在桌子下面。桌子下面的空间成了隔音墙。他的这种隐私狂热源于基克时代，他不愿意让老推销员听到他说给客户听的蠢话。

如今这已经变成了他的个人习惯。我只要向对面一看，就知道达什打算卖出几个亿的政府债券了，他把身体蜷曲在椅子里，胸脯弯下去，比屁股还低，头塞到桌子底下的隔音区。在交易开始前，他用空着的那只手伸出一个指头堵住耳朵，压低嗓音快速地讲话（一位客户戏称他为低语者达什）。然后，突然之间，他一跃而起，摁下听筒上的静音键，对着扬声器喊道：“嗨，纽约……纽约……买下，10月期价格92，9月期93，100~110……是的，1亿到1.1亿美元。”如果他从那个小缝儿里钻出来而又没有卖掉债券，我就知道他是在给他妈妈打电话——在交易厅里给妈妈打电话当然不值得张扬。

就像孩子们模仿父母的行为一样，我在交易厅里也学会了像达什一样的动作——蜷曲在椅子上，嘴里叼着铅笔，用手指堵着耳朵，讲话又快又轻，客户们很难跟得上。总之，各个方面都向达什看齐。随着越来越多的"基克"来到交易厅，这个现象也就愈演愈烈：在小团队里，缺乏经验的人会学习其中最成功的成员的习惯和姿势。我们小组的人数从 5 名上升到 10 名，整个小组也越来越像达什·里普洛克。

达什就是达什，亚历山大就是亚历山大，而我却是个假货，我在力求把他们两位的特点集于一身。如果想为自己辩护，我只能说自己是个非常成功的假货。此外，我还具有两位导师都缺乏的一项品质：我有意同公司和业务拉开距离。我猜想，这是因为这份工作是从圣詹姆斯宫募捐会上轻松得来的，也可能是因为我有其他的收入来源（在所罗门兄弟公司任职的同时，我还在夜间和周末做兼职记者）。不管怎么样，对于年轻人来说，这是非常有用的，因为它能让你无所畏惧。就像租车的人一样，最坏的结果无非是把车收回。尽管我并不希望如此，但失去工作对我的影响不像对那些以此为生的人的影响那么大，比如达什·里普洛克。这绝不是说我不在意，相反，我极其在意。我比任何人都渴望听到赞誉。但是这种不太在乎的心态使我愿意担更大的风险，这是一心想保饭碗的人做不到的。例如，我有可能抗命不遵，这反倒让他们注意我，而如果你唯命是从，别人只会忽视你。

在亚历山大和达什的引导下，我给自己武装了几个可靠的赚钱项目，一套打动人心的推销辞令，还有一副恰当的交易厅派头。生意很快就来了，这也许不是偶然的。还有几个小投资商来找我做生意，就像当初那个不走运的德国人一样。而我已经有办法让他们借入大笔的资金从事投机。

关于垃圾债券和美国产业界的杠杆经营，人们发表了那么多的议论，奇怪的是，发生在投资者证券组合内部的日常性杠杆交易却未能吸引人们更多的注意。比如说，我动员客户买入 3 000 万美元的AT&T债券，可是他手上现金不够，但他可以要求用AT&T债券作为抵押从所罗门兄弟公司借到所需的款项。我们真的是一家提供全方位服务的赌场——客户不带钱也可以赌。这意味着，只要有一小笔钱，客户就可以做大买卖。我手上没有大客户，拉不到能让我的名字在扬声器里被大声叫出的大买卖。结果是，我变成了杠杆操作的高手。

好事接踵而至。很快，所罗门兄弟公司的经理们就把别的推销员的客户介绍给我，希望我能同这些大客户做成更大的生意。到 1986 年 6 月，我工作就位之后 6 个月时，我已经开始同欧洲的几家最有实力的机构打交道了。在我的鼎盛时期（我离开所罗门兄弟公司的时候），我所联系的客户控制的资金总额高达 500 亿美元。他们脑子快、为人机警、富有弹性而又富可敌国，我开办了自己的小型全能服务赌场，让它运转起来。年景最好的时候，它每年会给所罗门兄弟公司创造 1 000 万美元的无风险收入。我们曾经被告知，交易厅里的每个席位的成本是 60 万美元。如果此言不差，那么我自己每年创造的利润就超出了 900 万美元。渐渐地，我不再担心自己的业务量了，我的业务量已经远远地超出了支付我的报酬所必需的额度。干得再多，他们也不会再多给我 1 分钱。

我的客户很快遍及伦敦、巴黎、日内瓦、苏黎世、蒙特卡洛、马德里、悉尼、明尼阿波利斯和棕榈滩。在所罗门兄弟公司内部，人们普遍认为，除了纽约的那几位投资经理之外，我的客户可能是最懂货币操作的了。例如，如果能设计出一套精巧的货币操作方案，我就有本事从美国股票市场上调出 5 亿美元投入德国债券市场。从长期来看，市场的走向当然是服从基本经济规律的——如果美国贸易持续逆差，美元最终会贬值，但在短期内，货币的流动就不那么有理性了。**恐惧是货币流动的主要诱因，此外，还有贪婪**。通过观察周围的货币运动，我逐渐开始预期它的下一次运动方向，赶在下一次浪头打过来之前将我负责的500亿美元中的若干部分调度到位。

简单地讲，我干得很不错。所罗门的交易师开始找我求教，我已经没有那种低人一等的感觉了。到了1986年年中，我就不再是“基克”了，这更多的是由于运气，而不是技术。我成了一名普通的、合格的推销员。没有发生什么特殊事件来标志这一转折。我知道这一点只是因为人们不再叫我“基克”，他们开始喊我迈克尔，我喜欢这样。当然，我还不是“大老二”。从称兄道弟到挣得“大老二”的头衔还有很大的距离。从无用的“基克”变成迈克尔，我花了6个月的时间。从迈克尔到“大老二”的变化几乎紧随其后，而且差不多仅仅是由一单生意促成的。

* * *

在所罗门兄弟公司里面有一个词叫作“最优级”。“最优级”指的是必须卖出去的一大笔债券或股票，也许是因为卖了我们会大赚一笔，也许是因为没卖我们就会大亏。例如，当得克萨斯石油公司徘徊在破产边缘时，所罗门兄弟公司手上还拿着面值1亿美元的该公司债券。情况真的很危险，这批债券可能会变得一文不值。除非能够将它们卖给客户，否则所罗门兄弟公司将要亏大钱。当然，如果卖给客户，客户也会亏大钱。但是，在公司看来，这却是最好的结果。因此，得克萨斯石油公司的债券就成了推销部门的“最优级”。

在我供职于所罗门兄弟公司的日子里，最大的“最优级”之一是那家名为O&Y（奥林匹亚和约克）的房地产开发公司的债券，价值8 600万美元。从1986年5月中旬到1986年8月中旬，所罗门系统里的“大老二”们使出了浑身解数推销这些债券，但均未成功，这一失败令上上下下都感到尴尬，从总裁汤姆·斯特劳斯到伦敦最底层的“基克”。

有一天我和亚历山大正在通话。他也试图推销O&Y债券，同样无功而返。不过，他真的相信它们物有所值。O&Y债券与以往的“最优级”债券不同，它不是所罗门兄弟公司砸在自己手里的那一类。相反，它在一个阿拉伯富商的手里，阿拉伯人急于将O&Y债券脱手，买家很可能会拿到便宜的价格。

另外，人们看待债券的眼光也在随时变化，如同女子裙子的长度一样。现在没人想要O&Y债券并不等于3个月后也没有人想要。O&Y债券是一个特例，它们的抵押品并不是该公司的全部信用和诚意，而是位于曼哈顿的一所自有产权的摩天大楼。许多机构投资商缺乏评估不动产价值的专业技术，但是，随着越来越多的以不动产为抵押物的债券上市，他们也在学习和提高。

当然，所罗门兄弟公司可以干脆将O&Y债券买下来。但所罗门不是一家从事长期投资业务的公司，买下8 600万美元的债券，在手里放上几个月，甚至几年，一旦发生了最坏的情况，这些债券连肯接手的下家都不会有，经理们可不喜欢这个念头。因此，推销员都在寻找另一家买主。条件非常优厚，阿拉伯投资者说，只要我们卖掉O&Y债券，他就会从我们手上再买一大笔产品。两笔生意加起来，公司可以净赚200万美元。

我对谁也没有像对亚历山大那样信任，我决定同他分享自己的秘密。我的秘密是，我认得一个人，他有可能会买下O&Y债券。1个月前我就知道该怎么把O&Y债券卖出去，可是，AT&T债券的阴影还没有消退，所以我一直不肯说。我心里盘算着的投资商是个法国人，他不打算长期持有——只等别的投资者忘掉了他们曾贬低这些债券的价值后，他再脱手。

亚历山大帮助我说服了自己。如果我能够做得巧妙，如果我能从高级经理那里得到承诺，让他们保证不会耍我的客户，那么这将是一笔皆大欢喜的交易。所罗门兄弟公司赚大头，我的客户赚小头（这对客户来说已经很多了），而我自己将变成英雄。如果说我在所罗门兄弟公司曾获得什么教益的话，那就是各方都赢的机会是很渺茫的。这个游戏的本质是零和。我们口袋里的每一块钱都是从客户口袋里来的，反之亦然。但这一次可能真的有所不同。（甚至在卖出债券之后我还得不断提醒自己这一点：你看，为所罗门兄弟公司推销债券就是如此，你必须相信，所罗门自己不愿干的事情对客户而言却是好事。）如果经理们同意在此后几个月里把O&Y债券作为“最优级”，再从我的客户手上卖出去让他赚点儿钱（也就是说，甩给别人的客户），那倒有可能各方都赢。亚历山大每天都能做成不可能的事，不时地同他通话令我感觉自己也许同样可以做成：卖给客户“最优级”，还让他高高兴兴的。

我穿过伦敦分公司的交易厅找到了负责O&Y债券的交易师。他就坐在那个卖AT&T的交易师旁边。他说，当然，他保证不让我的客户吃亏。“你真的能卖掉它们？”他问，“真的？真的？”从闪烁不定的眼神中我读出了不信任和贪婪。他不相信这些债券能卖出去，一边却又对卖出去之后的利润垂涎欲滴。他嘴上讲的是承诺，心里想的却是赚到的钱。我不信任他。我改了主意，决定不干了。

太晚了！仅仅一次随意的询问就足以让整个所罗门帝国行动起来了。交易师们本能地围着我的桌子转，就像狗闻到了热屎堆一样。不到24小时，我接到了纽约、芝加哥和东京来的不下6个电话。他们的腔调同那些交易师们一样：干吧，别犹豫……你会成为英雄。所罗门兄弟公司上下只有一个声音，而且越来越响。可是，他们之中没有一个人能让我信任。接着，那个电话来了。我拿起听筒，另一头传来的声音模糊有些熟悉。“嗨，棒小伙儿，你他妈的还好吗？听说你他妈的有路子把那些债券弄出去？”是那位满口脏话的大师“食人鱼”。

这是我们之间第一次通话，看来销售O&Y债券的责任最后落到了他头上。他向我保证我的客户不会吃亏。别人也都讲过这番话，但我充耳不闻，唯独他的话我信。我一直在观察他，也经常听到一些传闻。据说，在这个金钱至上的社会里，他倒是个言出必行的人。在所罗门兄弟公司里，论起对债券市场的理解，没有人比得上他。我信得过他。我给亚历山大打电话，告诉他我打算把这批债券卖出去。他放下电话之后立刻去同41层的董事经理们打赌，说我能把债券脱手。他得到的赔率是10∶1。一次无须承受道德压力的内幕交易。

我给法国人打电话，告诉他有一个惊慌的阿拉伯人（“食人鱼”给他起了个绰号叫“骆驼骑手”）打算廉价倾销8 600万美元债券，而因为不受追捧，这些债券与类似品种相比价格相对被低估。如果他肯买下来放上一段时间，在美国一定会有人出面购买。我的销售表演并无特殊之处，只不过运用了一种特殊的语言。我使用的是投机的语言，而绝大多数债券推销员用的却是投资的语言，一味地分析公司的状况和它们的前景。我只是大略地知道O&Y公司的业务同不动产有关。但我强调的是全世界都不看好它的债券，它们是如此不受青睐，因此，它们必定是非常便宜的。

我的法国朋友看来领会了我的意思。他同绝大多数投资者不一样，在他心中，这笔8 600万美元的债券将是一笔快进快出的交易。我把他看成自己最好的客户，也是我最欣赏的客户。我想他是信任我的，尽管我们相识不过才4个月。而现在，我却把自己连碰都不愿意碰的东西卖给他，只为了争取一份私人的荣誉。我当时就知道，这样做的后果是可怕的。但回想起来，现在我的感受比当年还要沉痛。回到主题，经过大约1分钟的考虑，他买下了8 600万美元的O&Y债券。

整整两天，祝贺之声从所罗门兄弟公司的各个角落传来。大人物们打电话来，众口一词地对法国人的购买决定表示欣喜，夸赞我在所罗门兄弟公司将前途无量。斯特劳斯、马西、拉涅里、梅里韦瑟和佛特分别打来电话，一个接着一个。那天我恰好外出，达什·里普洛克诚惶诚恐地接了这些电话，他大骂没有一个是找他的。

他的反应不全是夸张，我得到了天神们的祝福。而达什尽管一直干得不错，却从未受到他们的表扬。在我就职于所罗门兄弟公司期间，这种仪式重复过好几次，但从没有一次像我卖出这些该死的债券时那样夸张。推销员们在所罗门兄弟公司里的荣誉越高，他的客户最终的命运也就越惨，这是一条铁律。在我的桌子上贴着一张黄纸条，“汤姆·斯特劳斯说你干得真漂亮”，我一面为此暗自高兴，一面却又在担心法国人的钱袋。

最后，甜蜜的时刻终于到来，刚刚将最好的客户推下险境的痛苦变得迟钝。“食人鱼”的电话来了。“我听说你卖掉了一些债券。”他说。我尽量用平淡的语气向他报告了事情的经过。他毫不掩饰自己的情绪，在电话里吼道:“真他妈的棒，太他妈的棒了！我讲这话可是他妈的真心真意的。你是一个‘大老二’，以后再也不让别人叫你别的。”听到这番话，眼泪涌上了我的眼睛，这个人亲口称我为“大老二”，这个词就是由他本人在几年前想出来的，在我的心目中，只有他最有资格承认我。

第九章

LIAR'S POKER

《孙子兵法》

我记得我碰到的第一位投资银行家曾经教给我一句诗:“眼睛是上帝的恩赐，剽窃是你的权利。”这句诗不仅生动体现了公司之间的竞争，正如我即将领悟到的，它同样是所罗门兄弟公司内部竞争的真实写照。

不战而屈人之兵。

——孙子

我用最大的嗓门对着巴黎布里斯托尔酒店房间里的服务生喊道："我的套间里没有浴衣，你怎么解释？"他背对着门耸了耸肩，好像是说他对此无能为力，这个小狗屎。接着我又发现，没有果盘。套间应该备好的苹果和香蕉在哪里？还有，嗨，等等。他们忘了把洗手间里最上面的那块纸巾折成三角形了。我的意思是说，你能相信竟有这样的废物吗？"他娘的！"我叫了起来，"给我把经理找来，马上。你知道我是出了钱的吗？你知道吗？"

接着，我突然醒过来了。"没事了，"我太太说，"你又在酒店做噩梦了。"但这不仅仅是一个酒店噩梦，它没有那么简单。有时我会梦到自己被英国航空公司从豪华舱赶到经济舱里去，有的梦还更加糟糕。伦敦的"克莱尔阿姨"餐厅把我最喜欢的座位给了别人，要不就是司机早上来晚了，总是诸如此类的事。自从卖出O&Y债券之后，投资银行的噩梦就开始紧抓着我不放：我被"大老二"的尊贵和奢侈搞垮了。想想看，就因为没有果盘。不管怎么说，总算都过去了。现在是早上6点，该起来工作了。

已经到时间了吗？1986年8月的这一天不同寻常。我将初试那种令投资银行家们臭名昭著的阴谋和密室交易的手段了。**所罗门兄弟公司存在着两种内部矛盾。第一种是在出现亏损时，人们争相推卸自己的责任；第二种是在赚钱的时候，人们抢着表功。**我在交易厅里面对的第一场战斗是赚钱之战而不是亏钱之战，这本身就是好兆头。而我一定会赢得这场斗争，那就更加妙不可言了。

在投资银行里没有专利权法，你无法为一个好主意申请专利。发明的骄傲抵不过利润的诱惑。如果所罗门兄弟公司创造了一种新的债券或股票，在 24 小时之内，摩根士丹利、高盛和其余的公司就会弄懂它的原理，然后做出仿制品。我了解游戏的这一内情。我记得我碰到的第一位投资银行家曾经教给我一句诗：

眼睛是上帝的恩赐，
剽窃是你的权利。

这首诗不仅生动体现了公司之间的竞争，正如我即将领悟到的，它同样是所罗门兄弟公司内部竞争的真实写照。

* * *

那天上午，伦敦时间 10 点，亚历山大给我打来电话。当然，他是在纽约，当地时间早上 5 点。他就睡在书房里，边上就是路透报价器，每隔 1 个小时他就会起身查看价格，他想弄明白为什么美元猛跌。美元如果走出一轮行情，那通常是某地的某位中央银行官员或政客发表了一项声明的结果。（假如政客们一口咬定他们对美元未来走势的看法，市场本来会平静得多。然而他们每每为自己讲过的话道歉，或修正自己的措辞，我不明白他们为什么就不能三缄其口？）但是当时并没有这样的新闻。我告诉亚历山大，有几个阿拉伯国家抛售了大量的黄金，它们换回了美元，然后又卖出美元买入马克，由此导致美元疲软。

为了想出类似这样的逻辑联系，我可真下了不少的功夫。**在绝大多数情况下，市场的波动并没有特定的理由。只要会编故事，你就能当一个称职的经纪人。**找出市场波动的理由编一个天衣无缝的解释，是我这号人的工作，市场上的人们什么话都信，真是匪夷所思。中东富商的强力抛售就是一个老调调。没有人知道这些阿拉伯人怎样用钱和为什么这样用钱，这样一来，什么故事都可以安在他们身上。所以，如果你不知道美元为什么下跌，你就大喊阿拉伯人如何如何。亚历山大自然对此洞若观火，对我的解释也就不当回事，只是笑了笑。

还有一个更加急迫的问题需要讨论。我有一个客户认定德国债券市场必定会上升，他想下一次大赌注，亚历山大对此更有兴趣。如果某个投资者对德国债券特别看好，也许还会有别的人持同样的看法。这样一来，市场可能真的会走高。下注的手段多种多样，到那时为止，我的客户只是简单地购入了价值几亿德国马克的德国政府债券。而我则开始考虑是否有可能从市场中找出更大胆的操作方法，对于一个习惯用别人的钱来冒险的人来说，这是很自然的念头。亚历山大帮着我一起梳理脑子里乱成一团的各种想法。就是在这个过程中，我们突然产生了一个了不起的念头，一个革命性的新券种。

我的客户喜欢风险。我已经懂得，风险本身也是一种商品，可以像西红柿一样装进罐头瓶里出售。不同的投资者对风险的定价大不一样。如果你能做到，从一个投资者手上廉价买入风险，再以高价卖给另一位投资者，那你就可以从中牟利而自己却无须承担任何风险。这就是我们要做的。

我的客户想来一场豪赌，他在赌德国债券升值上下了大额的赌注。因此，他是所谓的“风险买家”。亚历山大和我创造了一种证券，称为保证单或看涨期权，这是一种将风险从一方转给另一方的手段。如果购买了我们的保证单，世界上所有厌恶风险的投资者（也即绝大多数投资者）事实上就把风险转嫁给了我们。许多这类投资者从没想到他们应当出售他们在德国债券市场上的风险，直到我们建议他们购买我们的新保证单。正如绝大多数人都没有意识到自己渴望戴着耳机听平克·弗洛伊德乐队的歌，但索尼生产的随身听却一下子唤醒了他们内心的欲望。在我们的工作责任中，有一项就是要满足客户本人没有意识到的需求。我们可以借助所罗门的销售力量为我们的新产品打开市场，这种独一无二的设计一定会获得成功。我们的利润来自从谨慎的投资者手中买入风险和将它卖给我的客户之间的差价。我们估计大约会有 70 万美元。

这个主意是一个梦想。所罗门兄弟公司的工作只是居间将风险转手，自己却毫无干系。70 万美元无风险收入将会让经理层为之一振，也就是说，所罗门兄弟公司更看重的是这笔交易中的创新。德国利率保证单是一项新事物。成为第一家签发它的投资银行，这是每一位投资银行家梦寐以求的荣誉。

* * *

在我们反复推敲这宗交易的过程中，交易厅里的其他人也开始感到好奇。其中有一位副总裁，他不是我们部门的，一般情况下他负责同大型客户的交易，此刻他也嗅出了点儿味道。我称此人为机会主义者。他决心在这宗交易中让自己也占上一份。我没有说什么，也说不出口。他已经在所罗门兄弟公司里干了 6 年，比我和亚历山大加在一起还多一倍，我们也许可以借重他的经验。而在另一方面，这个机会主义者当时正是无事可干的时候。发奖金的时刻正在临近，他急需有所表现，这宗交易被他视为救命的稻草。

公平地说，机会主义者倒也不是纯粹的废物蛋一个。我和亚历山大曾经为如何取得德国政府的批准而煞费苦心，机会主义者的经验在这里发挥了作用，帮助我们免却了无谓的烦恼。欧洲市场的可爱之处在于政府完全不干涉。我们无须担心德国人的看法，但我们必须表现出友好的姿态，所罗门兄弟公司有意在法兰克福开设一家办事处，公司最不希望看到的就是惹恼德国政客的事端。

机会主义者充当了我们去德国财政部办事的特使。他试图向当局证明，我们的交易既不会损害它们控制货币供应的能力（千真万确），同时也不会加剧针对德国利率的投机活动（这当然是扯谎，整个机关的唯一目的就是挑动投机）。你不能不佩服他打动听众的那一套技巧。去法兰克福之前，他聪明地换上了伪装服——表明长期投资者身份的全套棕色套装：棕色的西服、棕色的皮鞋、棕色的领带。挂着金美元符号的背带取掉了，袖口的金扣链也拿下来了。凭着这副朴素的自治市镇居民的外表，他赢得了财政部官员的信任。我确信，他甚至赢得了部长本人的信任。

在长达几个星期的谈判过程中，只发生过几处小小的卡壳。在某次会议上，据说德国人担心这种交易一旦引起媒体关注将带来不利的后果。他们还没有彻底掌握我们的保证单的底牌，担心同我们走得太近有损自己的清誉。我们则保证说我们会尽最大努力不引人注意。他们还问起了证券发行公告，即在交易结束后是否在金融报刊上登出一项公开声明。我们回答说证券发行公告（就像纪念邮票一样）是必不可少的，除此之外我们不会在报纸上做任何广告。他们同意我们刊登证券发行公告，但前提是不得在其中使用德意志联邦共和国的标志——鹰徽。我们开玩笑说可以考虑用文字来代替。很明显他们一点儿也不觉得可笑。毕竟不是真正的好市民，我们还是不免露出了马脚。

最后，总算是通过了，这可是一项了不起的成功。所罗门兄弟公司和我的客户像歹徒得手一样兴奋。显然，亚历山大和我应该是头号功臣，在公司内部声名鹊起才对。当然，机会主义者也值得表扬。但就在此时，麻烦开始了。交易达成的当天下午，一份备忘录在伦敦和纽约传开，介绍了交易达成的整个过程（其中的叙事结构受到好评，颇有煽情的效果）。然而备忘录却没有提及其他功臣：亚历山大、我的客户和我本人。在备忘录上署名的只有一个人：机会主义者。

这种混淆视听的手段具有惊人的效果。外行人听起来可能觉得不可思议，但无论是纽约的还是伦敦的老板，他们之中没有一个人透彻地理解我们的做法。内行的人都知道，这是很自然的。由于争取到了解释权，机会主义者的表现似乎证明了他才是整个项目的负责人。

这种把戏太过火了，这样拙劣的手段也亏他用得出来。他骗得了谁？下一步又打算怎么做？这太滑稽了，我本该哭出来的。但在当时，我可一点儿也不觉得好玩。我打算朝他的座位走过去，然后跟他动武。扔电话是可以的，大喊大叫也是可以的，但要把同事打个好歹可就不行了。我希望自己不至于动手，但一旦动手就得让他还手，这样我们两个就会被一起开除。

看来，机会主义者招招领先。复印好备忘录之后，他抢上了第一班协和号飞往纽约。他这样做当然不是为了回避我。我相信他甚至根本没有考虑我的反应。他也知道，我在公司里认识的人中没有一个有权干预他的所作所为。此外，如果他只是为了逃避，一张普通商业航班的头等舱机票也就足够了。

就在我盯着他在伦敦交易厅的空座位发呆的时候，机会主义者正在纽约第 41 层进行亚历山大所说的"胜利大游行"。在行进的过程中，他还会时不时停下来向斯特劳斯、古特弗罗因德等人讲述交易达成的细节。当然，他的确没有讲这样的话。比如，"是我一手促成了这桩交易，应该给我发一大笔奖金"，但他的意思却是再明显不过了。他无须大叫大嚷，他的备忘录在为他撑腰。亲赴纽约汇报并且绝口不提第二个人，这一行为本身就暗示着这桩买卖是他做成的。

说起来，也许每个人都不难理解被人抢劫的滋味。但是，当整个公司上上下下都认可这种行为时，我心头的苦楚却是别人想象不到的。这正是我当时的处境。看来没有一位高层人士知道真相。所罗门兄弟公司的国际部主管经过我的交易台，手里捏着那份备忘录。他说："我要对你的帮助表示感谢。""如果没有你的客户关系，他（机会主义者）不可能做成这桩交易。"

他的交易？"你这个白痴，"我想大喊，"你被骗了。"可事实上，我却不得不还以微笑，还说"谢谢"。

亚历山大告诉我，纽约的家伙们正在谈论机会主义者是个聪明人。亚历山大至少和我一样有权表示愤怒，但他却表现出哲人的姿态。"别生气，"他说，"他以前也干过这种事，而且得手了。"我好歹还被承认在其中起到了辅助作用，亚历山大连这点儿运气都没有，他对所罗门兄弟公司金融史的贡献完全被忽略了。亚历山大和我还有一种选择——我们可以不顾一切地闹出来。如果任由人渣一样的副总裁把沙子踢到你脸上，你还不能吭一声，就算当上"大老二"又有什么意思呢？不过，如果在公司内部闹起来，即便是在一家像所罗门这样的具有浓厚的荷兰商人传统的公司，恐怕也是不会有好结果的。就算我们能够取下机会主义者的项上人头，自己也得为此付出代价。他是古特弗罗因德的人，而我们是斯特劳斯家族的。如果我们把臭鱼的盖子揭开，臭味就会冲上高层，至少也会传到董事长办公室。在团伙利益纷争的迷雾中，事实真相反而模糊了。黑手党内的自相残杀总是弄得一片狼藉。我们有把握揪出机会主义者而又不至于引起高层纷争吗？切除毒瘤时能保证不伤及无辜吗？

亚历山大听了我的长篇大论，他决定放弃争取，做个成年人，忘掉这件事。按亚历山大的说法，在一个公司里，踩着别人脑袋往上爬是不会有好结果的。如果机会主义者踩了我们的脑袋，我们应该擦干眼泪，然后把这事儿忘掉。无疑，他是对的，但这次我没有听他的。我决心做一回顽童，讨回公道。现在我已经适应了丛林，还培养出一种对游击战的爱好。

* * *

艺术史学位不是白得的。我了解各种各样的欺诈伎俩。请问，当画家发现竞争对手偷走了自己的作品署上他的名字后会怎样做？他会再画一张复制品，并且要求这位对手同样做一遍。这，就是我的打算。两者当然并不完全一样，在大多数人的眼里，仿造保证单比仿造伦勃朗，或仿造波洛克容易得多。但是，我不必证明他是一个彻头彻尾的假冒者，我的打算只是让别人对他起疑心。机会主义者一再声称自己是保证单业务的唯一设计者，如果我能破坏这一点，那么，在某种程度上，也就破坏了他的信誉。我们（虽说亚历山大不同意，但他还是给我出了不少坏点子）想出了另一宗交易，同第一宗很相似，令人绝想不到出自别人之手。这回谈的是日本债券而不是德国债券，发行结构略有不同，其中的细节与这里的话题无关，我也不啰唆了。

交易的结构搭好之后，这回可不像上次那样委托机会主义者去政府部门当特使了。机会主义者的待遇是他应得的——一个字儿也别想知道。接着，在交易公告之前，轮到我自己在纽约总部的41层举办大游行了。我称之为“热身游行”。同“胜利大游行”的不同之处在于，“热身游行”只要打几个电话就行了。

我打了几个电话。尽管机会主义者喜欢声称自己直接向约翰·古特弗罗因德汇报，但在他之上还是有一个上司。他的上司坐在第41层，心里头还在回味他手下给自己争来的荣誉，突然间却发现自己陷入了尴尬的境地。好几个同级别的人打电话给他谈到新做成的日本债券交易，事实上他们是在心照不宣地奚落他，“看样子想出这套做法的脑袋不是长在你手下人的身上”。机会主义者的上司给他打了电话，质问他“为什么不向我（上司）报告这宗新的交易”。机会主义者当然不知道这是怎么回事，而且他也无法令人信服地证明他了解这桩交易的底细。我的电话轰炸见效了。

我打算就此罢手，不再往下干了，但机会主义者却等不及了。电话热身游行结束大约 1 个小时之后，他站在我的面前，两眼瞪着我。他的愤怒超出了我的预料。我好不容易才忍住不笑出来。他现在的样子就像当初我刚刚看到他的备忘录时一样。我猜，他已经哄得连自己都相信德国债券的保证单完全是他独立设计的。我尽了最大努力做出一个微笑，估计看上去的效果不过是露了露牙齿。

“跟我来一分钟。”他说。

“对不起，我现在很忙，”我连忙扯谎，“我们得另找时间。”

“今晚 8 点我会在这里，你也一样。”他说。

我本想溜出去，可是真的被他说着了，我不得不坐在位子上等到 8 点钟，表面上看来却是为了别的理由。就这样，很不幸的，我们照面了。

“到查理的办公室里来。”8 点整，机会主义者一分不差。查理是我们的董事长。机会主义者有一个可笑的习惯，尽管他只不过是一大把副总裁里头的一个，但他很喜欢用董事长的办公室，仿佛是他自己的。不出所料，他坐到了桌子后面。我拿了一把椅子放到对面，就像准备挨训的小学生一样。我提醒自己，他才是贼。

也许是所罗门兄弟公司对我的影响太深了，当时我脑子里的想法在我走进交易厅之前根本就不可能出现。简单地讲，我决定再耍他一耍。我发现自己身上具备我所不了解的智谋，足以帮我达到这一目的。技高一筹的得意攫取了我的全身。既没有愤怒，也没有激动和不安，我突然沉浸在算计他人的念头中不能自拔。要想最大限度地打击他，办法是现成的：尽可能少说话，让他自己犯错误。

机会主义者在此之前已经冷静下来了。开口之前他早已考虑成熟。从方方面面来看他都没有什么失误，只有一点除外，那就是骨子里的那股自高自大的劲头。他是个聪明人，我承认。但他没有意识到，别人也一样是聪明人。他挺直身子，眼睛从1英尺外盯着一件东西，我猜那是一支钢笔，他拿在手里把玩。他把那支钢笔转来转去，没有直视我的眼睛。

“我一向很器重你，”他说，“这里绝大多数人都是傻瓜，而我认为你同他们不一样。”

在所罗门兄弟公司里，绝大多数人都肯定不是傻瓜，可这正是他的讲话方式。“你说这话什么意思？”我问。

“我接到（我的上司）打来的一个电话。他说你正在四处散布关于一宗日本债券保证单的消息。”

“那又怎么样？”我问道。

“为什么你事先不告诉我？你以为你自己是在干什么？”他问道。停了一下，他又接着讲下去。“没有我的帮助你做不成这宗交易，我一个电话就让你干不下去……”接着他历数了在过去几年里所罗门兄弟公司有几十亿美元的生意如何由于他的帮助而成交，或由于没有他出力而告吹。

“如果这是一桩赚钱的买卖，你干吗要阻挠呢？”我问道。

我心里很清楚他为什么要阻挠这桩有利可图的买卖。如果他自己干不成，他也不让别人去干。这桩交易的成功将威胁到他为自己营造的新保证单业务大拿的形象。而如果他能够成功地维护这一形象，年底的时候公司就会付给他更多的钱。我对这一切都了然于心，他也知道我心里明白得很。这尤其令他感到恼火，而发怒则是他所犯下的最大的错误。

“我可以让你被炒鱿鱼，”他说，“只要一个电话（他的电话举足轻重）就能搞定。只要我给我的上司或约翰（古特弗罗因德）打个电话，你就得立马走人。”

就是这句话，我想我已经抽到了第四张王牌。机会主义者在唬人，这一点清清楚楚地写在他的脸上。整天坐在交易厅里，别人只要吹牛皮就逃不过你的眼睛。他们看起来全部幼稚得可笑。一旦你抓住了把柄，你也就把他们抓在手心里了，就像上了钩的鱼一样。你可以放松渔线，也可以随时收紧。我几乎立刻就决定了下一步的行动方针。机会主义者越线了。他没有开除我的能耐，甚至还差得很远。可是，如果让别人听到他敢对我发出这样的威胁，这会惹恼许多人。尽管我事先没有想到，但他已经踩上了地雷。在此之前，我还从未设想出如此完美的毁人计划。细想想，我从来也没有打算要毁掉哪个人。

接下来的场面没有什么好谈的。我假装十分在意他的话。我告诉他我很抱歉，保证下不为例。将来如果我有一个好主意的话，一定会直接找他。看起来，他也有几分相信我的话。

在机会主义者的整个如意算盘中，他唯独没有考虑全能的、无所不知、无所不在的存在者。不，我说的不是上帝。在交易厅里，这个人被称为“辛迪加经理”。在华尔街和伦敦金融城，“辛迪加经理”的工作是协调所有的交易。所罗门兄弟公司在伦敦的“辛迪加经理”是公司里为数不多的几个女强人之一，她参与了德国债券保证单的业务。在投资银行业，“辛迪加经理”的角色类似于白宫办公厅主任或职业体育运动队里的总经理。约翰·古特弗罗因德就是在担任“辛迪加经理”时崭露头角的。这种职位是培养铁腕人物的摇篮，他们无所不在、无所不知。你不可能绕过“辛迪加经理”。如果你企图这样做，倒霉的将是你自己。

第二天，我向伦敦“辛迪加经理”汇报了昨晚的谈话内容。她对德国债券保证单的交易内幕一清二楚，因为这桩交易她也曾参与。她的反应超出了我的期望。在所罗门兄弟公司里边，她也是个手眼通天的人物，其手腕令机会主义者望尘莫及。我毫无怜悯之心，把他的命运交到她的手上，就好像让巷子里的猫照看金鱼。只有到了后来，当一切都无法挽回的时候，我才有了一点悔恨之心。不过也仅仅是一点点而已。我虽然没有心安理得，但也不会洗手不干，唯利是图和羞耻感在我的心里并行不悖。

我要等到很久之后才会知道故事的结局。那个女人的手上攥着机会主义者的命根子。机会主义者向往的是一大笔钱和从副总裁提升为董事。提升对他的事业前程至关重要。这个女人打了 6 个电话，摧毁了他的计划。我一直等到年底发奖金的时候才知道事情的结果。晋升名单在奖金发放前一周公布。机会主义者原地踏步，还是副总裁。等到奖金转到他自己的银行账户之后，他就辞职了。

* * *

到了这时，也就是 1986 年的秋天，我个人的财运与公司的财运开始分道扬镳了。金钱沿着我的电话线滚滚而来，但它们似乎没有在所罗门兄弟公司的盈亏底线上留下丝毫痕迹。债券牛市终于走到了尽头。市场在 11 月发生了短暂的下挫，达尔文主义最终占了上风。许多业绩平平的交易师和他们的客户一道完蛋了。客户数量减少，交易师诚惶诚恐，这将意味着交易量的萎缩。交易师们花在答复疯狂客户打来的电话上的时间越来越少，更多的时候他们只是在假装忙碌。只要熬到年终，总能领到奖金。在所罗门兄弟公司漫长的历史上，圣诞节的情绪如此低落，这还是第一次。

在伦敦交易厅内部，小规模的摩擦不断爆发。有几个拥有普鲁士姓氏的家伙如今都在桌子里放上一本克劳塞维茨的《战争论》，投资银行家们看《战争论》通常都要背着别人，不是因为怕人看见不好意思，而是生怕别人偷艺。我向一位普鲁士同事推荐中国古代军事天才孙子的著作，他用怀疑的眼光看着我，仿佛我在哄他相信中国人居然也懂战争的艺术。

交易厅里的钱池子越来越浅，情况变得非常像抢座位游戏时音乐停止的那一刻。靠近座位的人幸灾乐祸地看着剩下那些人为了争座位不顾体面地搏斗。公司里的人也不再考虑什么所罗门兄弟公司的伟大荣誉，一门心思只图自保。谁他妈的又完蛋了？这是人们相互间最常问的问题。

推销员咒骂交易师，交易师又反过来咒骂推销员。交易师们总是问，为什么不能把他们手上的债券卖给愚蠢的欧洲投资者？而推销员们则回嘴道，他们为什么就弄不到稍微像点儿样让我们好卖的债券呢？有一位交易师企图把一种跟AT&T债券差不多的东西卖给我的客户，他告诫我应当做一名团队成员。我大着胆子反问道："哪个团队？"经过努力，我很可能把他的债券卖出去，但这会损害我同客户的关系。在个别场合下，我会鼓足勇气对交易师们讲，自己的屁股自己擦，这不仅是道德上的出路，同样也是业务上的出路。依我看，解决AT&T这类债券噩梦的方法不是将它们倾销给我的客户，而是首先开除那个让我们落入困境的交易师。身为交易师，他们当然不会同意我的观点。

坦率地讲，市场的力量和内部管理的严重失误两大力量合在一起将所罗门兄弟公司推入了深深的困境。有的时候，我们好像根本就没有管理。没有人出面制止内讧，没有人指导方向，抑制过快的增长，也没有人打算负责任做出困难的决定，而这是商人们和将军们都不能不做的。

随着管理层对业务的控制越来越力不从心，在交易厅里出现了一种奇怪的反常现象。在前线卖命的人对问题的认识反而高于将军们。普通的推销员每天都在电话线上同我们的衣食父母——欧洲的机构投资者通话。1986 年 12 月，所罗门的推销员们从他们客户的讲话中听到一种新的腔调，他们立刻意识到一连串同时发生的变化，而管理层却一无所知。

首先，投资者们对所罗门兄弟公司和其他美国投资银行在客户关系中唯利是图、杀鸡取卵的做法越来越反感。掌握巨额资本存量的客户（例如法国和德国的投资者）拒绝再从我们这里购买股票和债券。"你必须明白，"一位愤怒的法国投资商有一天在回绝了所罗门兄弟公司提供的优先权之后对我说，"我们已经厌倦了这种游戏，不能再允许德崇、高盛、所罗门兄弟公司和别的美国公司窃取我们的财产了。"

每一位来自纽约的交易师只要在我们的办公室里待上一阵子就会发现，欧洲的机构投资商和美国的机构投资商有一个根本的不同。在美国，投资银行业的垄断由来已久。只有一小撮"有头有脸"的投资银行在资本市场上争夺资金。美国的投资商（出借款项的人）已经被驯服了，他们自己也认为只能同几家大的投资银行做生意。此外，纽约放款人的利益被排在公司借款人的利益之后，这也是非常普遍的。因此，在纽约，债券和股票交易能否达成主要不是取决于投资商（放款人）的购买意愿，而是取决于借款公司的借款要求。

我从未弄明白这一切是如何发生的。我的意思是说，人们会认为借钱的一方也会像放款的一方那样受到中间人的盘剥。但是，他没有。让放款人付出如此代价的华尔街寡头制似乎对借款者并无影响，也许是因为他们善于挑动投资银行间的相互争斗，也许是因为如果他们不喜欢债券交易条款，他们总还可以从银行获得贷款。不管怎么说，谁也休想让IBM之类的大公司乖乖地发行廉价的股票和债券。IBM太重要了，没人惹得起，所以它总能以满意的价格发行股票和债券。华尔街的推销员们回过头来又试图欺骗投资人，把定价过高的投资品卖给他们。

欧洲的放款人（我的客户）可不懂什么死了再来、翻来覆去的把戏。你可以要弄他们一次，但如果你这样做了，你就再也不会有第二次机会了。同他们的美国同行不一样的是，他们离了所罗门兄弟公司之流的经纪人照样可以过得很好。纽约来的一位所罗门推销员有一次告诉我："伦敦分公司面临的问题是没有教育好你们的客户。"可是为什么要教育他们？如果他们不喜欢我们，他们可以去找英国人、法国人甚至日本人开办的对手公司。外国银行在对待客户友善方面是不是做得比我们好，这我不大清楚，我只知道，能够把我们这一套玩得转的公司何止数百家。

没有人敢向管理层指出这样的事实，我也不愿意这样做。他们的反应会指向讲话的人。（"你说我们同别家毫无分别是什么意思。如果这是事实，那恰好说明你没有尽好自己的本分。"）我记得在一次短暂的日内瓦之行中，一个掌握着区区 8 600 万美元资金的人曾用一种极为简洁的方式向我指明了这一点。我们坐在他的办公室里谈话，一个会计闯了进来，手上挥舞着一张纸片。

"285 家。"他说，然后就出去了。

事后我才知道，他说的 285 家指的是在前一年里同他做过交易的投资银行的数目。如果这个小插曲是为了恐吓我，我可以说它达到了预想的目的。我咽下一口口水说，没想到世界上有这么多家投资银行。

"你错了，"他说，"远远不止这个数目，而且它们全都大同小异。"

换句话说，所谓的全球化根本就是谎报军情。先进的通信手段创造了勇敢的新世界、全世界资本市场的一体化等，但这并不意味着一小撮像所罗门兄弟公司这样的投资银行就能够统治世界了。相反，它意味着全球范围的自由货币流动。在冻青豆的交易中所体现出来的规模经济效益未必适用于货币交易。

债券的发行和交易不再是某家公司的"独食"，好几百家公司都想插手其中。后来者并不像我们那样自我膨胀。日本银行如樱花银行，美国商业银行如摩根担保银行，欧洲金融寡头如瑞士信贷银行，全都愿意提供所罗门兄弟公司欧洲分部的业务服务，而要价则低得多。即使只有6个人、开支很少的小公司也敢以大胆削价为手段同我们竞争。它们掌握的信息和我们相同。随着通信手段的提高，信息变得越来越廉价和易得。低价的外国竞争者正在把我们赶出市场，就像当年的美国钢铁业和汽车制造业的遭遇一样。

可怜的管理层背上了不可能完成的目标。来自纽约作战指挥室的命令完全不符合前线的实际情况。伦敦办事处由约翰·古特弗罗因德和汤姆·斯特劳斯共同掌管，而他们的策略中存在着严重的瑕疵。古特弗罗因德和斯特劳斯至今还沉迷于全球性支配地位的美梦中。他们总是责怪手下的代理人把一个出色的计划给搞砸了，却从未反省计划本身是不是有问题。他们在所罗门兄弟欧洲公司分部的手下则全部加入一曲大合唱，歌词是："这不是我的错，我才刚来没几天。"

这倒是真的。伦敦办事处的经理们，当然也包括"基克"们在内，全都是市场上的新手，他们不可能对战略计划提出质疑。首席经理迈尔斯·斯莱特今年43岁，1986年6月才从美国调来伦敦，比我晚来6个月。销售部头头布鲁斯·科普根今年34年，1985年头一次到伦敦来，也只比我早6个月。运营主管查理·麦克维今年45岁，他倒是个经验老到的人，可惜外交能力胜于管理才干。在所罗门兄弟公司伦敦办事处里，没有一个董事经理能够使用英语之外的语言。

1986年11月，我们的办公室从位于伦敦金融区心脏的鸟笼子搬到了维多利亚地铁站（如今称维多利亚广场）上面的大房子里。新的办公室差不多像地铁站一样大。它的存在更多地反映了我们对前景的乐观情绪而不是实际需要。威廉·所罗门说道："当我看到新开张的伦敦分公司交易厅的面积比纽约总部的还要大上1倍，我意识到他们已经自我膨胀到了极限。"

这个颇为壮观的办公室离白金汉宫不过一小段路程，王太后她老人家就住在那里。一道长长的扶梯从帝王街经过一个装饰着铬框镜子的通道一直升到交易厅所在的令人目眩的高度。交易厅不在扶梯的顶端，那样未免太不值钱了。在扶梯的尽头是一片巨大的空间，满是沙发、植物和一座巨型的青铜像，塑造成一只奔跑的兔子。谁也不知道这个兔子是从哪里来的，据说它象征着一家华尔街公司奋力开拓未来的精神。

显然，他们把时间都花在讨论房间装修上去了，没顾得上考虑它的功能。太空时代的扶梯和门厅里裸露的金属管架直接连到挂着大师旧作的螺旋形的木楼梯上。仿佛这里是好莱坞的片场，《2001 太空漫游》刚刚下线，《乱世佳人》就接上来了。从楼里走出去的英国客户心中不禁会这样想，只有美国人才做得出这样可笑的东西。他们会相互低语，这就像他们在纽约曾经见过的那个拙劣的造型。再看看那些墙纸，地道的纽约人会联想起泰氏牛排馆，伦敦人则会想到遍布全城的上千家印度餐馆。

有一天，我那位法国客户到这里同我共进午餐，此刻他已经是 8 600 万美元O&Y债券满腹怀疑的持有者了（他最终还是把债券脱了手，小有盈余，但他从未宽恕我把他带进这个骗局的事）。他用挑剔的眼光检查用橡木做成的扶梯把手，然后又检查了附近红色和奶油色的墙纸，好像上面有一大片疱疹。“我猜这是由我们付的钱，是吗？”他问。听他的口气，他付给我们的佣金反而不如这种可怕的装修让他们更痛心。

新的交易大厅看上去比纽约 41 层大了不止 1 倍，里面装备了各种各样新奇的小玩意儿。4 个人可以在里面玩橄榄球（他们真的那样干了），在任何一个方向上都不受拘束。太大有的时候也是一种负担，比方说买的鞋大了 5 号。这个地方没有一丝一毫纽约交易厅里那种高度紧张的气氛。所有的能量都消失在四周，安静得让人乏力，人们禁不住想要躲起来。当人们无所事事的时候，他们就想躲起来。我很想走到交易厅中央大喊一声，只想看看有谁愿意露面。空间带给人空虚的感觉，经理们感触尤深。来伦敦之前他们都在纽约工作多年，经理们已经习惯于将喧闹同利润联系在一起，而死寂则意味着亏损。

快，趁着还有钱剩下，赶快分给我。由于前面提到的种种原因，这成了 1986 年年底时公司里的普遍想法。就在我们迁入维多利亚广场之后，一个由董事经理们组成的陪审团在纽约成立，他们将决定如何分赃。发钱的日子定在 12 月 21 日，在那之前，人们想的和议论的全都不离“奖金”二字。我们的业务正在萎缩，这是令人痛苦的，但也是必须清醒地认识到的事实。正因为如此，我们比以往任何时候都更加盼望那年的奖金。

根据古特弗罗因德的敕令，每年都要给进公司不满一年和两年的雇员规定奖金的上下限。第一年和第二年的新职员相互揣测当年的奖金能否提高，这已经成了所罗门兄弟公司的传统。在这一年的最后 6 个星期里，我把大部分时间都花在给以前的培训班同学打电话或接听他们的电话上了，这些人如今分散在公司的各个角落里。我们的谈话紧紧围绕着奖金的上下限展开。谈话分为两种类型。

首先，是上下限的额度，这对于大家都是一样的。

“去年听说是从 6.5 万到 8.5 万美元。”某个人这样说。

“我听说是从 5.5 万到 9 万。”

“头一年，他们不会拉开这么大的档次。”

“他们会怎样对待赚了大钱的人？”

“狗屁，你以为他们真的在意你赚了多少？他们满脑子只想着给自己捞钱。”

“不错，祝你好运，别太灰心。”

"再见。"

其次，我们讨论了每人具体可能分到的数目。

"如果他们不给到8万，我就去高盛。"电话那头开腔了。

"哈，你以为他们会给你8万，就因为你是我们班上最赚钱的一个？他妈的，他们早就把你抢光了。"

"高盛保证我每年都至少拿18万，这里的人在耍弄我们。"

"是的。"

"就是这么回事。"

"一点儿也不错。"

"对！"

"别灰心。"

"再见。"

奖金发放日的众生相，对于我这样终日除了和客户聊天就是在市场里下注的人来说，真是大开眼界。从相遇时人们的面部表情中学到的关于金钱在社会中的作用胜过听1 000场演讲会的收获。听到自己的奖金数额之后，人们通常会有三种方式来表达他们的感受：解脱、欣喜和愤怒。绝大多数人的感受是三者的混合。也有不少人分别体会到三种情感：得知结果时的解脱，设想消费时的欣喜，还有听到业绩和自己差不多的人拿得比自己多出一截时的愤怒。但是，不管拿了多少奖金，他们脸上的表情总是一样的：仿佛在闹肚子，就像吃多了巧克力派一样。

对许多人来说，领钱纯粹是一种痛苦。到了1987年1月1日，1986年已经在记忆中抹去了，只剩下一个孤零零的数字：奖金和收入。这个数字就是最终的总结。想想看，如果你被告知要到1年之后才会有一位神圣的造物主开出你作为人的价码，你恐怕也不会为此感到高兴吧？而我们却要忍受这一切。经过整年不辍的一心一意追逐成功的努力之后，人们发现自己经不起情绪上的大起大落，胃里面不由得翻江倒海起来。更不幸的是，他们还得设法掩饰这一切。游戏还要照常玩下去。得意扬扬和怒不可遏都是不体面的表现，前者显得没有教养，后者反而会成为别人的笑柄。最好的表现就是宠辱不惊。他们觉得自己拿到的正是该得的那么多，不多也不少。无动于衷，见怪不怪，这样最好。看上去好像与平时没有两样，过去就过去了。

决定我自己报酬的面谈安排在当天晚些时候，就在那间令人想起《乱世佳人》时代的餐厅里。主谈人是我的丛林导师斯图·维立克，还有一个是布鲁斯·科普根，伦敦办事处的销售经理。在整个过程中，我的丛林导师只是坐在一旁倾听并微笑。科普根被指定代表伟大的所罗门兄弟公司，由他主持整个仪式。

我曾幻想，到时我的心情就像一个完成任务之后面见黑手党教父的打手，冷酷而又斤斤计较。但是我做不到，我比自己预想的紧张得多。我，还有别的人也都一样，只想知道奖金的数额。但是我还要先耐着性子听一段长长的演讲，其原因我一开始没弄明白。

董事经理摆弄了一会儿摆在面前的纸张，然后才开了腔："我见到很多人在他们工作的第一年里表现出色。"他说，接着列举了一连串年轻的董事经理的名字作为例证。"但是，我还从未见到一个人能取得像你这样的成就。"他又开始罗列名单了。"比尔没有你出色，乔也没有。"他说。接下来又说："甚至连'食人鱼'也没有。"甚至连"食人鱼"也不如我？甚至连"食人鱼"也不如我！

"除了衷心地祝贺，"他说，"我还能讲什么？"他讲了大约 5 分钟，达到了预期的效果。听完这一套之后，我已经感动得甘愿自己掏钱来获得为所罗门兄弟公司工作的荣誉了。

我曾以为自己是个善于兜售的人，可是此刻老板们的表演令我自愧不如，有道是山外有山，天外有天。他掌握着整个局面，招招都点在要穴上。我心中的怨恨和悲愤如融雪般化解。我对公司的感激之情已经达到无以复加的地步。对我上面大大小小的老板，对约翰·古特弗罗因德，对AT&T债券的交易师以及任何一个同所罗门兄弟公司有关的人都充满了感激，也许只有机会主义者算是个例外。我不在乎钱，肯定我的成就已经足以让我飘飘然不知所以了。我终于明白了为什么他们在发钱之前先要来上这样一段。

就像牧师一样，所罗门帝国里的发薪人遵守着一套行之有效的仪式。发钱之前先让你反省一番，而金额则是一道求解的数学题。“去年一年你的收入是9万美元。”他说。

我的工资是4.5万美元，所以，剩下的4.5万美元才是奖金。

“明年，你的工资将涨到6万美元。下面请允许我对这些数字进行解释。”

接下来他告诉我，在整个培训班里我的收入是最高的（后来我听说还有3个人拿得和我一样多），与此同时我在心里把9万美元换算成英镑，我开始思考这个数目的意义。从抽象的意义上讲，我的所得大大超出了我的所值。它远远超过了我对社会的贡献。天哪，如果把社会贡献作为衡量收入的尺度，那么到年底我还要倒找给社会才算公平。我比我父亲在26岁时赚得更多，即使在排除通货膨胀因素之后仍然如此，我真的算过。我比自己认识的每一个同龄人都赚得多。哈！我有钱啦！我热爱我的雇主，我的雇主也爱我。我真的很快乐。会谈就在这样的气氛中结束了。

可是这事儿似乎经不起推敲。当我有时间再考虑的时候，我发现自己不那么满意了。奇怪吗？要记住，这可是所罗门兄弟公司。就是这些人用AT&T债券把我的客户干掉了。他们既然能对客户干出这样的事，对我自然也不会客气。我已经为他们干了1年肮脏的工作，只不过才拿到那么几万美元。从我口袋出去的钞票落在了对我大唱赞歌的家伙手中。他心里比我更清楚，漂亮话不值钱，我也明白这个道理。

最后，我认定自己被人揩油了，我至今仍然认为这个结论无懈可击。我不知道我究竟给所罗门兄弟公司赚了几百万，但是，不管怎么说我的报酬应该都不止 9 万美元。按我们这家金融寡头的标准，9 万美元不过是福利救济金的水平。我觉得自己被骗了，我的愤慨是发自内心的。我还能怎样想？环顾四周，到处是那些没有为公司赚一分钱的人，可他们拿的都比我多。

"在这个行当里，你永远不会觉得自己有钱，"亚历山大听过我的抱怨之后这样讲道，"你所获得的只能是新的相对贫困的境遇。你以为古特弗罗因德会觉得自己有钱？我敢打赌他不会。"亚历山大是个智者。他修习佛学，常以此来解释自己的超然。另一方面，他从培训班毕业已满 3 年，收入不再受上下限约束，公司刚刚发给他一笔天文数字的奖金，他有资本讲这种漂亮话。

当然，他这番话也确实刻画出所罗门兄弟公司内部乃至任何一个华尔街公司里，所谓成功者的贪得无厌的嘴脸。贪婪可以有各种不同的形式，在某种意义上也许有益于公司的健康。最有害的是那种要求立刻兑现的欲望：短浅的贪婪，没有任何长远的考虑。急功近利的人不会忠诚。1986 年，所罗门兄弟公司的人之所以急于立刻兑现就是因为他们眼看公司正在走向灾难。谁知道 1987 年会出什么事？

奖金发过之后不久，伦敦的交易师和推销员，和纽约拉涅里手下的人一样，开始冲出门外寻找更赚钱的机会。其他公司仍然愿意为所罗门的交易师和推销员付更多的钞票。老资格的职员们对钱看得越重，他们的失落感也就越强。他们可能指望 80 万美元，结果到手的却只有 45 万美元。公司年景不好，在奖金分配时也就力不从心，顾此失彼。奇怪的是，虽说公司不赚钱，可人人都觉得自己干得挺好。

我到伦敦之后不过 1 年，放眼望去，资历比我老的人不超过 15

人。当初为伦敦分公司的工作节奏定下调子的 20 位老一点儿的欧洲人（就是他们在每天午餐时喝两瓶啤酒）只剩下 3 位，其余的都跳槽去了更赚钱的地方。每走一个，公司就会派来几个“基克”，尽管一找到工作老人就跑了，公司的规模仍在扩大。

人手不是问题。到 1986 年年末，美国大学校园里的那种狂热也开始传到英国来了。连流行的说法也都不差分毫：只有投资银行业值得一干。这年年底，我接到一个电话，邀请我到伦敦经济学院保守党学生协会去做演讲。天晓得这是怎么回事，如果说在这个世界上还有什么地方能够阻止成立保守党学生协会并且抵挡所罗门兄弟公司的诱惑的话，那就是伦敦经济学院，它一向是左翼思想的温床。

我演讲的主题是债券市场。应该承认的是，这是一个极为枯燥的话题。任何有关债券市场的话题无不冗长而沉闷，出乎意料的是，到场的足有 100 多人。其间只有一个破衣烂衫坐在后排大口喝啤酒的家伙突然大喊我是一个寄生虫，但他很快就被嘘了下去。演讲结束后，我被热情的听众包围了，没有一句不敬的话，他们七嘴八舌问的问题没有一个与债券市场有关。相反，他们想知道的是怎样才能进入所罗门兄弟公司。一位年轻的英国激进分子[①] 声称他能报出纽约巨人队的全部首发阵容，因为他听说所罗门兄弟公司的一位高级董事经理是巨人队的球迷（这倒是真的）。还有一个在《经济学人》周刊上看到有报道说，在所罗门兄弟公司里不会有人拍你的后背，他们拿小斧头直接往你的脑袋上砍，这是真的吗？表现自己进取心的最好方法是什么？年轻人真的能发大财吗？值得放弃眼下这种悠闲的生活吗？

在所罗门兄弟公司 1987 年年中的鼎盛时期，维多利亚广场上足有 900 人，看上去更像是一家日间看护所，而不是一家全球性公司的旗

① 此处指伦敦经济学院学生。——译者注

舰，向来言简意赅的达什·里普洛克有一天环顾四周后说道："除了董事经理就是小孩子们。"那时我已经听得出他话中的弦外之音了，甚至在他开口之前就猜得到，仿佛我的体内移植了达什·里普洛克解码器。伦敦公司同人的服务资历从平均6年下降到不足两年，平均年龄也从30多岁下降为25岁。

在1987年的早些时候，公司里流传着一句老掉牙的笑话，说我们应该赶快在交易厅的出口处贴上一个条子：最后走的人请别忘记关灯。接着，又有一个新的笑话（至少对我而言如此）传了开来。只不过这回是真的。负责英国政府债券（称为金边债券）的首席交易师提出辞职。伦敦分公司的董事经理们跪下来（夸张的说法）恳求他不要走。他们说，他是一家新兴而脆弱的公司的脊梁骨。他的回答是，我是贪财的脊梁骨，高盛答应给我的报酬比你们的高得多，趁着对方还没有改主意，我得赶紧去。不管怎么说，他只不过是一个提供交易服务的交易师。他们还能指望他怎么着？他们说，本以为他可以把交易放一放，用心想一想忠诚于公司的重要性。

你猜他怎么说？他说："如果你们要的是死心塌地的奴才，雇一条哈巴狗好了。"

第十章

LIAR'S POKER

怎样才能让你更快乐？

德崇大逃亡就像动脉出血一样无法遏止，这丝毫不令人感到奇怪。有关在迈克尔·米尔肯手下干活儿所获得的奇迹般收入的传闻返回到所罗门兄弟公司，令我们怦然心动。

我们落入了一种僵化的生存模式里边。每个月的月初都要对本小组的表现进行分析，每周举行一次公司会议，每天还要给可能影响你命运的人打几通电话。达什·里普洛克每天比我早到至少1个小时，他一直担心，如果哪天老板找他的时候他不在，年终奖金就会受影响。他大错特错了。老板们关心的是我们从客户身上榨出多少钱，而不是我们花多少时间去榨客户。可以想象，达什对于我竟敢在7点45分之后才来上班十分不解，有时他会在喇叭里公告我的到来："女士们，先生们，我十分荣幸地宣布迈克尔·刘易斯先生来上班了。让我们致以热烈的欢迎。"

接下来我们会陷入一场意识流式的对话。所谈的无非是他的前景，怎样从市场上捞钱，所罗门兄弟公司的命运，或怎样调教分在我们手下的3个"基克"，我们两个絮絮叨叨，活像一对老妈子。这就是交易厅里的典型社交性谈话的内容。

达什：今天在索斯比拍卖公司看到一幅画，打算买下来。

我：你这套衣服哪儿买的？

达什：日元汇价走势如何？

我：能把你那本《大西洋月刊》借我看看吗？

达什：我在香港买的，花了400美元，在这儿要卖800美元呢。

我：谁画的？

达什：哦，不过最好还是撤出来，要不然你就死定了。

我：年底他们还会发钱吗？

达什：迈克尔，什么时候你见他们在年底发过钱。

在第二年里的一天，也就是1987年9月24日晚些时候，这个模式被意外地打破了。事情发生的时候，达什还像往常一样缩成一团挤在他的桌子底下，我坐在一边等他从自己的窝里重新露头好告诉他又一个有关Ronbo总裁的无聊笑话。但是我再也没有等到这个机会，就在这时有人大喊道："这回轮到我们自己了。"

达什的手指头还塞在耳朵眼里，全神贯注于卖他的债券，根本没有听到那声叫喊。我把视线转向新闻显示屏。如果有什么激动人心的消息公布出来，别人还在不敢相信地擦眼睛的时候，就是我采取行动的最佳时机。屏幕上打出了一条消息，罗纳德·O. 佩雷尔曼，身高5英尺4英寸，纽约著名闲话专栏作家的丈夫，臭名昭著的企业袭击者[①]，他刚刚夺取了化妆品企业露华浓公司的控制权，现在又在市场上出价收购大宗所罗门兄弟公司股票。他的资金后盾是德崇证券公司，而咨询顾问则是第一波士顿的约瑟夫·佩雷拉和布鲁斯·沃瑟斯坦。华尔街掉转枪口冲自己开火，这还是破天荒第一遭。

瞬间之后，我的电话板仿佛变成了落基山区的晴朗夜空，上面所有的灯全都像星星一样闪了起来。客户们争相把电话打进来，公开表示他们对本公司即将遭受毫无心肝的捕食者的攻击和肢解的命运表示同情。他们的关心当然都是空洞的。他们只想看热闹，踮起脚，伸长脖子，就像一群围在事故现场的人，盯着拧成麻花的金属残骸和吓得发抖的肇事者。相当一部分客户心里想的是，庞大的所罗门兄弟公司终于恶贯满盈，碰上了更庞大和更邪恶的力量。可笑的是，攻击居然来自一家女性用品供应商。我的那位法国客户聪明透顶，没有表达丝

① 此处指恶意收购控制公司的投资者。——译者注

毫的同情心。“用不了多久，每卖出100万美元债券你们公司就会附赠免费的口红样品，以后我收的口红会多得送不出去。”他说，然后挂上了电话。

一个口红生产商为什么要收购我们呢?最令人好奇的回答是，这不是他的本意。佩雷尔曼的开价很容易被想象成迈克尔·米尔肯向约翰·古特弗罗因德投掷的一颗仇恨的炸弹，他是佩雷尔曼的真正后台，德崇的垃圾债券之王。米尔肯经常向那些曾经严重伤害过他的人甩出仇恨的炸弹。古特弗罗因德曾经严重地伤害过他。在1985年早期，米尔肯曾经造访本公司，同古特弗罗因德共进早餐。嫌隙起因于古特弗罗因德不肯把米尔肯当作平等的谈判对手。会谈最终演变成了一场比试嗓门的竞赛，米尔肯不得不在公司保安的护送下离开了所罗门大厦。古特弗罗因德随后切断了所罗门兄弟公司同德崇的全部债券交易。

紧接着，德崇证券公司成了证券交易委员会有史以来最大的一宗调查案的主角。所罗门兄弟公司不仅没有出手相助，反而落井下石，一位董事经理给米尔肯的客户寄去了其他三位客户对米尔肯提起司法控诉的文件的复印件（勒索和诈骗的指控）。1987年9月，所罗门兄弟公司和德崇证券公司正是华尔街上的死对头。

米尔肯打了古特弗罗因德一个措手不及。尽管古特弗罗因德抱有世界范围的极大野心，但他毕竟是个地方色彩浓厚的内向之人。这可以解释，为什么在他的心目中，管理他伦敦分公司的人选理所当然是美国人。我们不是商人，没有抓住机会趁自己有财力的时候搞多元化。实际上，除了债券交易，别的我们简直一窍不通。在所罗门兄弟公司里，没有人创办过真正意义上的新业务。只有刘易斯·拉涅里是个例外，而他最终也被自己惹出的麻烦葬送了。另一方面，米尔肯的业务在性质上同我们的极为接近，他的目标是篡夺所罗门在债券市场上的地位。

“不管古特弗罗因德嘴上怎么讲，”一位比我更接近古特弗罗因德的同事讲道，“他内心的想法始终没有变，如果说有哪家公司有能力打败所罗门兄弟公司，夺取我们在市场上的特权，那就是德崇。他从不畏惧摩根士丹利的上流银行家，因为他认为我们在这方面的竞争优势是毋庸置疑的。但是德崇却像我们一样坚强。而亨利（考夫曼）已经预言，美国公司的信用质量将出现一个长期的下降过程，他们不顾一切地发行垃圾债券，这意味着我们的客户基础正在倒向德崇。”

问题不仅限于我们的客户。我们的雇员也在以惊人的速度逃向德崇。至少有一打前所罗门兄弟公司的交易师和销售人员加入了米尔肯设在贝弗利山的垃圾债券交易厅，成为85名成员中的一个，而在纽约为德崇工作的人为数更多。每隔1个月左右，就会有1名交易师、推销员或研究分析师走出所罗门兄弟公司纽约交易厅，报告管理层他将前往德崇，所罗门兄弟公司的反应是什么呢？“如果你老老实实地报告，”一位已经离开的职员说，“你连交易厅都回不去，他们甚至不让你回去取自己的外套。”

* * *

德崇大逃亡就像动脉出血一样无法遏止，这丝毫不令人感到奇怪。有关在迈克尔·米尔肯手下干活儿所获得的奇迹般收入的传闻返回到所罗门兄弟公司，令我们怦然心动。1986年，一位所罗门兄弟公司的中层经理离开这里去了贝弗利山的米尔肯公司。干到第三个月的时候，他发现在他的周薪表上出现了额外的几十万美元。他知道还不到发奖金的时候，以为德崇的财务部门弄错了。他把这事告诉了米尔肯。

“不，”米尔肯说，“我们没有弄错。我们只想让你知道我们对你做的工作有多满意。”

另一位前所罗门兄弟公司职员也讲述了他在迈克尔·米尔肯那里领取第一份奖金的故事。他本来已经习惯于所罗门兄弟公司的奖金分配制度了。在这个制度下，他拿到的奖金很少会有比自己预想的多的情况。想不到在米尔肯那里，单他的奖金一项就比约翰·古特弗罗因德付给他的全部报酬还要多。他坐在自己的椅子上，一时缓不过神儿来，就像电视剧《百万富翁》（*The Milliomaire*）里面的角色。有人刚刚付给他足以使他今后不必工作的大笔钞票，而他本人则一片茫然，不知如何是好。米尔肯看着他，接着问道：“你快乐吗？”这位前所罗门雇员点点头，米尔肯身体往前倾，问道：“怎样才能令你更快乐？”

米尔肯手下的人被淹没在钱海里，传奇般的经历让我们许多人耳热眼红，只盼着下一个电话是米尔肯打来的。米尔肯的行事方式在他的贝弗利山交易厅中唤起了手下人的忠诚，有时米尔肯看上去就像在搞个人崇拜。“我将这一切全都归功于一个人，”一位德崇证券公司的职员这样对作家康妮·布鲁克说，“我们全都成了没有灵魂的人，迈克夺走了我们身上的自我。”每一个自我都是有价格的。一位以前参加过培训班的学员后来去了米尔肯的公司，他告诉我，在贝弗利山交易厅里上班的 85 人中，“有 20~30 人值 1 000 万美元或更多，有 5~6 人的身家超过了 1 亿美元。”每当报纸上估测出米尔肯公司的工资单，其数额之低总会让整个德崇贝弗利公司里的人笑出声来。我的朋友，还有别的了解米尔肯的人告诉我，米尔肯的身价超过了 10 亿。不过，你可以打赌他更喜欢哪个，是赚 10 亿美元还是旁观他手上最大的客户——罗纳德·佩雷尔曼袭击所罗门兄弟公司时约翰·古特弗罗因德的狼狈样。“我认识迈克，也喜欢他，”刘易斯·拉涅里说，他两个月前刚被古特弗罗因德炒掉，“他的格言是：从不背叛朋友，决不宽恕敌人。”

另一种观点则将佩雷尔曼的收购企图视为所罗门兄弟公司管理失误的报应。尽管没有任何人前来征求我们的意见，达什和我还是认为，公司被收购也许不是什么坏事。我们了解罗纳德·佩雷尔曼，口红大亨，一个虚张声势的流氓，无赖，他根本不懂应该怎样管理投资银行。但我们也知道，如果能够打败古特弗罗因德，他要做的第一件事必定是将公司视为一个企业，而不是王国，来进行检查，这也许意味着会有一种新的令人振奋的经营方式将被引入所罗门兄弟公司。毫无疑问，许多公司收购都是丑闻迭出、令人厌恶的。袭击者声称他们要赶走懒惰、愚蠢的经理，而他们的真实意图却是攫取公司的财产。但收购我们公司却是例外，似乎纯属热心之举。我们的财产就是我们的员工，我们没有土地，没有过度膨胀的养老金计划，没有品牌。所罗门兄弟公司是一个没有多少油水的靶子。我们的管理层活该遭此报应。

在华尔街上，唯一比所罗门兄弟公司从前提出的计划更糟的就是它自己为未来数月所做的计划。我们的脑子和脾气就像一个机械的出租车司机：要么踩油门，要么踩刹车。我们不懂得中庸之道，也不懂得怎样做决定。当我们发现纽约办公室地方不够大的时候，我们会像普通人那样马上走出去在这条街上再找一家更大的办公室吗？不会。我们要自己建，同哥伦布转盘广场的不动产开发商莫特·朱克曼合作，兴建曼哈顿地区有史以来最大和最奢侈的不动产工程。苏珊·古特弗罗因德订购了一盒子玻璃烟灰缸，那座未来大厦的设计图就印在烟灰缸底部。后来，我们不得不以亏损1.07亿美元为代价将这个项目顶了出去，烟灰缸则由她继续保存。

我们还曾一意孤行，谋求争夺全球性的主宰地位，在伦敦的一家地铁站上面建起了世界上最大的交易厅。如今它已经成了光荣失败的标记，还要等待重修，亏损估计高达1亿美元。英国报纸在提到我们时刻薄地称“熏黑了的所罗门”。我们创办了庞大而无所不能的抵押债券交易部，但我们却任由其中一半的人才流向别处，剩下的一半则被开除殆尽。拉涅里和他在市场上的垄断地位全都一去不复返了，公司损失超过几亿美元。我们任由世界上野心最大之辈在第 41 层争权夺利。如今，纽约总部在自相残杀的局面里挣扎，大错业已铸成，其代价也许将是公司所有权的易手。不进则退，不买则卖，不上则下。只有求变，才能求生存。

还要指出一点，迄今为止我们最大的失误不在于我们所做的业务，而在于被我们忽略的业务。千万不要以为在 1987 年投资银行已经不再是一个赚钱的行当了，相反，它比以往任何时候都赚钱。打开任何一张报纸，你总会发现诸如投资银行家在短短几周的工作时间里收获 5 000 万美元的报道。这么多年来头一遭，别的公司，而不是所罗门，开始在债券市场上赚钱了。富有讽刺意味的是，新的赢家恰好就是那些在佩雷尔曼收购行动中为他做后盾的家伙：米尔肯、沃瑟斯坦和佩雷拉。由于迈克尔·米尔肯的天才运作，德崇已经取代我们成了 1986 年华尔街上最赚钱的投资银行。它当年的总收入为 40 亿美元，净利 5.455 亿美元，超过了所罗门兄弟公司最好的年份。

德崇赚钱靠的是垃圾债券，这对我们的刺激尤甚。我们一向被视为华尔街的债券交易商，而如今，我们在这一方面的才能却日见愚钝，因为管理层未能预见到垃圾债券的重要性。他们认为垃圾债券的命运将如过眼烟云一般。这次走眼肯定是他们一生里代价最高的一次：我们不仅错过了一场美国公司革命，一次令人眩晕的华尔街免费大宴，而且直接导致公司陷入被收购的危险处境。这一切应当引起人们的深思，我就是其中的一个。

* * *

垃圾债券是指，根据两家著名的债券评级机构穆迪和标准普尔的评定结果，属于可能无法偿付类别的公司债券。“垃圾”是一种独断的但非常重要的特征。债券的信用等级按照一个长长的序列展开，IBM的优质债券在一头，贝鲁特的一家棉花交易公司在另一头，其中必定有某处断裂点。从那一点开始，一家公司的债券从投资的对象转变成纯粹的赌博工具。垃圾债券毫无疑问是20世纪80年代最受争议的金融工具，而且时常见诸报章。

应该强调指出，它们并不是什么新事物。公司也像普通人一样，当它们手头没有现金但又想买下某些东西的时候，它们就要借钱。它们之所以借钱还因为，至少在美国，这是为公司融资的最有效的手段，同时债券的利息支付可以免税。境况不佳的公司更是一心一意想借钱。20世纪初的那些强盗大亨们[①]就是坐在成堆的债券上发达起来的。那时的投资人像着了迷一样地借款给这些人。但是，同今天的投资人的疯狂相比，他们当年的狂热简直不值一提。在20世纪80年代，真正令人眼界大开的是垃圾债券市场的规模，是大批深陷其中的公司的阵势，还有借钱给这些公司甘愿让他们的本金（也许还有他们的原则）冒此风险的投资者人数之众。

德崇的迈克尔·米尔肯一手开创了这个市场，他说服了投资者，让他们相信垃圾债券是一个有利可图的赌博工具，其手法与当年刘易斯·拉涅里说服投资者购买抵押债券时如出一辙。从70年代末到80年代初，米尔肯奔走于全美各地，在各式各样的场所向人们灌输他的想法，直到他们听进去为止。拉涅里的抵押债券和米尔肯的垃圾债券的出现，第一次使那些从前被认为没资格筹资的个人和公司获得了融资工具。或者换个说法，新债券的出现第一次让投资者获得了借钱给房屋所有者和信用不佳的公司的可能。投资者出借越多，其他人欠的也就越多。由此而造成的债务杠杆成了我们这个金融时代最显著的特征。

① 此处指洛克菲勒、摩根等垄断资本势力。——译者注

在《预言家的水晶球》（*The Precator's Ball*）一书里，康妮·布拉克揭露了德崇证券公司垃圾债券部的发迹史（据说米尔肯试图贿赂作者不要出版此书）。故事从1970年讲起，当时迈克尔·米尔肯还在宾夕法尼亚大学沃顿金融学院里研究债券。在沃顿，他认真地研究了“堕落天使”，即目前已陷入困境的蓝筹股公司过去发行的债券。“堕落天使”是那个年代里唯一的一种垃圾债券。米尔肯发现，即使考虑了它们所承载的额外风险，它们还是卖得比当今蓝筹股公司的债券便宜。根据米尔肯的分析，由“堕落天使”组成的证券组合的表现总是胜过由蓝筹债券组成的证券组合。这中间自然是有道理的：投资者因为谨慎的考虑而将“堕落天使”过度贬值。这是一个简单而又极不寻常的发现。同亚历山大一样，米尔肯注意到投资者为表面现象所蒙蔽，也就是说，这种现状为头脑清醒的交易师打开了一扇机会之窗。凭着牧羊人式的直觉，米尔肯为金钱世界中的革命打下了基础。

同年，米尔肯开始了自己的职业生涯，最初是在德崇的后台干。接着，他想方设法进了交易厅，成了一名债券交易师。他戴着一头假发，甚至连他的朋友也说一眼就看得出来，而他的对手们则说他整天在脑袋上顶着一只死老鼠。在米尔肯和拉涅里之间存在着惊人的相似。像拉涅里一样，米尔肯既没有教养，又缺乏机智，但却总是信心十足。他从不在意与他的同事不合群之事。在开创垃圾债券市场时，米尔肯一直坐在交易厅的角落里，忍受着这样自我放逐的局面，直到他赚的钱帮他升到老板的位子上。他还建立了一支忠于自己的队伍，这一点也同拉涅里一样。

米尔肯的忘我投入同拉涅里相比毫不逊色。“迈克尔的苦恼在于，他就是没有那份耐心，听不进别人的话，”一位离职的德崇证券公司经理这样告诉布拉克，“他自大到了极点。他总以为自己已经把某个问题给彻底解决了，只管向前而不顾他人的反应。他在委员会里毫无用处，在任何可以称为集体决策的场合下都是害群之马。他只关心事实真相，毫不顾及别人的感受。如果迈克当初没有走进证券这一行，他可能会去发动一场宗教复兴运动。”

米尔肯是犹太人，而德崇，在他加入的时候是一家老式的WASP投资银行，那里有一种他所说的敌视闪米特人的味道。米尔肯觉得自己在公司里是外人，而这一点却正合他的口味。在1979年，如果要打赌猜出在未来10年里谁将成为金融界革命性的人物，那么最好从符合下列条件的人群中去找：打探华尔街寂寂无闻的角落；抹去刚刚出现在布鲁克兄弟公司名录上的人，那些属于或自称属于经理俱乐部的人，再除去出身于WASP好人家里的人。（在剩下的人里面不仅有米尔肯和拉涅里，还有第一波士顿的约瑟夫·佩雷拉和布鲁斯·沃瑟斯坦，他们是公司收购业务的领头人，更为凑巧的是，他们是资助佩雷尔曼收购所罗门兄弟公司的另外两个核心人物。）

然而，相似之处也只是到此为止。与拉涅里不同，迈克尔·米尔肯对自己的公司有全面的控制能力。他把垃圾债券的业务从纽约迁到贝弗利山，而且最终把自己的报酬涨到了5.5亿美元一年，比拉涅里在极盛年份挣的钱多18倍。当米尔肯开设Wilshire Boulevard分公司（属于他个人所有）时，为了让别人知道在这里谁说了算，他把自己的名字，而不是德崇几个字钉在门上。他还在自己的公司创造出了一种迥异于所罗门兄弟公司的工作气氛：在那里，成功是严格地根据你所完成的交易的数量来衡量的，既不看你手下的人数，也不看你是否在董事会里有一个席位，更不看你在闲话栏里的曝光率。

* * *

要想指出是哪些品质使某个人具备了改变多年形成的传统（全世界都很习惯，唯独被他发现了其中的不合理）的能力，这从来都是一项吃力不讨好的差使。在米尔肯身上，这种困难尤其明显。在事业之外，他的私生活几乎从未被曝光过，想为他作传的人几乎无从发现其性格上的特点。我自己的看法是，在米尔肯的上升时期，他将两种毫不相关的品质集于一身，从而为他的成功奠定了基础。这两种品质绝不可能并存于20世纪80年代的所罗门兄弟公司。米尔肯不仅拥有新的债券交易技巧，而且对自己的信念富于韧性。他有一种专注的能力。

正是在这一点上，米尔肯表现出了自己的优势。缺乏集中精神的能力，彻底丧失聚焦于某一目标的能力，这是交易厅里的通病。达什·里普洛克在这方面就是一个出色而又典型的例子。他的情绪就像音乐一样起伏跌宕。比如说，达什有时也会陷入闷闷不乐的情绪。这通常是在他的业务量遭遇挫折的时候，他把电话往下一摔，接着就滔滔不绝地对我讲起他打算有一天退出投资银行界，回去上学。他会在图书馆里埋头钻研上几年，然后当个历史学教授。把达什关起来让他冥思苦想，哪怕只是5分钟，这种想法在我看来也是不大现实的。当我把自己的想法解释给他听的时候，他已经不想听了，因为他开始厌倦这个话题，不想再谈了。他会说："我的意思不是说我会放下手里的工作马上就去念书，我只是在说在我35岁，并且在银行里有了一笔存款之后的打算。"好像在经过多年债券市场的浸泡之后，区区几百万美元就能让他满足似的。

经过3年的债券销售生涯之后，达什已经不可能再享有心灵上的宁静了，情绪也越来越反复无常。经常刚刚还是暴风骤雨（他会警告别的交易师，"别惹我，我心里烦透了"），转眼间他自己已经忘得一干二净了。有时他的情绪恶劣到极点，但不知怎么的，他卖掉几个亿的政府债券后，心情立刻又好起来了。"耶！"他喊着，手里挥舞着一张销售记录单，"他们爱我。我要抽打他们，牵着他们的鼻子走……耶……"绝大多数情况下他满脑子里想的都是下一桩交易。他的生活就是对成交的无尽的追求。

反过来看迈克尔·米尔肯，他的起步与达什并不相同，但他却把自己的精力放在开创一项事业而不是无休止的成交记录上。他愿意将自己的视线从荧光屏上闪烁的数字上移开一会儿，冷静而彻底地思考未来几年的前景。某家微芯片公司是否有可能继续经营20年，按时支付半年一付的利息？美国钢铁业还能保存下来吗？以何种形式？德崇那时的首席执行官弗雷德·约瑟夫在听了米尔肯关于公司金融问题的看法之后，说他是“全国最了解信贷的人”。这样，作为交易的副产品，米尔肯开始了解公司是怎么回事。

* * *

公司服务向来是商业银行家、投资银行里的公司金融部和股权部的“独食”。它们从来都不是债券交易师思考的对象。我前面讲过，在所罗门兄弟公司，股权部被排挤到房间的角落里。在许多债券交易商的心目中，公司金融家不过是行政助理，他们给公司金融部起的外号叫作复印机团队。就算有人曾经在思想上达到米尔肯的水平，也始终没有一个人敢挺身一试。这是一个奇耻大辱，我们对自己嘴边的肥肉视而不见。

米尔肯用债券交易师的眼光对美国公司的价值进行了彻底的重估。他完成了两项观察。首先，许多大型的、看上去很可靠的公司以优惠利率从银行借钱。他们的信用别无出路，唯有下降一途。那么，为什么还要混在人堆里抢着借钱给他们呢？这于理不通。从交易的角度来看，简直是愚蠢：上升机会渺茫，下跌则深不见底。多少曾经被视为公司活力典范的企业最终走向破产。世界上根本就不存在什么无风险贷款。一旦该产业的基础垮掉了，多么了不起的大企业也要跟着完蛋。美国钢铁工业就是最好的例证。

其次，在目前的形势之下，有两类企业很难说服厌恶风险的商业银行家和投资经理向他们借钱：小型的新公司和出了问题的大型老企业。投资经理们依赖债券评级机构告诉他们哪些债券是安全的（或者不如说以此对他们的投资表示肯定，使他们避免背上不够谨慎的名声）。但是，信用评级机构也和商业银行一样，它们发表意见时所依赖的几乎完全是过去的资料——公司资产负债表和以往的记录。分析的结论取决于程序而不是分析师本人的智慧。无论对哪家企业，摇摇欲坠的老企业也好，羽翼未丰的新企业也罢，这都是一种蹩脚的评估手段。如果能够根据对其管理层能力的主观判断，再加上对该行业潜力的预测来做投资决策，就一定能够胜人一筹。把钱借给一家像MCI这样的公司应该说是一种极为出色的冒险——前提是你要预见到竞争性长途电信服务的未来和MCI管理层的能力。借钱给克莱斯勒公司，索取敲诈性的高利率，这也不失为一种精明的赌注，只要该公司有足够的现金流来支付利息。

米尔肯经常为商学院的学生讲课。在这种场合下，为了追求戏剧性的效果，他常常向听众证明，要想让一家大型企业破产可不是件简单的事情。对一家大型企业的存活更感兴趣的力量要远远超过希望它毁掉的力量。他曾经设计如下的假设情境启发学生的思考。第一，让我们把一家大工厂建在地震带上；第二，用削减员工工资同时却大幅度提高经理待遇的方法来激怒工会；第三，让我们假设有一家濒于破产的公司做我们的供应商，它负责供应我们公司生产线上不可替代的基本材料；第四，就在政府打算为我们担保以帮助公司摆脱困境的时候，我们却向几个不体面的外国官员行贿，而且东窗事发了。接着，米尔肯会总结道，这刚好就是20世纪70年代末洛克希德公司的处境。米尔肯在洛克希德公司眼看就要破产的时候买入该公司的股票，当洛克希德在外力帮助下幸免于难之后，米尔肯发了一笔小财，其手法与亚历山大当年在人人都不看好农场信贷公司的情况下买入该公司债券如出一辙。

在此，米尔肯所要表达的意思无非是说，整个美国的信用评级体系存在着缺陷。它是面向过去而不是面向未来的，何况还要受累于虚伪的谨慎动机。米尔肯堵上了这个体系里的漏洞。他置《财富》100强企业于不顾，却格外看好没有信用等级的那些公司。为了补偿贷款人的高风险，垃圾债券的利率通常比较高，有时竟会比蓝筹公司的债券利率高出4或5个甚至6个百分点。如果借款人赚到足够的钱提前偿付债券，他们还会向贷款人支付额外的大笔费用。因此，一旦这种公司赚了钱，它们的垃圾债券就会一飞冲天，让持有人大赚一把。而如果这家公司亏了钱，它的垃圾债券就一落千丈，大家都认为将会发生违约拖欠。简言之，垃圾债券的表现很像是股权或股票，而不像老式的公司债券。

讲到此处，不能不提一提米尔肯在市场上的一个藏得严严实实的惊人秘密。由于德崇证券公司同各家发债企业的密切关系，它的研究部门得以获得像所罗门兄弟公司这样的投资银行所无法获得的公司内部的原始资料。也就是说，当米尔肯在交易垃圾债券时，他手上掌握着内幕消息。现在我们都已经知道，根据内幕消息炒股是违法的，胆大妄为的德崇前客户伊万·波斯基锒铛入狱就是铁证。但是，法律却从未在债券交易方面做此规定。（当年法律颁布的时候，谁会想到有一天会冒出这么多活像股票一样的债券？）

在所罗门兄弟公司债券交易师的心目中（回想一下实习生对达拉斯股权部的鄙夷），债券是债券，股权是股权，井水不犯河水。而在德崇证券公司债券交易师眼里，两者之间的界限却是一捅就破。对一个摇摇欲坠的企业而言，债主就是上帝。如果企业不能按时支付利息，债主有权取消抵押品赎回权，清算公司资产。关于这一点，迈克尔·米尔肯在向美国快捷公司事实上的东家麦舒拉姆·瑞克利斯解释时说得简洁得多，那是在 20 世纪 70 年代末的一次早餐会上。米尔肯宣称，是德崇和它的客户，而不是瑞克利斯，控制着美国快捷这家企业。“这怎么可能呢，我可是持有 40% 股权的东家啊？”瑞克利斯不解地问道。

“我们手上握有你们公司 1 亿美元的债券，”米尔肯说，“只要有一次你没付利息，我们就能把整个公司拿走。”

这些话对每一位债券推销员的良心都是一个安慰。像我一样，债券推销员们早就厌烦了同公司借款人狼狈为奸捉弄投资人的勾当。“只要有一次你没付利息，我们就能把整个公司拿走。”达什·里普洛克讲道，“迈克尔·米尔肯把这行生意弄了个底儿朝天。他站在投资人的立场上摆布公司借款人。”借款人饱受压榨，他们求助无门，只能来找米尔肯弄钱。米尔肯的能耐在于找到愿意借钱的人。贷款人同米尔肯一道想方设法弄钱。米尔肯为他们提供的方案的要点是：建立一个巨大的垃圾债券投资组合，哪怕其中有一小部分打了水漂也没有关系，赢家获得的高额回报足以补偿损失并且获利。米尔肯告诉机构投资者，德崇打算在企业身上下注。来吧，一起干。投资于美国的未来，那些小型但高速成长的企业，正是它们使美国变得伟大。这是一种民粹派的口号。早期投资于垃圾债券的人，就像投资于抵押债券的先驱们一样，能够坐享名利双收的快乐。“你应该听听迈克每年在贝弗利山垃圾债券讲座上的发言（由于像罗纳德·佩雷尔曼这类野兽的光临，这个讲座被称为食肉动物的舞会），”一位德崇纽约公司的经理这样讲道，“你会激动得热泪盈眶。”

* * *

在米尔肯的煽动之下投入垃圾债券的资金究竟有多少？没有人说得清。许多投资者干脆把自己的证券组合交给他来打理。例如，哥伦比亚储贷协会的汤姆·施皮格尔在听了米尔肯的说辞之后，将自己的资产负债表从 3.7 亿膨胀到 104 亿美元，其中大多数是垃圾债券。一家本意是为购房提供贷款的公司可以轻而易举地获得数十亿美元储蓄存款，转手就把这笔钱投入垃圾债券。1981 年以前，储贷协会差不多只有把钱贷给购房者一条路。因为储蓄存款受联邦政府保险，从而让储贷协会的经理们获得廉价的资金，而它的投资则受到当局的严格限制。1981 年，储贷协会开始陷入麻烦，美国国会决定放手让储贷协会自行寻找出路。允许它们投资于垃圾债券，尽管明知道这无异于拿政府的钱去赌博。施皮格尔还从垃圾债券投资利润中拿出一小部分在电视台做广告：不管别人怎么说，不要理它，哥伦比亚储贷协会要多谨慎有多谨慎。一个穿蓝套装的小人在柱状图上一级一级往上跳，以此来证明哥伦比亚公司资产增长有多快。

到了 1986 年，哥伦比亚储贷协会已经成了德崇最大的客户。汤姆·施皮格尔的年薪涨到 1 000 万美元，在全美 3 264 家储贷机构中位居榜首。施皮格尔在本行业内被公认为天才，成为人们纷纷效仿的对象。“全国不知道有多少家小型储贷机构投资于垃圾债券。”一位从前培训班里的学员一面激动地搓手，一面讲道。他在 1987 年年中离开所罗门兄弟公司，就像许多所罗门从前的债券专家一样，他加入了迈克尔·米尔肯在贝弗利山的交易厅。

考察一下所罗门兄弟公司为什么没有在 20 世纪 80 年代初期垃圾债券市场刚刚开放的时候参与其中，或者，何以该公司此后在这一领域中默默无闻、未有建树？结论令人啼笑皆非。正如前文所述，整个储贷行业已成了刘易斯·拉涅里手中俯首帖耳的客户。如果所罗门兄弟公司也开始涉足大宗的垃圾债券交易，那么，公司债券部的头头比尔·佛特就会要求对储贷行业的平等准入权。拉涅里担心丧失自己对所罗门兄弟公司储贷机构客户的独占权，他想出了各种各样的办法来打击佛特创办的弱小的、羽翼未丰的垃圾债券部。

1984 年，只有两名成员的垃圾债券部在所罗门兄弟公司的一次讲座上向数百名储贷协会经理介绍了他们的业务。这场演讲是应抵押部的邀请而进行的。但是，在长达 3 小时的报告结束之后，拉涅里站起来做总结性发言。客户们仔细地倾听他的话，唯恐漏掉一个字。正如我在前面所讲述的，在他们眼里，拉涅里就是救世主。“有两件事是你们绝不可以去做的，”拉涅里说，“其中的第一件就是购买垃圾债券。因为垃圾债券是极其危险的。”当然，也可能他真的这样认为。但是，储贷协会的经理们最终还是没有听进去他的话。他这样做的结果只不过是贬低了所罗门的垃圾债券部，把客户推向了德崇的怀抱。当着这样一批重要客户的面遭到公开的羞辱，比尔·佛特的手下气得脸色铁青。“就好像有人请你赴宴，到了那儿你才发现，原来自己就是下酒的冷菜。”一位前所罗门垃圾债券交易师回忆道。

还是这个二人垃圾债券部专家组合，他们花了 6 个月时间走遍全美国向各家储贷协会的经理们游说。“报告棒极了，我们获得了热情的回应。奇怪的是，就是不见客户打电话来。”一位前所罗门垃圾债券专家说。他们本以为，路演之后，要求购买垃圾债券的指令将会随之而来。但是，没有一家储贷协会给他们打电话做业务。“后来我们才知道这是为什么，而此时二人组中的一个人便离开所罗门兄弟公司到德崇为米尔肯效力，”这个专家接着讲，“客户告诉他，拉涅里手下的一名推销员紧跟着他们到各家储贷协会去，叫他们不要相信我们的话。”由此也可以看出 41 层是多么缺乏强有力的领导，否则抵押部绝不敢玩这样的小动作。不过，这不正是我们公司的真实状况吗？

* * *

岁月在内耗中蹉跎。与此同时，新的市场却出现了爆炸性的增长。米尔肯大获成功的标志之一即是新的垃圾债券的发行。从70年代的几乎一无所有，到1981年的8.39亿美元，到1985年的85亿美元，再到1987年的120亿美元。如今，垃圾债券已经占到全部公司债券市场的25%。根据IDD信息服务公司的统计，从1980年到1987年，总共有530亿美元垃圾债券流入市场。当然，这还只是一部分市场，因为它没有统计价值数十亿美元的新的、人造的“堕落天使”。米尔肯设计出一种方法，即杠杆收购，将最可靠的公司债券转变为垃圾债券。

到1985年，迈克尔·米尔肯已经吸收了数百亿美元资金进入他的新开发的投机市场中。他现在的问题是，把这些钱投向哪里？这个难题想必曾令他尴尬不已。到哪儿去找那么多值得投资的小型成长性公司或老式的“堕落天使”呢？手里攥着大把现金，他必须创造出新的垃圾债券来满足客户的需要。他的初始前提“垃圾债券之所以便宜是因为投资人没有胆量购买”，早就不复存在了。需求已经超过了自然的供应。巨额资金从全美各地涌来，涌向高风险的投资，其势头锐不可当。正是在这样的背景下，米尔肯和他的德崇同事们想出了一步损招：他们可以用垃圾债券融资，来收购定价过低的公司。做法很简单，以这些公司的资产为抵押发行垃圾债券（其原理同房屋抵押贷款如出一辙，房产本身就是贷款的抵押）。大型企业的收购活动意味着将会出现高达几十亿美元的垃圾债券市场。因为在此过程中不仅要发行新的垃圾债券，而且由于高度杠杆的使用，从前的蓝筹公司债券也会变成垃圾债券。当然，要想对公司发动收购袭击，米尔肯还得有几个打手。

入侵公司董事会是一桩令人激动的新鲜事，对那些略有商业经验而又急于致富的人极有吸引力。米尔肯帮助几乎每一个稍有名气的公司袭击者融资实现其梦想：罗纳德·佩雷尔曼、布恩·皮肯斯、卡尔·伊卡恩、欧文·雅各布、詹姆斯·戈德史密斯爵士、纳尔逊·佩尔兹、萨缪尔·海曼、索尔·斯坦伯格和埃舍尔·埃德尔曼。“如果不能通过继承得到，那么只好借钱买下它。”其中一位这样说。这些人中的绝大多数通过德崇发售垃圾债券筹集资金，袭击那些向来被视为坚不可摧的堡垒。他们瞄准的猎物包括：露华浓、菲利普斯石油、尤尼科、美国环球航空公司（TWA）、迪士尼、AFC、泽勒巴赫皇冠（Crown Zellerbach）、国民罐头公司（National Can）等等。这是让人始料不及的大好机会，不要说他们，就连米尔肯在20世纪70年代想象垃圾债券市场的时候恐怕也绝对想不到他会把整个美国企业界来一番彻底的检修。绝无可能！在他形成自己思想的时代，没有人想到公司的价值会被低估。

在伦敦经济学院上研究生时，我从课堂上学到的一点是，股票市场是一个有效率的市场。从广义上讲，它的意思是说，任何与该公司有关的外部信息都反映在其价格之中，也就是说，它们的价格永远是公平的。这一令人灰心的断言被学生们作为事实接受下来，一连串的研究证实，掌握最充分信息的股票市场经纪人和分析师们在市场上选股的成绩，并不比猴子从帽子里抓名字或把《华尔街日报》钉在墙上向股票栏掷飞镖的选股法来得更好。在这种效率市场理论指导下，我们得出的第一个结论就是，在股票市场上，除非靠内部消息，否则根本没有可靠的致富之路，而米尔肯，还有华尔街上的其他人，则一眼就看出股票市场是一个有效率的市场这一点绝对站不住脚。虽说市场能够很快地消化收益数据，但是总的来说，在估价方面，却是低效率的，不论评估对象是公司所有的一块土地还是它所设立的养老基金。

为什么会出现这样的局面？没有简单的答案可寻，而且在华尔街上也不会有人浪费时间试图做出解释。对于华尔街公司里小型的兼并与收购部门来说，迈克尔·米尔肯是上帝派来的，是他们职业选择的最有力证明。第一波士顿的乔·佩雷拉在1973年设立了兼并与收购部。1978 年，布鲁斯·沃瑟斯坦成了他的雇员。在那个年代，开展收购业务“易如反掌”。佩雷拉说：“机会是巨大的，全部埋在土堆下面。资产被低估的公司比比皆是，买家却很少。真正想买这些公司的人却苦于资金短缺而无法遂愿。这时，有人（米尔肯）走过来把土堆踢开，现在任何人，只要手上有一张 22 美分的印花税票，都可以提出收购建议。”

佩雷拉、沃瑟斯坦，还有其他不计其数的投资银行家从中大发利市，尽管他们并不是德崇证券公司的人。要完成一宗收购，最低限度总要有两名顾问：一个代表袭击者，一个代表他的猎物。德崇不可能把它创造的所有业务来个独家通吃。绝大多数交易里会出现 4~5 位投资银行家的身影，就像投标一样多家竞价。**袭击者仿佛投入池塘一片静水中的石子，他们激起的涟漪波及了全美国的公司**。它们开启的程序拥有了自己的生命。经营上市公司的经理们认识到自己公司的资产价值被过分低估，他们开始考虑自己融资从股东手中买回公司的股份（在欧洲被称为管理层收购，简称MBO；而在美国，则称为杠杆收购，简称LBO）。他们把自己变成了局内人。最后，华尔街上的投资银行家们也加入到此前米尔肯一直在悄悄进行的活动中来，为他们自己在公司中购入大宗股份。资产价格这么便宜，为什么要把钱让给别人来赚？这样一来，收购顾问业务突然间出现了利益冲突，就像我在每天销售债券时面临的问题一样：如果这是一桩有利可图的买卖，银行家们就会把它留给自己；如果这单生意不赚钱，他们就会把它卖给客户。

由此可以看出，这项业务的范围可以有多大。在 80 年代中期，兼并和收购部在华尔街如雨后春笋般冒出来，犹如数年前债券交易部遍地开花的景象一般。在两者之间存在着一种深层次的金融联系：两者能否成功都在极大程度上取决于投资者从事债券投机的意愿。不仅如此，还要取决于人们借入超出自己偿付能力的资金的意愿。说得更简单些，两者都取决于人们对债券的全新看法。“每个公司里边都有一些无所事事、光拿钱不干活儿的人，”乔·佩雷拉说，“如果让公司背上债务，公司就不得不去减肥。”伊万·波斯基那样干是因为贪婪，而收购专家们则是为了债务。债务对企业有益，债务有助于公司内部优胜劣汰。

在债券交易和收购之间同样还存在一种深刻的行为模式上的联系：两者都受一种新的富于感染力的金融企业家精神所驱使。在老华尔街人的眼中，两者同样可疑。也许有人曾经告诉过你，每一宗收购都意味着高度复杂的思维和智慧的投入。他们是在骗你。在华尔街上，收购业务推销员的工作和债券推销员并无多大差别。他们把更多的时间花在策划如何操纵客户上，而不是论证该项目本身是否可行。他们的基本假设就是，凡是能够让他们致富的，必定也是对大家有益处的。收购市场中的典型形象是这样的：26 岁，野心勃勃，精力旺盛，受雇于一家大型美国商业银行，满面笑容地打电话。

发动收购的程序简单到了极点——考虑到它对社会、工人、股东和经理层的影响。在纽约或伦敦，一名 26 岁的年轻人某天夜里玩电脑的时候发现，位于俄勒冈的一家造纸厂定价过低。他把自己的计算结果写在电子邮件里，发往任何可能对纸业、对俄勒冈或者对购买廉价公司哪怕有一点点兴趣的个人或机构。就像一场社交舞会的组织者一样，在他的抽屉里当然会有一份文件，记载哪些客户喜欢什么样的交易。但是在发出收购邀请时，他不会做特别的区分。每个人都可以充任买家，因为人人都可以发行垃圾债券融资。就这样，俄勒冈的造纸厂变成了他人的靶子，而它自己还浑然不觉。

* * *

第二天，造纸厂是从《华尔街日报》的《传闻》专栏里才知道自己已经荣幸地被列入收购对象的候选名单。接着，它的股价会出现剧烈的震荡，就像有人被吊在半空里一样。这是因为像伊万·波斯基这样的套利者已经开始买入该公司的股票，他们期望能够立刻转手卖给袭击者获利了结。造纸厂陷入了恐慌，它们赶忙雇了一位投资银行家来保护自己，说不定就是前面那个把他们推下火坑的年轻人。这时，此前尚未染指这项交易的 5 家投资银行听到了流言，它们各自派出一位 26 岁的年轻人，开始为造纸厂的可能买家筹划方略。一旦他们找到这样一个买家，这家纸厂就“正式”入戏了。与此同时，另一路由少年精英组成的人马开始检查各自的电脑资料，看看国内是不是还有哪家纸厂也存在定价过低的问题，要不了多久，整个造纸工业就都被摆上了竞卖场。

同这些人在保护或攻击大型企业中所赚到的钱相比，债券交易就像是乞丐的游戏。仅收购业务一项，德崇的净收入就超过了 1 亿美元。沃瑟斯坦和佩雷拉在 1987 年为他们的东家第一波士顿创造了 3.85 亿美元的收入。高盛、摩根士丹利、希尔森-雷曼和其他各家公司都不敢懈怠，纷纷开展了自己的顾问业务。尽管他们之中没有一家拥有所罗门兄弟公司那样的筹资能力，但个个都能赚大钱。所罗门兄弟公司在学习收购业务方面慢了一拍，本身又同垃圾债券市场近乎隔绝，所以在这场淘金热中连半杯羹都没能分到。我们之所以落到这步田地，纯粹是因为龟缩在自己的交易厅里不肯抬头放眼看看外面的世界。我们在各方面都有得天独厚的优越条件，凭着我们同全国贷款大户的关系，我们本来应该成为收购融资业务的领头羊。当然，我们有一个现成的借口。错过了这样一个大好机会，你非得有一个借口来为自己申辩。我们的借口是，垃圾债券是邪恶的。亨利·考夫曼的演讲一场接着一场，力图证明美国公司已经负债过度：垃圾债券狂热总有一天会以毁灭而终结。他说的也许不无道理，但我们肯定不是因此才不去涉足垃圾债券的。我们之所以没有开展垃圾债券承销业务，是因为经理们不懂这些。说得更明白一点，在41层楼上忙于窝里斗的经理们不可能有时间和精力来学习新业务。

* * *

约翰·古特弗罗因德可以伪称他之所以不沾这种生意是因为他不赞成它的后果——高度杠杆化的公司。但是，当他在后来的日子里像神风特攻队队员那样一头扎进公司杠杆化的业务中，最终为本公司和一批客户引来灭顶之灾的时候，一切托词全都不攻自破了（同样无法掩盖的事实是，就在他和亨利·考夫曼极力鼓吹公司严正立场的同时，两人都在私下里为自己的账户购入垃圾债券)。无论如何，不管所罗门兄弟公司愿意也好，不愿意也好，如今每一家公司都成了米尔肯资助的袭击者的潜在目标，包括神圣不可侵犯的所罗门兄弟股份有限公司在内。这是包含在罗纳德·佩雷尔曼收购建议中的最后的讽刺。就因为我们自己不肯参与袭击其他公司并且为袭击者提供融资的勾当，我们遭到了利用垃圾债券筹资收购的袭击。

佩雷尔曼的计划暴露之后不久，古特弗罗因德在公司里做了一次讲话，他说自己一向讨厌恶意的袭击者，绝不会让佩雷尔曼得逞。但是通过这番慷慨激烈的言辞，我们不由得猜想，毕竟我们还是被涮了一把，因为事先没有人得到过任何消息。我们只能从《纽约时报》的詹姆斯·斯特恩戈尔德和《华尔街日报》的记者们撰写的调查报告里获取整个交易的细节。

故事是这样的：不祥的乌云是在9月19日星期六的早晨堆积起来的。古特弗罗因德在寓所接到一个电话，是他的朋友和律师马丁·利普顿打来的。两个月之前，古特弗罗因德就是借用此人的办公室向刘易斯·拉涅里宣布了解雇决定。利普顿听说，所罗门兄弟公司最大的股东Minorco已经找到了一个买主，打算转让它手上所掌握的14%的公司股份。不过，买主究竟是谁，至今还是一个谜。古特弗罗因德一定觉得非常尴尬。他几个月前就听说Minorco打算把自己手上的股份脱手，但迟迟不愿接受这一现实。他犯了一个非常严重的错误，并因此失去了对事情发展的控制。既然古特弗罗因德不积极，而Minorco又不愿再等，它们干脆在华尔街上另找投资银行家。

9月23日，星期三，古特弗罗因德从Minorco总裁那里听到了坏消息，买家原来是露华浓公司。谁都可以看得出来，这是收购计划的第一步。露华浓公司的佩雷尔曼宣称，除了Minorco的股份之外，他还打算再买入所罗门兄弟公司11%的股份，从而令总持股量达到25%，如果佩雷尔曼得手，那么古特弗罗因德将破天荒头一遭失去他在公司里说一不二的权力。

古特弗罗因德仓促应战，他四处活动去找一个能代替露华浓买下Minorco手中股份的人。他给自己的朋友沃伦·巴菲特这位精明绝顶的投资人打电话。巴菲特当然愿意在合理的价位之下救古特弗罗因德一命，古特弗罗因德提出了一个非常优厚的交易条件。巴菲特无须掏钱买下我们的股份，相反，他要巴菲特借钱给我们公司。我们，也就是所罗门兄弟公司，买回自己的股份。为此我们需要大约8.09亿美元。巴菲特说他可以借给我们7亿美元，实际上也就是买下所罗门兄弟公司同等数额的债券。这就足够了，剩下的部分大约为1.09亿美元，古特弗罗因德可以从我们的资本金里抽出来补齐。

全世界的投资者都把嫉妒的目光投向巴菲特，他成功地设下了双活扣。他拿到的证券称为可转换优先债券，利率高达9%，这本身就是一个很高的回报。可是不仅如此，他还可以在直到1996年以前的任何时候以38美元一股的价格将其转换为所罗门兄弟公司的普通股股票。换句话说，在今后的9年里，巴菲特总有机会免费炒作所罗门兄弟公司的股份。如果所罗门兄弟继续走下坡路，巴菲特可以拿到9%的利息而心满意足。如果所罗门兄弟公司起死回生了，巴菲特可以将自己的债券转化为股票，赚的钱就像在低价时高瞻远瞩地买入直至高价才抛出获利一样多。他与罗纳德·佩雷尔曼可不一样，后者打算买下一大宗股份，准备为所罗门兄弟公司的未来发展承担风险，而巴菲特承担的唯一风险只不过是所罗门兄弟公司的破产。

这桩交易产生了两个后果：它保住了古特弗罗因德的职位，但却让我们，或者更确切地讲，是股东付出了一大笔钱。毕竟，最后还是要由我们的股东来为巴菲特付钱。衡量他们损失的最简单的方法就是计算巴菲特手中债券的价值。让我们假设巴菲特付给我们100美元。我认为（非常保守地讲）巴菲特转手就可以按118的价格卖出。这中间的差价，也就是说巴菲特总投资的18%，成了天上掉下来的好事。对巴菲特来说，这笔钱的总数是1.26亿美元。为什么所罗门兄弟公司的股东（还包括雇员），要为一批瞎了眼的经理付款（让我们合理假设，至少有一部分是从我们的奖金中拿出来的），以补偿他们造成的损失，并且挽救他们的职位？这是掠过我们脑际的第一个问题，相信也会是许多董事经理的想法。

古特弗罗因德的回答是，这是为了所罗门兄弟公司的利益。古特弗罗因德在谈到佩雷尔曼的出价时说："我感到极为震惊。佩雷尔曼在我的意识中只不过是一个名字而已。但是，一个居心不良要当袭击者的人不可能见容于所罗门兄弟公司的组织架构，不会有益于我们同客户的关系，也不可能增进他们的信任。"

除了第一句之外，整段话是一派胡言。先看最后一句。既然我们同客户的关系没有因为一家大股东来自南非而受影响，为什么接受一位令人讨厌的袭击者就不行呢？在这里，我无意将种族隔离主义者和令人讨厌的收购者的道德水平分出个高下，但从最低限度讲，后者绝不会比前者更危险。我们公司甚至可能从讨厌的袭击者身上受益。了解了我们的新背景之后，害怕遭受收购袭击的公司也许会请我们做它们的反收购服务商，就像他们请德崇出谋划策一样。虽然要付这些钱，但却可以免受收购的袭击，其性质类似于保护费。一旦佩雷尔曼成了主要的股东，我们可以肯定至少他（和他的朋友）不会向自己的客户下手。我敢肯定，佩雷尔曼在心里盘算着收购一家投资银行的时候对这种协同收益一定早已了然于心。

到了 1987 年 9 月，一个在华尔街上混饭吃的人把罗纳德·佩雷尔曼称为“只不过是一个名字而已”，这简直荒唐透顶。没有人不知道罗纳德·佩雷尔曼是何许人也，上帝做证，我还没进所罗门兄弟公司工作以前就听说过这个人。他从几乎身无分文起家，聚敛了 5 亿美元的财富。他的发财之道，就是用借来的钱向收购对象发动袭击，赶走不称职的经理。古特弗罗因德当然知道，一旦佩雷尔曼掌握了所罗门兄弟公司，他的好日子也就到头了。就算出于某种奇迹使他忽略了这种可能，当他于 9 月 26 日在纽约艾瑟尼广场酒店同佩雷尔曼会面之后，他也很快就理解了这一前景。在 41 层董事经理的客厅里流传着惊人的谣言，据说布鲁斯·沃瑟斯坦将取代古特弗罗因德。①

从当时的情况来看，约翰·古特弗罗因德劝说所罗门兄弟公司董

---

① 沃瑟斯坦当时是佩雷尔曼的顾问，他是我们的竞争对手第一波士顿的人。人们也许认为，就算佩雷尔曼取胜，他也不大可能离开第一波士顿出掌所罗门兄弟公司。但是，如果你知道沃瑟斯坦在第一波士顿度日如年的处境，你就不会对这一传言感到意外了。1988 年 1 月，沃瑟斯坦辞职开办了自己的公司——沃瑟斯坦和佩雷拉合伙公司。后来我就是在这家公司的办公室里直接向他问起了这一令人难以置信的流言。他是一个强有力的人物，不是那种盯着鞋子看半天才挤出一句话的主儿。但是，在听了我的问题之后，他垂下了眼睛，嗓门也降下好几分贝。接着他回答道：“我不知道这些谣传是从什么时候开始的。它怎么可能是真的呢？收购建议公布的时候，我人还在日本。”嗯，就这样。

事会向巴菲特——我们的白马王子——支付大笔金钱的策略是极其精明的。从法律上讲，董事会必须考虑股东的利益。9月28日，古特弗罗因德告诉董事会，如果它拒绝巴菲特的方案，而接受佩雷尔曼，那么他（再加上汤姆·斯特劳斯和其他几个人）将辞去现职。“我从未说这是威胁，”古特弗罗因德后来告诉斯特恩戈尔德，“我所说的完全是事实。”

古特弗罗因德的天赋之一，就是能够将自己个人的利益伪装成高尚的原则，在某些特定的情境之下，这两者可能真的难以区分（如果一个投资银行家开始谈论原则，通常他也是在捍卫自己的利益。除非他相信在自己的营地下埋藏了黄金，否则他绝对不会标出一处道德上的高地。这是我在华尔街学到的东西之一）。约翰·古特弗罗因德有可能，甚至很可能对罗纳德·佩雷尔曼的金融策略感到震惊，因为他是一个感性的人，而他在讲这番话时心中也的确充满了传道士的神圣感。他的话听上去具有惊人的说服力。但毕竟他所冒的风险只是他的职位，他的辞职威胁不会让他失去任何东西，但却可以获得全部的利益。一旦让佩雷尔曼把股份买了去，古特弗罗因德可能连辞职的机会都没有，他会毫不客气地被开除。

在古特弗罗因德的个人经历上，有充分的证据可以证明我们应当以何种态度看待他的辞职请求。几年前，在一个类似的场合，古特弗罗因德也曾提出过类似的动议。在70年代中期召开的一次合伙人会议上，曾经发生过一次奇怪的转换。威廉·西蒙（他在同古特弗罗因德竞争继任比利·所罗门的董事长职位的斗争中不分伯仲）在会议上力陈所罗门兄弟公司合伙人的致富前景（动员他们卖掉自己的股份，把所罗门兄弟公司从合伙公司转变为公众持股的公司）。

比利·所罗门把合伙制看成是公司健康运行的关键和保持员工忠诚的唯一可靠的机制。（“把他们紧密地联系在一起，就像大家庭一样。”比利说道。）西蒙结束讲话后，古特弗罗因德站了起来，勇敢地重复了老板的观点。他说，如果要把公司卖掉，那他还不如辞职算了。他，约翰·古特弗罗因德，将辞去现职，因为所罗门兄弟公司的成败系于它的合伙制。“这是我之所以选择他做继承人的主要原因之一，”威廉·所罗门说道，“因为他说他深深地信奉合伙制。”

可是，一旦大权到手，古特弗罗因德立刻换了一副面孔。1981 年 10 月，在他继位 3 年之后，他以 5.54 亿美元的价格将公司出售。卖给商品交易商菲布罗。① 作为现任董事长，他从这次交易中获利最多，可能高达 4 000 万美元。但在表面上，他的理由却是公司需要资本。威廉·所罗门对此不敢苟同。“公司的资本绰绰有余，”他说，“他的唯利是图已经到了不知羞耻的地步。”（从某种意义上讲，古特弗罗因德正在遭报应。如果所罗门还是一家合伙公司，那就不会有什么收购威胁了。）

不管怎么说，古特弗罗因德的辞职威胁还是达到了他的目的，把董事们的注意力从对当前形势的纯粹经济面分析中转移出来。在这种分析中，佩雷尔曼的优势地位是不容置疑的。古特弗罗因德将话题引向所罗门兄弟公司的社会责任。此外，他们之中的大多数都是古特弗罗因德提拔起来的，也是他的朋友。经过两个小时的考虑，他们决定接受古特弗罗因德的建议。沃伦·巴菲特收获了一桩称心的投资，古特弗罗因德保住了自己的职位，佩雷尔曼则毫发无损。

公司里的一切差不多又恢复了原状，混乱只持续了几周。但是，一个有关所罗门兄弟公司的基本问题却萦绕在我们的心头。我们都知

---

① 1984 年菲布罗的业绩近乎崩溃，而所罗门的表现却十分强劲。古特弗罗因德说服董事会炒掉了菲布罗的首席执行官戴维·滕德勒，权力又回到了他的手上，这样，古特弗罗因德就从子公司所罗门兄弟公司的总裁升为母公司菲布罗–所罗门的首席执行官，此后他又将公司更名为所罗门股份有限公司。

道公司管理不善，问题是，难道说我们的管理已经差到连佩雷尔曼这样的海盗也敢打主意的地步了吗？事实上，在41层楼上的那些大家伙们很可能还想到了另一个问题。这些人一向以金钱作为衡量成功的方法，可以想象，他们不仅嫉妒佩雷尔曼，而且嫉妒沃瑟斯坦、佩雷拉和米尔肯，特别是迈克尔·米尔肯。那么41层楼上的人们自然会问：为什么他能赚10个亿而我却不能？

这个问题把我们带入了过去几年间美国金融业发展的核心。是米尔肯，而不是所罗门兄弟完成了这个时代中最大的交易。当然，我在这里指的就是以美国公司为标的的买卖。在从交易债券向交易整个产业的转变过程中，所罗门兄弟公司错失了历史性的机遇。

第十一章

LIAR'S POKER

阔佬走背字

我的家乡路易斯安那州的前任州长埃德温·爱德华是我最欣赏的无赖之一，他最爱讲的一句话就是："地狱里最炽热的火焰是留给伪君子的。"可是，上帝啊，我多希望这不是真的。

我的家乡路易斯安那州的前任州长埃德温·爱德华是我最欣赏的无赖之一，他最爱讲的一句话就是："地狱里最炽热的火焰是留给伪君子的。"可是，上帝啊，我多希望这不是真的。罗纳德·佩雷尔曼发出收购建议后不到两周，有人告诉我，不，是指示我，说垃圾债券已经成了所罗门兄弟公司的"最优级"。政策上的这一转变导致了亨利·考夫曼于1988年年初离开公司。令人吃惊的是，我们居然弄到了一宗待出售的交易。遍布全美的7–eleven连锁店的母公司南方公司，在1987年7月被自己的管理层用借来的49亿美元给买下了。所罗门兄弟公司和高盛公司为此拓展了一项短期贷款，这种贷款被称为过桥贷款(bridge loan)。过桥贷款都是一样的，必须尽快地替换成记名南方公司的垃圾债券，再将这些债券出售给投资者，由此获得的收入则落入我们自己的口袋。整项计划只有一个缺陷，投资者无论如何也不愿意碰这个债券，推销员们备受工作不力的指责。

达什·里普洛克聪明地躲开了这桩糟心的买卖，他很早就说服自己的上司，他的客户只做美国政府债券生意。受惠于自己的远见，如今他无须为推销垃圾债券而烦恼。他的幸运反衬出我的悲惨。就像一个捐赠了100万美元的善人一样，他的唯一收获就是更多的捐款请求。我卖出O&Y债券已经是1年前的事情了，但是这桩生意还有其他的类似交易仍然在我周围阴魂不散。他们的假设是，既然我当初能哄骗客户买下8 600万美元O&Y债券，那么今天我也同样应该卖出去一大笔南方公司的债券。你不能不承认他们的推理不无道理。我为自己的过去付出了代价，被判罚重演历史，我对应该怎样为南方公司的债券定价一窍不通，可是无知既然在当初没有拖我的后腿，现在也应该不会。

所罗门的垃圾债券专家们坚持说南方公司是一宗出色的投资，他们只能这样讲，他们在公司里的未来取决于这宗交易。如果成功，垃圾债券部可以获得 3 000 万美元利润；如果失败，他们只有卷起铺盖走人。其实，就算这些债券是狗肉，也不会有人说出来。发奖金的日子快要到了，产品质量的信誉已经大打折扣了。

我自己的感觉是，所罗门兄弟公司对垃圾债券一无所知。可以说，我们所承销的这类债券倒是名副其实的。我认为，所罗门兄弟公司干的正是一个新手所犯的典型错误：冲进一个拥挤的、疯狂的市场，买下了最贵的东西。我别无选择，只能相信自己的直觉，因为在所罗门兄弟公司里我找不到任何可以信任的了解南方公司的人，而我的直觉则告诉我，这些债券要出事。

我在上一年里已经许下了一个诺言，从此以后绝不将我认为不应当买的债券塞给客户。而为了熬过这个时期，我已经放弃了当初自己许下的诺言。我至今还在为自己在世界资本市场上的小角色而内疚，虽说我们都知道，这些市场里的指导原则是"买者当心"。这样想的可不止是我一个。达什是债券推销员伦理的专家。"你个下流坯！"每当他发现有人把债券硬塞给客户时他就会这样大叫。但是一转身，他也会干出同样的勾当。这还不算，每次我把这种债券兜售出去之后，客户总会回过头来找我，常常是那种最令人恼火的顽固的客户。他们会早早地打来电话，口音比赫尔曼还要重："迈克尔，你今天一觉醒来后脑子里有没有什么新的好主意？"晚上我睡得并不好，也不愿意大清早被人从床上拽起来。我曾经想过，这样下去，整个欧洲到处都会有人对我恨之入骨。

推销南方公司债券的困难在于，怎样才能引导客户绕过这一旋涡。这可是说起来容易做起来难的事情。按住债券不卖，那更是一个颇费心思的游戏，比卖掉债券复杂得多，有点儿像跟你的老板一起玩橡皮球游戏。表面上你要表现出强烈的求胜欲望，而骨子里你一定要输。南方公司债券尤其棘手，它是古特弗罗因德主动揽过来的业务，试图以此表示所罗门兄弟公司是垃圾债券市场上一个必须认真对待的巨头。我接到好几个纽约总部的经理们打来的电话，他们的任务就是死缠着推销员让他们不得安宁，这些人已经被古特弗罗因德在此项目中的利益刺激起来了。他们问我有没有好消息，我只有扯谎。我回答说我正在竭尽全力兜售南方公司的债券，而事实上我连一个电话也没打，不过，他们可不会就这么轻易地放过我。

看起来，我的谎撒得不太圆，要么听上去不那么令人信服，要么就是别的推销员想出了更好的借口。（“我的客户出去度假了。”“我的客户死了。”）有一位垃圾债券专家坚持要亲眼看我给最大的客户——那个法国人，打一通推销电话。谢天谢地，他不曾坚持旁听我俩的通话。他只希望能够对别人说他亲眼看到我打了电话。我坐在交易台的角落里，他紧挨着我，看我干着肮脏的营生。

“喂？”话筒里传来法国人的声音。

“嗨，是我。”我说道。

“还会有谁？”

“这儿有一个机会你应该注意一下，”我开了口，字斟句酌，“这种债券在美国投资者中间非常流行。”（这个法国人对任何一种流行的事物都抱有极其怀疑的态度。）

“让他们全都买去好了。”他说，他明白了我的暗示。

“我边上坐着一位我们公司的高收益债券专家，他认为南方公司的债券很便宜。”我继续往下说。

"但是你不这样看。"他说，一边笑了起来。

"对，"我说，接下去就是一连串的推销招式，使出浑身解数，让所罗门的垃圾债券专家和我的客户都觉得心满意足，却是为了完全不相干的理由。

"不，谢谢。"最后，法国人还是回绝了。

垃圾债券专家大赞我的纯熟技巧。他不知道自己的断言质量如何，但他很快就会发现，因为南方公司真的快完蛋了。1987 年 10 月中旬，还没有从同罗纳德·佩雷尔曼的遭遇战中回过神儿来的所罗门兄弟公司又碰上了有史以来最大的打击。在 8 天时间里，险情层出不穷，令人无暇应接。我亲眼看到公司挨了一下又一下，每一下都比上一下更令人恐慌，令人不知所措。在雪崩式的灾难到来后，被碾碎的牵连者多达数百人。

* * *

1987 年 10 月 12 日，*星期一，第一天*：震撼所罗门兄弟公司的 8 天开始了，事情似乎是从公司顶层人物的一次口误开始的。一位不肯透露姓名的所罗门兄弟公司董事，在周末的某个时候告诉《纽约时报》记者，公司打算解雇 1 000 名员工。这条新闻完全是出人意料的，我们都知道所罗门兄弟公司正在对自己的业务重新评估。但是，公司曾经向我们保证，重新评估绝对不是针对个人的，因此无须担心自己工作不保。要么是讲这话的老板在撒谎，要么就连他自己也不知情，我不知道该相信谁。这天早上，伦敦分公司的头头召集我们到小礼堂(尽管工龄不到 1 年，我们已被视为老员工)，说什么"在人事方面还没有做任何决定"，暗示说不会开除任何人。

事实却是，纽约的人已经飞快地做出了决定。当天晚些时候，41 层楼上整整两个部门，市政债券部和货币市场部遭到全体解雇的命运，涉及人数大约 500 人。看来他们自己也像我一样吃惊。41 层货币市场推销部老板是一个和善的、讲话轻声慢语的人。早上 8 点 30 分，他走进自己队伍的中央说道："好吧，孩子们，看来我们已经成为公司的历史了。"接着，他的老板，整个 41 层里的推销人员的老板，一个公认的大家伙，冲到他的身边吼道："留在你们的位子上，他妈的，谁也不许走，谁也不能丢饭碗。"然后，就在整个货币市场部准备坐回自己位子的时候，一条内部备忘录出现在他们面前的行情显示器上。那上面说，事实上，"你们已经被解雇了。如果有人还想在所罗门兄弟公司干，请同我们联系。不要不敢说"。

市政债券部和货币市场部都不赚钱，但是，难道因此我们就该把它们连根拔掉吗？公司可以在两个市场上分别保留一小部分员工，成本微不足道，却可以安抚那些在这些领域的业务中依靠我们的客户。如今可好，我们一下子就把他们得罪光了。何况，如果有一天这两个市场复苏了，我们也能很快地从中获利。为什么要毁掉所有的业务？至少也该筛选一下，把最能干的人留下来。一位优秀的市政债券推销员可以很容易地被培养成优秀的政府债券推销员。所罗门兄弟公司是国内承销市政债券业务的领导者，也是货币市场的领导者之一，受雇于这些部门的可都是一方精英。绝大多数市政债券部的人进了添惠公司，后者把自己的市政债券部给解雇了。

做出这些决定的人根本没用自己的大脑思考，这正是他们所喜欢的做法。换句话说，除了交易，他们脑子里纯粹是一片空白。比尔·西蒙常对他手下的年轻交易师吼："不做债券交易，你就得去开车。别想在市场上当一个知识分子。干吧。"当交易师发现自己满仓而且正在亏，他的反应就是斩仓撤离。他收回自己的头寸，认亏出场，再去找别的机会。他的唯一愿望就是千万不要在底部卖出，或在顶部买入。

古特弗罗因德将好好的业务部门变成了交易的牺牲品，而他为此所做的解释则更加令人不齿。他告诉公司内部和报界，说他本来是打算经过深思熟虑之后再采取行动的，但是在不受他控制的外力作用下，他不得不采取快刀斩乱麻的手段。他说消息见报之后，只有立刻采取行动一条路。换句话说，《纽约时报》影响了所罗门兄弟公司的政策。谁知道呢，要么他讲的是实话，要么他就是拿《纽约时报》当挡箭牌，为自己做辩解。

这一切让当年最大的秘密变得更为神秘，究竟是谁走漏了风声？从第一天进入所罗门兄弟公司当实习生，直至成长为一个“大老二”，本公司雇员不断被告知，向报界发表谈话是一项弥天大罪。一般来说，我们总是离记者们远远的。因此，公司里的事情从未上过报纸。很难让我相信这是一次口误，那么，他一定是有意的。但是，谁会干这种事呢？我们只知道他是董事会里的人物。董事会包括约翰·古特弗罗因德、汤姆·斯特劳斯、比尔·佛特、吉姆·马西、戴尔·霍罗威茨、迈尔斯·斯莱特、约翰·梅里韦瑟，还有十几个稍小一点儿的角色。据说他们正在疯狂地自查，想找出那个泄密的人。我一开始想到，首先应当分析谁在这次裁员中损失最大。这很容易，明摆着就是霍罗威茨，市政债券部的头头。他是最大的输家。裁员之后，他将成为“光杆司令”。

不过再一想，如果他这样做的动机只是为了挽救市政债券部，那显然是选错了方向。正如古特弗罗因德所讲的，其结果是裁员的规模反而比规划的更大了。因此，消息的来源未必同最后一分钟的抢救任务有关。应该再仔细考虑一下，泄密者究竟要达到什么目的？谁会从中受益？不幸的是，除非其动机是为了报复霍罗威茨，否则不会有人从中受益。而报复的动机过于脆弱，不值得为它去冒被抓住泄密的危险。一想到被发现之后将会受到约翰·古特弗罗因德的羞辱，董事会里人人不寒而栗。恐惧也许是解开这一谜团的关键：有谁最不畏惧约翰·古特弗罗因德呢？当然是他自己。

我知道这听上去是一个疯狂的想法，而当一位所罗门同事同我谈起他猜想古特弗罗因德故意泄密以加快裁员进程的时候，我还曾笑话过他。但是，我怎么也摆脱不了这个念头。因为我可以看得出古特弗罗因德多么需要以泄密来作为推托责任的借口。泄密成了他的救生筏。一旦报上登了消息，好像裁员就成了不可避免的事情。“你们也都看到了，”他说，“要怪也只能怪《纽约时报》和那个泄密的王八蛋。”不过，这仍然是脆弱的假设。古特弗罗因德肯定会意识到，这样一次泄密最终会让他自己名誉扫地。

* * *

不管谁是泄密者，匿名的结果都是将一个人（如果只有一个人参与此事的话）的罪恶转变成整个董事会的罪恶。在我们眼里，他们全都是有罪的。所罗门兄弟公司内部有奸细。一些非董事身份的部门经理开始拒绝在董事会成员面前讨论任何敏感的话题。在我们这些小工眼里，公司顶层的分歧从未像现在这样暴露得如此明显。我们部门的头头（看来是吃了豹子胆）正告每一位董事：“我很遗憾，但是，除非我们找到了那个泄密的家伙，否则我不会相信你们之中任何一个。”关于这位勇敢经理的真实故事迅速传遍了整个交易大厅。此案从未告破，据我所知，直到 1988 年 10 月，公司内部仍在进行追查。

我的心头涌上一种挫折感。对于整个局面，我无能为力，只能袖手旁观。公司头头们有没有想过要为他们的行为或他们手下的行为负起责任？难道荣誉感已经荡然无存了吗？如果英国政府出了这种泄密丑闻，一定会有一连串的官员引咎辞职，但是，我们的头头们在犯了错误之后似乎可以毫发无损。每次把事情弄糟之后，他们就会祭起边际分析的法宝，说什么事情非人力所能为，而进一步的震动（比如说，让他们辞职）于公司没有任何好处。在我看来，我们的可悲之处，至少有相当部分正在于此：在高层的人物看来，就算公司完蛋了，对他们个人也不会有什么影响。这是千真万确的。到这年年底，没有一个高级经理辞职。汤姆·斯特劳斯年底拿到224万美元，比尔·佛特是216万美元，最令人吃惊的也许要数戴尔·霍罗威茨，他手下的部门已经消失了，更何况他还是我们卷进同哥伦帕斯集团的房地产项目的主要责任人，可他还是拿到了160万美元。古特弗罗因德倒是做了点儿姿态，取消了他自己的奖金，只拿了30万美元工资和80多万美元的延迟支付报酬。作为奖金的替代品，他拿到了30万的股票期权，在我写作本书时，它们的市值已经超过了300万美元。

整个事情中最令人恼火的部分，也许要数公司以前为实习生所做的承诺全部作废这一档。绝大多数实习生都被分配到市政债券部和货币市场部，公司事先从未打过招呼，说可能会出这种事。我很庆幸自己当初没有听信吉姆·马西的话，他在每一期培训班上都讲同样的话，说什么要我们放宽心，让公司去决定你该加入哪个部门。他曾经讲过，在所罗门兄弟公司里，我们奉行的是有功必赏的原则。许多人真的信了他的话。如果说公司在解雇刘易斯·拉涅里时已经打破了这一传统，那么这一次恐怕连碎片也不见了。

令人胆战心惊的一天结束了，今夜无人入睡，特别是在伦敦。泄密者告诉《纽约时报》所罗门兄弟公司计划裁员1 000人。现在已经走了500人，但是，肯定还不够数，下一波又该轮到谁了呢？

* * *

1987年10月14日，星期三，第三天：汤姆·斯特劳斯总裁视察伦敦办事处，他告诉我们，本部将是本轮裁员的重点。没人感到震惊，1个月前我们就知道了这一消息。伦敦分公司曾派一位董事经理到纽约向业务评估委员会做了一次笨拙的辩护性陈述。他既没有夸耀职员们的能力，又没能给出一份有吸引力的计划，相反，却把时间浪费在洗脱他自己在公司失败中的责任。古特弗罗因德当然会对他的这种态度深感厌恶，不过这些我们都是在后来才知道的。评估委员会对我们的工作做了最坏的结论，你不能怪他们，是我们自己做得不好。

等待是最难熬的。伦敦交易厅里的人看来弄不到一点儿消息，不知道谁上了经理的黑名单，只知道一大批人，差不多三分之一的债券业务员将被解雇。每个人都觉得自己对于所罗门兄弟公司的未来是不可或缺的。我当然也不例外，可是如果人人都是一副感觉良好的样子，那可帮不了你什么忙。我开始琢磨：如果他们炒了我，我该怎么办？再反过来：如果他们不炒我，我又该怎么办？突然间，所罗门兄弟公司在我眼里不再像从前那样令人万分留恋了。每个小组经理都是各自小组里的丛林导师，他们向上头递交一份名单，按顺序排列他手下人的有用程度。伦敦的董事经理们会聚在一间《乱世佳人》时代的餐厅里，坐在一幅仿卡那莱托作品的油画下面，拿着各个小组的名单，从后向前划去名字。我不由得用怀疑的眼光瞟向我的丛林导师。

* * *

1987年10月16日，星期五，第五天：这天早上，百年不遇的飓风横扫伦敦。大树被连根拔起，电线被刮断了，从凌晨两点直到夜幕降临，窗户一直在吱吱嘎嘎地响。上下班变成了一种纯粹的恐怖经历。街道上空无一人，平时开着的商店全部上板关门。一大群人挤在维多利亚地铁站的遮篷底下，哪儿也去不成。地铁已经停驶了。外面看起来就像是美国广播公司播出的迷你系列剧中核冬天降临的场面，或者话剧《暴风雨》(*The Tempest*)的一个布景。卡利班[①]一定会选今天这种日子出来作恶。

对于我们分公司里上上下下170号人来说，这可真是个坏透了的日子。我们穿过倒下的大树，沿着难以辨认的街道，蹚过积水走到办公室。经过这番堪称障碍越野的折腾之后，等到的却是解雇令。许多人不得不忍受漫长等待的折磨，在黑暗中枯坐数小时，直到最后有人通知自己被解雇了。风暴摧毁了供电设施，交易厅里没有一盏灯是亮着的。绝大多数人在自己的桌子边上徘徊。董事经理们不断地把电话打进来，召唤外边的人一个接一个地走进屋里，在那一刻，失败的羞辱远远地压倒了丧失一份收入的损失。我们早已将自己在这个小圈子里所取得的成功视为理所当然，它变得无比重要，我们再也离不开它，就像我们离不开自己的双眼一样。被开除成了自己的缺陷，让我们成了被看不起的人。有些人在冷静地估量了形势之后开始给猎头公司打电话。

还有一些则棋高一着。据说这次的裁员范围仅限于债券部。这倒是真的。股权部的头头斯坦利·肖普科恩在古特弗罗因德面前勇敢地坚持了自己的立场。他表示，只要在他的部里开除一个人，他就会辞职，眼看股权部有办法躲开这场灾难，心眼儿活的人就开始申请股权部的活儿。(股权部终于盼来了扬眉吐气的一天。不过，后面我们将会看到，仅仅1天而已。)对这些人来说，他们的努力仿佛是在同时间赛跑。他们必须争取在被解雇之前重新被聘用。一旦被解雇，他们就无权再待在交易厅里了。当他们迈出炒人小组办公室的大门之后，一位保安会取走他们的安全通行证，将他们逐出大楼。

管理层采用了使抵抗力降到最低程度的办法，解雇那些资历最浅

① 卡利班，莎士比亚剧作《暴风雨》中的半兽人。——译者注

的人。这种策略有违裁员的初衷。开除10个“基克”所省下的钱才抵得上开除1个（30多岁）的董事经理。但是拿年轻人开刀自然有它的好处，比较省事，因为他们在公司里还没有建立起个人关系网。人们听不到他们的声音，我幸免于难，部分原因在于他们（令人难以置信）将我归类到老手之列，部分原因是我在高层刚好有足够多的朋友。还有一项考虑可能也有助于我，那就是我是分公司里最赚钱的几个业务员之一。

在伦敦分公司里，妇女被解雇的人数多得不成比例。下来之后，她们核对了一下自己的记录，发现推销部的头头对她们讲的话几乎一模一样。他先是哼哈一番，然后说道：“你是个聪明的姑娘，这样的处理与你的个人能力无关。”她们之中绝大多数人不喜欢被称为“姑娘”。你是什么人，开口就喊人家姑娘，难道是红脖子[①]？当保安走过来的时候，她们之中有不少人大叫“滚”（而他也就真的滚了）。解雇名单在一个接一个地宣布，被解雇的人们开始回到交易厅。有人啜泣，有人庆幸，到处都是闹哄哄的景象。这给我留下了难忘的印象。没有人在交易厅里大声哭喊，甚至没有人表现出软弱或脆弱，或需要人类的善良同情。亚历山大早就教诲过我坚强外表的重要性。他说：“我很早就懂得了，在这里是不能表现出软弱的。”“你在早上6点30分起床，昨天晚上也许根本就没睡觉，再加上你最好的一个朋友在车祸中丧生，这时候一个‘大老二’经过你的桌子，用手拍着你的背说：‘今儿他妈的怎么样？’你不可能对他讲：‘我累坏了，精神不好。’你只能说：‘好极了，你他妈的怎么样？’”

这一天里唯一一件令人开心的事发生在我的一个朋友身上。他是寥寥几个留在所罗门兄弟公司里的老牌欧洲人中的一个（其他十几个

---

① 此处指美国南方的穷苦白人。——译者注

人早就嗅出此地不可久留，转往更好的地方去了）。他站在自己的桌子边上，从早上 8 点一直到中午，就像小孩盼望过圣诞节一样眼巴巴地等着。他盼望的是公司辞退他。他已经接受了另一家公司提供的一份更好的工作。本来他是打算这个星期一上班就提出辞职的，可是，考虑到他们有可能解雇他，他就忍住没有说，心想也许可以趁机多拿一笔钱。解雇费总的来说是慷慨的，并且同服务期限成正比。我这位朋友已经在所罗门兄弟公司里干了 7 年，如果解雇他，公司要拿出差不多好几十万美元。我一直陪着他。我可以肯定他躲不过这次裁员，不过我也担心公司在解雇这样一位长期服务的老员工时可能下不去手。值得的庆幸的是他们到底还是坚持了自己的原则，鼓起勇气把他叫进了餐厅。当面谈结束后，交易厅里爆发出一片热情的祝贺声和笑声，许多人面带微笑。他今后的日子会好过一些。

有位交易师在当天快结束的时候到男厕所贴了一份招贴——男厕所兼做二手汽车拍卖房，平时出让的大多是宝马或奔驰，可是这位交易师打算转手的却是一辆沃尔沃——这是一个坏兆头。

* * *

1987 年 10 月 17 日，*星期六，第六天*：我飞往纽约，为了两件事。几个月前我答应给培训班里的学生们谈谈推销艺术。我的演讲预定在 10 月 20 日星期二。这个计划在今天看来显得有点儿残酷，250 名实习生（有史以来人数最多的一期）几乎都没有希望保住自己的工作。

此行的另一个目的是游说纽约的董事经理发放一大笔奖金。这类耍嘴皮子的工作对伦敦分公司来说已是司空见惯了。每年的最后几个月里，伦敦的绝大多数推销员和交易师都要到纽约去露个脸，隐晦地表示，凭他们的成绩，年终该得一大笔奖金。这种表示会以大声祝愿老板度过一个愉快的假期开始，如果他问你过得怎么样，则要努力装出一副穷酸样。我的丛林导师坚持我应该走一趟，这是他的一片好意。他是为了我的利益着想，我自然也要投桃报李。

* * *

1987 年 10 月 19 日，星期一，第七天：我的演讲安排在明天，我有一整天时间在纽约 41 层闲逛。一般来说，我讨厌这样子做。即使在我已经站稳了脚跟之后，我还是觉得待在 41 层的感觉就像灵魂出窍一般。这地方就像中场休息时的球场一样沉闷紧张。但这回它给我的感觉可大不一样了。交易厅里的那股子劲头不见了。我好像是在参观博物馆或闯进了一座鬼城，以前如同酒吧里一样的喧闹气氛到哪里去了？在约翰·古特弗罗因德的办公桌周围出现了一大块儿空地，那里以前是货币市场部的办公区。从前被淹没在一片嘈杂和繁忙中的地方如今只剩下令人恐惧的静默，就像上周五伦敦的大街。显然，货币市场部的人走得很匆忙。有些激励士气的语录还挂在空荡荡的桌子上面。有一条是这样写的，“把压力当早餐吃下去”。男朋友的照片和私人便条还贴在交易台上。在一个精力过剩的女推销员的空座位上有一张纸条，上面潦草地写道：“凡是把女人喊作甜心、宝贝或甜如蜜的男人都该被阉割。”

她们是受害者，可不是普通的受害者。就像伦敦分公司一样，在纽约，女性被辞退的人数同样多得不成比例。这并不是因为女性在选择工作时不够精明，只是由于她们对自己工作的决定权要小得多。不论用的是什么借口，从培训班里出来的女性通常被分配到失意的领导人手下。几年以来，货币市场一直是主要的“排污口”。在交易厅里，大约 10% 的专业人士是女性。但在货币市场的推销员中，大约有一半是女性，无怪乎情况惨烈。

我的纽约拉比和他的教友们搬进了货币市场部空出的位子里。每次回纽约，我总是坐到拉比身边，发出一声轻松的叹息。不过这一回我却浑身起了鸡皮疙瘩。我怀疑这是不是一个开得过早的玩笑，就好像你搬进新居的时候刚好看到从前的主人躺在棺材里面被抬了出去。想到那些从前坐在这里的人如今的遭遇，我感到很不舒服。仿佛这些还不够似的，还有更令我不安的。我的拉比升官了，他身边的座位刚好挨着约翰·古特弗罗因德。我居然把自己弄到了董事长旁边的座位上，不由自主地坐进了死亡汽车。1981 年所罗门兄弟公司售予菲利普兄弟公司的公告就摆在他的桌子上，旁边是一支点燃的雪茄。符号！隐喻！灰飞烟灭等等。站在这片虚幻的海岬上，我目睹了 1987 年的股灾。

毫无疑问，股票市场在下跌。它过去从来没有这样跌过，它会停一下，但接下去跌得更厉害。我在 41 层和 40 层的股权部之间跑来跑去。股市狂跌产生了巨大和专横的财富再分配效应，对此，两个楼层的反应是迥然不同的。在股权部，有一个走运的小子星期五卖空了 S&P 股票指数期货（意思是说，他对股市大跌投下了巨额赌注），当他星期一抓住机会退出赌局时，指数期货已经跌了 63 点，他由此净赚 2 700 万美元。可惜的是，一家欢喜几家愁。股权部里别的人可没这么走运，他们绝大部分陷入了绝望和困惑之中。在这天的早些时候，交易还挺活跃。我听到十几个布鲁克林口音同时在抢着大叫。“你，乔伊！”“嗨，阿尔弗！”“你在干吗？梅尔！”“乔治·巴尔都奇，你可以 5 折买入 25 000 股 AT&T。”可是，到了后来，交易越来越少了，这是股票市场陷于麻痹的初期表现。投资者僵住不动了，就像被车前灯罩住的鹿。很长一段时间过去了，终于有人站起来，没有任何目的地大叫：“老天爷！”眼看着他们心爱的市场死去，他们却束手无策。

毫无疑问，我在欧洲的客户肯定也输了个精光，但我却爱莫能助。我在心里头把财神谢了又谢，幸亏我只是个中间人。我的客户们全都被打蒙了，他们只能祈祷风暴赶快过去。与此同时，债券市场则一飞冲天，很有一批债券交易师掩饰不住自己的高兴劲儿。股票市场跌了几百点，投资者不再怀疑这是一场真正的崩溃，他们开始思考它的宏观经济效应。在当前的债券市场上，主流的看法是：股价下跌了，人们手上的财富缩水了。因此，消费会减少。因此，经济增长会降下来。此后，通货膨胀也会下降（甚至可能会发生经济萧条和通货紧缩）。这样一来，利率也要下降。那么，债券价格自然应该上涨。所以他们就行动了。

有一个债券交易师赌错了债券市场的方向，他站起来冲着自由神像破口大骂："操，操，操，操！我操美国政府，我卖空了它们的债券，它们把我坑了。我可是靠这个过活的。干吗要坑我？"不过，大多数人是多头并且还在加磅。债券交易师大获其利。这一天的收益抵得上大半年的。股票市场猛跌，所罗门兄弟公司 41 层一派喜气洋洋。

许多人的第一反应就是质问上个星期的大解雇。货币市场正在发生天翻地覆的变化。资金从股市上逃逸，流向安全的港湾。传统上，货币的安全港就是黄金。但是，如今可不是一个传统的世界了。黄金的价格一路下跌。交易厅里流行着两种创新的见解。第一种观点认为，投资者不得不抛售黄金以补足股票市场保证金。第二种观点则指出，股灾之后将继之以萧条，投资者无须担心通货膨胀。由于对许多人来说，黄金的作用在于防范通货膨胀，因此，黄金需求只会下降。不论实际情况如何，资金没有投入黄金，而是流向了货币市场，即短期存款市场。如果我们的货币市场部还在的话，那么在这场运动中我们一定会稳居潮头。但是我们没有，也不可能有所作为。股灾之后受害最大的是股权部。试问，有哪一个部门在这次裁员中没有裁一个人呢？这唯一的一个就是股权部。也就是说，人员过剩最厉害的部门没有裁一个人。

接下来的第二个疑问指向我们匆忙进入垃圾债券市场的决策。由于股票市场发生崩盘，价格完全取决于公司资产价值的垃圾债券的市场一时间丧失了所有的功能。反复无常的股票市场似乎在说今天美国公司价值 12 000 亿美元，明天就可能只值 8 000 亿美元了。眼见作为抵押品的公司资产的戏剧性变化，投资者们纷纷抛售手中的垃圾债券。10 月 19 日，我们的南方公司垃圾债券发生崩盘。股市大跌，7–eleven 店的市值，还有用 7–eleven 店做抵押的垃圾债券也一路大跌。坐在交易厅里，我给欧洲的客户们打电话。当我联系上那个法国人后，他对我从未向他兜售垃圾债券感谢不已。富于讽刺意味的是，南方公司本来应该是一桩极其出色的交易，后来它到底还是取得了成功。但是，我对本公司在垃圾债券方面技术蹩脚的怀疑并不是没有道理的。1988 年年中，第一桩由华尔街融资的数十亿美元杠杆收购交易宣布破产。由管理层收购的连锁店 Revco 按《破产法》第 11 章请求法院保护，所罗门兄弟公司为这宗收购发行了垃圾债券。

像我们这样一家大公司里发生的大多数事情，外界是一无所知的，但是重大的事件当然不属此列。所罗门兄弟公司同华尔街上另外几家公司一道，承诺从英国政府手上购入 31.5% 的英国石油公司股份，然后在全世界范围内发售。股市崩盘的时候，我们手上正好捏了一大把股票，为此招致的损失超过 1 亿美元。谁会想到我们最大的一宗股权承销会同股票市场历史上最大的一次下跌碰到一起呢？谁又会想到我们第一宗大型垃圾债券交易会正好赶上垃圾债券市场崩盘呢？令人不解的是我们控制事态发展的能力如此之弱，给你留下的印象似乎是不断地惹祸上身，这倒也真不是件容易的事。

在股市崩盘期间，古特弗罗因德仿佛如鱼得水。多年来，他头一次直接做出交易决策。焕发青春是一件喜人的事。他很少坐在办公桌前，他在交易厅里跑前跑后，不时同他的首席交易师们举行策略讨论会。有一瞬间他的注意力转移到他个人的净资产上，他买下了 30 万股所罗门兄弟公司的股票。当我听到这件事的时候，我的第一个反应是他在利用内幕消息。

我的第二个反应是，只要这样做是合法的，那么我也应该仿效。很贪婪，是吗？不过，也很聪明。所罗门兄弟公司的股价比大盘跌得还要厉害，所有的经纪公司的股票都遭受重创，因为投资者不知道我们究竟蒙受了多大损失，他们做了最坏的打算。不错，我们在南方公司和英国石油公司交易中亏了一点钱，大家也都知道。不过，古特弗罗因德心中有数，损失并不像外界想象的那样大。股权部里那个愣小子帮我们赚了 2 700 万美元，而整个债券部都在钱堆里打滚。简单的计算即可表明，所罗门兄弟公司的股份低于它的清算价值。（3 周前有人企图以 30 美元一股的价格收购我们，如今我们的股价已经跌到 18 美元。曾经有过一个谣言，说刘易斯·拉涅里筹资打算回来买下所罗门兄弟公司。）

我咨询了公司的法律部门，确信自己不是在步波斯基的后尘。我学着古特弗罗因德的样子，用我游说得来的奖金买了一大笔所罗门兄弟公司的股票。古特弗罗因德事后会解释说，雇员购买公司的股票表明了他对公司的忠诚，他个人对此表示鼓励。也许如此。但是我本人在购买股票的时候可一点儿也没有报效公司的意思在里头。我的投资纯粹是出于个人利益，此外还有一种发现了一桩好交易的抽象乐趣。不出几个月，所罗门兄弟公司的股票就反弹了，从最低 16 美元上升到 26 美元。

* * *

*1987 年 10 月 20 日，星期二，第八天：*到了开棺验尸的时候了。公司信用委员会在纽约召开了紧急会议。公开的理由是评估所罗门遭

受的信用风险。在昨天的事件中有一些机构遭受了灭顶之灾，例如E. F. Hutton证券经纪公司和整个股权套利集团。不幸的是，会议开始后不到半小时就已经吵得一塌糊涂了。整个委员会里只有一个人不是美国人。这位唯一的例外是英国人，他是专门从伦敦赶来赴会的。在会上，他成了众矢之的。美国人毫不客气地将这次崩盘归罪于英国政府。英国佬为什么非得一意孤行地卖掉国有的英国石油公司？交易师们通常根本不考虑短期的市场力量，现在却诅咒出售价值数十亿美元的英国石油公司的股票给市场带来了无法承受的重压。整个股票市场的买方集团一想到大额新股的发行就会不寒而栗。他们既不提美国政府上万亿美元的预算赤字，也不讲美元币值如何不稳定，更无视繁荣或危机的过程有其自身内在的逻辑。他们之中有不少人在英国人面前暴跳如雷，大骂他的同胞的无耻行径。其中有一个人更是轻蔑地说道："你心里很明白，战后你们就干过这种勾当。"

你也许会认为，在这种场合下爆发的争执会表现为不同的金融利益之间的冲突，而不是民族间的纠纷，现在这样的局面不免令人瞠目结舌。他们似乎忘记了，坐在信用委员会桌边的都是自己人。公平地说，仇外的情绪可不是所罗门兄弟公司的独家特征。高盛公司这次和我们一起卷入了英国石油公司售股交易业务，亏了上亿美元。该公司的一位美籍合伙人给所罗门兄弟公司里的一名高级英国籍经理打电话，把他的亏损归罪于这位可怜人。可是，为什么会这样呢？原来在高盛公司合伙人的眼里，他在所罗门兄弟公司中的合作者代表的不是所罗门兄弟公司，而是英国人。"你们这帮该死的家伙最好给我停止（发行英国石油公司的股票），"他大叫着说，"当初要不是我们，你们今天全都得讲德语。"

公司里头明智点儿的人士并不在意应该怎样分派恶毒的诅咒，他们要考虑的是怎样找到一条出路：怎样避免1亿美元的亏损？或者，换个更好听的说法，我们怎样才能劝说英国政府原价收回它卖给我们的股票？一位来自伦敦的董事经理当时刚好在纽约，他真的把我拽到一边演示他准备向英格兰银行陈情时的辩论策略。根据他的计算，承销英国石油公司股票的银行的总亏损将高达 7 亿美元。他说，世界金融体系恐怕承受不了这样大规模的失血。这会引发又一次恐慌。真的吗？耸人听闻罢了。逃避亏损的想法占满了他的脑子，我看他真的快要相信自己的谎话了。“当然，为什么不？”我这样回答他，“很值得一试。”毕竟，这只不过是一个已经用滥了的老花招儿。我的老板主张威胁英国政府，如果它不收回股票的话，就会再来一场股灾。看来这个策略没有奏效。1987 年，约翰 · 古特弗罗因德向股东解释道：“为了信守我们对客户的诺言和在股市崩盘初期完成英国石油公司的股票承销业务，公司不得不承担 7 900 万美元的税前亏损。”（政府官员们请注意：警惕华尔街关于股市崩盘的威胁。只要你侵犯到他们的利益，他们就会这样叫嚷。但是，他们不可能操纵一次崩盘，正如他们不能阻止崩盘一样。）

当天晚些时候，也是我能够清楚回忆起自己在所罗门兄弟公司生活的最后一天，我在培训课堂上度过了艰难的 1 小时，面对着 250 双失神的眼睛做了一场报告。实习生们陷入了深深的绝望之中，他们的表情令我想起以前在书中读到过的 14 世纪黑死病流行时的情景。他们所有的希望全都破灭了。在他们看来，反正早晚要被炒鱿鱼，不如索性及时行乐。在这种心态驱使下，他们全部变成了“后排的人”。我一进门就不得不赶快躲避丢过来的一个纸团儿，然后硬着头皮在一派冷漠的气氛中开讲。我不知道有谁曾在这样的环境下做过报告。我预定的题目是“在欧洲销售债券”。没有人对此感兴趣，他们好像更关心伦敦分公司还有没有空缺，我是不是知道公司打算在什么时候让他们卷铺盖走人。他们固执地认为自己被抛弃了，因为他们对公司内部正在发生的事情一无所知。多么幸福的无知，可惜他们自己还不懂。最令他们气愤和失望的是，吉姆·马西甚至没有象征性地露上一面。他们还算是所罗门兄弟公司的人吗？或者应该算是什么人呢？

他们心中的疑团在两个小时之后就要被解开了。在我之后做报告的人讲到一半就被打断了，进来的是吉姆·马西，身后跟着两个很像保镖的家伙，其实只不过是两个交易师。他手上掌握着250名实习生的命运。在宣布公司决定之前，他毫无怜悯之心地长篇大论向他们解释，对于高层来说，做出解雇决定是怎样一个痛苦的过程，这种做法最终如何对公司健康发展有利，他们又如何为此大费脑筋。绕了一大圈之后他才进入正题："我们做出了关于本届培训项目的决定……我们决定……（长长的一个停顿）……信守我们的承诺，你们可以留下来。"马西前脚刚走，立刻有好几个实习生赶忙回到他们在前排的座位上。但是，最终的结果并不像当初宣布这个消息时那样振奋人心，交易厅里没有空位子了。培训结束之后，大部分实习生只好去做后台职员。

* * *

1987年12月17日：*发奖金的日子*。一个奇特而又光荣的日子。公司破天荒头一遭地打破了报酬级别的限制体制。我成了幸运的受益者。本来，我的奖金数额会受限于级别，最多只能拿14万美元。拜新制度实行之所赐，我今年拿到了22.5万美元（据说共有275个人从中受益，这是谁数出来的），听说以前从来没有一个工龄不足两年的新手拿过这么多钱，起码他们是这么说的。现在，我成了整个培训班里面收入最高的人。不过这个结果同样不像听上去那么响亮。我这期培训班里至少有一半人不是走了就是被炒掉了。

现在，情况很明显，如果干得够久，并且只要我肯干下去，公司将帮助我成为阔佬。哪怕业绩不变，明年我就可以拿到35万美元，后年 45 万美元，大后年 52.5 万美元。以后也会这样升上去，增加的速度虽然逐年放慢，但总数还在上升，直到我当上或当不上董事经理。

在公司遭遇到历史上最大困难的时候，打破级别限制，向少数几个雇员破例支付高薪的做法令人感到悲哀，甚至有点儿可笑。公司今年的净利润为 1.42 亿美元，同它高达 35 亿美元的资本金相比，这个数字小得几乎可以忽略不计。如果再考虑到在今年的大部分时间里，公司的规模比 3 年前大一倍的事实，这些数字更加令人心酸了。为什么在此刻公司却突然变得慷慨了呢？

我想我知道其中的奥妙。销售部的头头在发放奖金的时候一再向我保证，这是公司开创的一个有纪念性意义的先例（他没忘记叫我不要告诉别人）。我从他的眼睛里看到了公司决策的内幕：恐惧。在某种意义上可以说，所罗门兄弟公司给每个雇员的出价也是一种交易。今年，它失去的人才太多了，以致在交易时再不能像从前那样镇定自若了。有一点是可以肯定的：它之所以发给我奖金，绝不是因为这是合理的或正确的。在高层，确有一些人按照正确和合理的原则行事，我可以骄傲地说，我的拉比即在此列，但是，剩下的大多数人却止步于不得不做的境界。公司对我慷慨，是因为它以为这样就能留住我，牢牢系住我的忠诚。

我的忠诚问题无须他们操心。我知道自己该对谁忠诚，寥寥数人而已：达什、亚历山大、我的丛林导师，还有我的拉比。问题是，当公司陷入大大小小的骗局之中不能自拔，面临内讧和分裂的威胁时，忠诚从何谈起？你不可能有什么忠诚，你甚至会怀疑为什么要这样。结论再清楚不过了，金钱游戏奖励的是“不忠诚”。那些从一个公司跳到另一个公司的人在此过程中收获了大额的报酬保证，他们的收入比死守一家雇主的人高得多。

所罗门兄弟公司的高级管理层此前从未尝试收购雇员的忠诚，他们一向不擅此道。如果他们能够用“说谎者的扑克牌”的冠军眼光来看待我，他们早就应该看出来，金钱绝不能左右我的去留。我永远不会为了一张更大额的支票离开所罗门兄弟公司，不过，我会为了别的理由离开公司。这，就是我要做的。

尾声

LIAR'S POKER

1988 年年初，我离开了所罗门兄弟公司，没有任何表面上说得过去的理由。我对公司的前景并不感到悲观，我也不相信华尔街将会陷入崩溃，我甚至没有因为幻想的破灭而受到伤害。

1988年年初，我离开了所罗门兄弟公司，没有任何表面上说得过去的理由。我对公司的前景并不感到悲观，我也不相信华尔街将会陷入崩溃，我甚至没有因为幻想的破灭而受到伤害（这种感觉会逐渐增强直到某一程度，但还没有到不能忍受的程度，然后维持在这一程度上）。尽管有许多完美无缺的借口，但我认为我之所以离开仅仅是因为我不需要再待在这个地方了。

我父亲的那一代人是在信仰中长大成人的。其中有一条信仰就是，从一个人赚的钱的多少可以看出他对我们社会的福祉和繁荣所做的贡献有多大。在我成长的过程中，我一直同父亲走得很近。每天晚上，刚刚在前院里打完棒球，浑身还是湿漉漉的我总会一屁股坐进他旁边的一把椅子里，听他讲解为什么这样是对的，而那样又是错的。在永远正确的事情中，有一件就是讲能够赚大钱的人总是了不起的。看到自己参加工作不过两年的儿子在27岁时就弄到了22.5万美元的年收入，这极大地动摇了他的金钱观。他刚刚才从这场震惊中恢复过来。

我没有。如果你也像我一样曾在也许是历史上最荒谬的金钱游戏中浸淫过，捞取了与你的社会价值完全不成比例的好处（如果问我值这么高的收入吗，我会做否定的答复），如果看到身边那些社会价值和你难分伯仲的家伙全部在大把捞钱，甚至没空去数自己赚了多少钱，你还会坚持自己的金钱信仰吗？当然，这要看个人的情况。对某些人来说，好运仅仅强化了信仰。他们把这些来历可笑的钱看得很认真，以此来证明自己是美国有价值的公民。这渐渐成了他们的指导假设——只能是假设，要想澄清恐怕没有多少希望。天才们靠打几个电话就能赚那么多钱，这表明了他们在一个更广泛的范围内的价值。也许你会以为这样想的人最终免不了自食恶果，这倒是个有趣的念头，可惜你错了。他们不会遭殃，只会越来越有钱。我敢肯定他们之中绝大多数人死的时候一身肥肉，快乐轻松。

可是，在我自己的心目中，对赚钱意义的信仰却彻底破碎了：赚得越多、生活越好的信条被太多相反的事实所驳倒。随着这一信条的崩溃，赚大钱于我已不再是梦寐以求的目标。有趣的是，直到赚钱信条破灭的那一瞬间，我才知道自己是如此沉迷于其中。

这算不上是了不起的收获，但却是我在所罗门兄弟公司收获的最有用的教益。我在那里所学到的其他东西差不多都被抛诸脑后了。我现在可以在市场上轻松地操作几亿美元的投资交易，但在生活中却不知道怎样分配几千美元的花销。我在培训项目中很快就学会了点头哈腰，可是一有机会就忘得一干二净。不错，我已经懂得了，人是可以被组织腐蚀掉的。然而，考虑到我本人仍然有意加入某个组织并且情愿被腐蚀（请慢慢来），我看不出这种教训有什么实际上的好处。总的来说，看起来我没有学到什么有实际价值的东西。

也许我走得太早了，好日子还在后头呢。可是既然已经想通没有必要再待在所罗门兄弟公司里，我觉得应该马上离开。我的工作变成了每天早上重复以前做过的事情。所得的奖励自然也同以前一样。我不喜欢平平淡淡、缺乏生气、了无冒险乐趣的工作。你也许会说，我之所以离开所罗门兄弟公司的交易厅是为了追求冒险，这种愚蠢的决策绝不是我的风格。在市场上，除非有大捞一票的诱惑，否则就不应该去冒险。即使在就业市场上，这也是一个适用的规律，而我却把它打破了。现在，比起我在交易厅里的日子，不光口袋里钱少了，连我的前途似乎也吉凶难卜。

从表面上看，我做出离开的决定就像是完成了一宗自杀式的交易，只有落入所罗门兄弟公司“基克”推销员之手的客户才会干这种事。我深信，我离开的是一条通向百万富翁的最短路径。当然，所罗门兄弟公司如今正处于困难时期，但是，对于一个优秀的经纪人而言，盘里面的肉汁还是很多的，这正是游戏的本质所决定的。一旦公司走出困境，前途将无限美好。如前所说，我仍然持有所罗门兄弟公司的股票，我坚信它一定会走向复兴。公司的力量根植于成员的天才直觉，那位“说谎者的扑克牌”游戏世界冠军约翰·梅里韦瑟就是其中的一员。他们可不会因为公司的变故而丧失自己的天才直觉，梅里韦瑟不会，他手下的交易师们也不会，他们还在为所罗门兄弟公司做交易。不管怎么说，我相信所罗门兄弟公司的业务已经不可能再下滑了。此时离开公司意味着我犯了新手常犯的错误：在底部卖出。为了部分地弥补这种损失，最好的办法就是抢在出门之前买上一把公司的股票。

如果说我做了一次糟糕的交易，那是因为我没有把它当成交易。在我决定离开之后，我也曾有机会停下来思考，也许这一决定并不像表面看上去那么愚蠢。在告别晚餐上，亚历山大坚持说我做出了一个了不起的决定。他说，他一生中所做的最好决定全都是出乎意料的，全都是那些斩断传统的决定，接下去他走得更远。他强调说，凡是因为出乎意料而强迫自己所做的决定都是最明智的决定。在一个职业发展规划追求平稳的年代里，听到这番倾心于不可预见性的高论，令人不禁有耳目一新的感觉。如果他说的是真的，那该有多好啊！